人间有戒

李叔同传

墨倾城——著

中国经济出版社
CHINA ECONOMIC PUBLISHING HOUSE

图书在版编目（CIP）数据

李叔同传：人间有戒 / 墨倾城著 .-- 北京：中国经济出版社，2023.6

ISBN 978-7-5136-7235-1

Ⅰ．①李… Ⅱ．①墨… Ⅲ．①李叔同（1880-1942）-传记 Ⅳ．① B949.42

中国版本图书馆 CIP 数据核字（2023）第 031197 号

责任编辑　王　帅
责任印制　马小宾
封面设计　源画设计

出版发行　中国经济出版社
印 刷 者　三河市华晨印务有限公司
经 销 者　各地新华书店
开　　本　710mm × 1000mm　1/16
印　　张　16.5
字　　数　240 千字
版　　次　2023 年 6 月第 1 版
印　　次　2023 年 6 月第 1 次
定　　价　59.80 元
广告经营许可证　京西工商广字第 8179 号

中国经济出版社 网址 www. economyph. com 社址 北京市东城区安定门外大街 58 号 邮编 100011
本版图书如存在印装质量问题，请与本社销售中心联系调换（联系电话：010-57512564）

序一

一曲红楼梦一场

天不拘兮地不羁，心头无喜亦无悲，却因锻炼通灵后，便向人间觅是非。

可叹你今日这番经历：粉渍脂痕污宝光，绮栊昼夜困鸳鸯。沉酣一梦终须醒，冤孽偿清好散场！

——《红楼梦·癞头和尚弄玉》

许多年后，成为一代高僧的李叔同还记得那个令人惊悸的时刻：原本气氛热烈的天仙园里，一阵铜锣响起，顿时针落有声；一个华发堆云扑、娇态如杨柳的女子，眉似青山黛，身着红罗裳，水袖轻舞，悠悠地出现在台上，好似初夏一朵刚刚绽放的睡莲，在微风中轻轻摇曳。

“见新人不由得我声声相诧，好一枝春雪冻梅花……”

婉转绵软的声音一起，15 岁的李叔同便如遭电击一般，内心深处轰隆隆一声雷响。那是上天在一个男子身上装的预报器，深藏在每一个人的心里。这声雷响之后，以前的那个男孩已然不见，从此萧郎非路人。

不可避免，无法逃离，每一个人早晚都要过这一关，都要迟早经历属于自己的大观园故事，最终走到自己应该去的地方。只是，对李叔同来说，这个大观园故事太过旖旎，太过绮丽，几乎与《红楼梦》中的大观园一模一样。

在《红楼梦》里，贾宝玉原为天上神瑛侍者，因凡心偶动下世历劫。令人费解的是，他的重重劫难竟是他身边众多的美丽女子以及他与这些女子们的情感纠葛。他注定要在这花柳繁华地、温柔富贵乡里摸爬滚打，观察这些美丽女子的悲剧，感受潇湘妃子的泪水、接受蘅芜居士的点拨，最终在体验人间的无常和世态的炎凉后，彻悟世间的虚妄，放下累世的情执，毅然转身，出家为僧，走上寂灭无为之路，使生命再上一个新层次。

很显然，李叔同走的也是这条路。

他出生于天津"桐达李家"，官商巨贾兼进士门第，是当时中国响当当的豪富之家。父亲是堪称一代完人的北方名流李筱楼，哥哥是富而好礼、孝悌并行的津门名士李文熙，家里人几乎都信佛。在这样的家庭环境下李叔同接受了中国最经典的启蒙教育，到十五岁时已经在天津文人圈里小有名气，直到在天仙园遇见杨翠喜，从此开始了他跌宕起伏的感情生涯。在经历了杨翠喜、俞氏、李苹香、幸子等女子之后，他的心逐渐安静下来，又在经历了国破家残的诸多变故后，最终看破世间的虚幻，毅然转身，出家为僧。

这一生命历程后来被他的学生丰子恺总结为"人生的三层楼"。

第一层楼，是人的物质生活。这是人类的基本需求，也就是衣、食、住、行。住在这层楼的人占了大多数，他们一辈子都在为了更好的物质条件而奔忙。李叔同自己，由于家境殷实，在他人生的前30年里，基本没有物质上的忧愁。他或许没有掌握李家的经济大权，但李家钱库的钱却几乎任他取用。在他结婚的时候，哥哥给了他30万元的贺礼和一架钢琴，相当于当时北京城里约2000户家庭一年的生活费。在这样的环境下，他才可以放心大胆地和女明星恋爱，尽情地享受着秦淮河两岸的风情和后来的日本留学生活。晚清末年，社会动荡，李家败落，李叔同不得不承担起养家糊口的责任，但由于他的工资水平颇高，因此养活两个家庭绰绰有余。出家之后，尽管严持戒律、常修苦行，但他的供养仍然颇为丰富。可以说，他这一生几乎没有物质上的困扰，豪门公子的生活可以过，乞丐苦行僧的日子也难不住他。

第二层楼，是人的精神生活。这是更高级的一种生活状态，物质的束缚对人的约束相对小一点，而各种精神上的体验、享受成为重要的生活内容，一些知识分子、学者、艺术家就是典范。李叔同的精神生活无疑是极为丰富的，跟随常云庄先生读书时，他就显示了自己在书法、篆刻方面的天赋，成为津门艺术圈子里的新秀。遇到杨翠喜后，爱情成了艺术，艺术也成了爱情，他与她一边谈情，一边共同研究戏曲的戏词和表演手法；后来他还陆续结识了李苹香、朱慧百这样色艺双绝的女子，与她们笔墨往来、鱼传尺素；到日本后，还像罗丹一样，在画室里和自己的女模特产生了爱情。除此之外，他创作歌曲、编辑报纸、演出话剧、弹琴画画、教育学生，在诸多的艺术领域里都担当了时代先行者的角色。可以说，这样丰富、博大的精神生活，近代文人圈子里很少有人能够跟他比拟。

第三层楼，是人的灵魂生活。这是最为高级的一种生活状态，物质的束缚对人的约束更小，人们希望通过各种宗教信仰行为，如行善、持戒、念诵经咒等活动来提升生命的层次，调伏人生的烦恼，实现灵魂的净化和提升，最终与天地合一，实现生命的最大价值。这种生活状态很少有人能够经历，因为大部分人都在第一层楼里奔忙，少部分人在第二层楼里流连忘返，只有极少数的人才可能爬到第三层楼。李叔同在他 38 岁的时候选择出家，开始了自己的灵魂生活，但出家只是满足灵魂生活的第一步。在这条路上，他选择了最为稳妥、最为简易也最为独特的路子：严持禁戒，同时念佛求生净土。而且，在马一浮等友人的引导下，他精修净土宗和华严宗，中兴了失传七八百年的南山律宗，成为南山律宗第十一代祖师。

可以说，他的生活异常丰富，经历了一场几乎与《红楼梦》中贾宝玉一模一样的大梦，最终的结局也是非常类似。

他的人生是不断体验又不断超越的过程。

在这条路上，他有幸总能遇到同伴和知己。在天津，常云庄、赵幼梅等人与他亦师亦友；在上海，他与许幻园、袁希濂、张小楼等人义结金兰，号“天涯五友”；后来又与黄炎培、杨白民一起兴办教育……他设计并亲身实践了如梦如戏、别人难以超越的一生。

这样的一个人，注定是个传奇，这也是书店里有关他的书汗牛充栋的原因所在。尽管如此，围绕在李叔同身上的谜团仍然非常多，例如：

李叔同的父亲李筱楼，在68岁的时候纳了20岁的王凤玲为第四房姨太太，却为什么仍可以称得上是一代完人，甚至在他之后，李家还能长保富贵20多年？这中间蕴藏着怎样的治家诀窍？

为什么李叔同对自己的哥哥李文熙虽颇有微词，但一生都对其尊敬有加？为什么李文熙对自己的弟弟异常关爱，要什么给什么，但就是不让他“染指”家族的事业？

为什么李叔同总觉得自己的母亲很苦？到底是一种什么样的苦？

为什么李叔同那么喜欢换名字，一生的曾用名竟多达200多个？这中间透露出什么样的性格特征？

为什么在上海李叔同会与欢场女子李苹香、朱慧百等人诗酒唱和？这种风月生活对他到底有什么样的影响？

为什么李叔同对政治的态度总是很含糊，沾一点边，却始终游离其外，这种态度是怎样的一种心理折射？

为什么说李叔同的性格极为矛盾？一方面非常严谨、刚烈，严谨到朋友迟到5分钟都不让进门，刚烈到敢以自杀迫使别人良心发现；另一方面却又非常叛逆，叛逆到公然为乐户（实际上是妓女）翻案，公然在课堂上使用裸体模特？

作为一个已经名满天下的高校教师，已经什么都不缺的李叔同为什么会突然出家？这其中有什么内在的特别原因？

为什么马一浮居士认定他适合学律，而不是参禅？

为什么出家伊始他就立下“不当住持，不为他人剃度，不做依止师”的誓愿？为什么出家后他很少在一个地方长住，而是四处游方？为什么在僧团中他虽然严持戒律，但又希望自行悠然？

为什么他的师父印光大师劝他不可主持庶务？

为什么在晚年，已经身入空门的他不遗余力地为历史上的一宗公案奔波，力辩《香奁集》非韩偓所作？一个晚唐高士写没写过香艳诗真的很重要吗？

为什么他不在寺院里终老，而是选择在泉州温陵养老院孤零零地告别人世？

…… ……

这诸多的谜团，实际上正是解开李叔同传奇一生的关键所在，而本书在某种程度上也是对这些谜团的解释。

或许有一天，我们也会爱上一个人，就像李叔同初遇杨翠喜那样，那种真真切切的爱和心动再也按捺不住。这时候我们不妨看看李叔同当年是怎么做的，看看他是怎么享受爱情的美好，又将其艺术化的。

或许有一天，我们也会在一个普通的地方从事着一份普通的工作，无波无澜，没有了理想和激情，只是为了养家糊口。这时候不妨看看李叔同当年是怎么在杭州做教师的，看看他是怎么严谨地对待工作，别出心裁地搞创新，最终成了那个领域的时代领跑者的。

或许有一天，我们也功成名就，但依然感到内心有一丝丝的空虚，没有依靠、没有归属感、没有安全感。这个时候不妨再看看李叔同，看看他为什么会毅然出家，而他的好友袁希濂、马一浮虽然没有出家却依然在完善自己灵魂的事业中获得了大成就。

…… ……

华枝春满候，天心月圆时。
于此证功德，人间念法师。

这是叶圣陶在泉州开元寺为弘一法师纪念馆所题的诗，道出了很多人的心声。李叔同——弘一法师的作品、思想和他的行持，已经成为我们这个民族和人类共同的宝贵财富，希望你在他的身上也有所得，早日梦醒归来。

序二

人间有戒

心不妄念，身不妄动，口不妄言，君子所以存诚。内不欺己，外不欺人，上不欺天，君子所以慎独。

——李叔同

人，应该怎么活？

这是一个宏大且颇为现实的问题，也是每一个人迟早都要面对的问题，但并没有标准的答案，因为这是一个开放性的问题。但在十九世纪到二十世纪的中国，李筱楼、李叔同父子却给了我们一种相对满意的答案。之所以相对“满意”，是因为这个答案完全是他们父子俩用他们的生命演绎出来的结果。

答案只有四个字：人间有戒。

从小在儒释道三种文化浸泡中长大的中国人或许会觉得不屑，这不是老生常谈吗？一点新意都没有。有这种想法并不奇怪，只是因为他从来没有尝过“持戒”

的滋味。

我们先来看看李筱楼，这个“一代完人”是怎么做的。

李筱楼，大名李世珍，生于1812年，虽然出自商人世家，但从小接受的却是传统的儒家教育。这也很好理解，尽管李家世代经商，父亲李锐还是希望自己的儿子能够走上一条更辉煌的路——科举登第，因为这是正路。商人虽然获利多，但在当时的社会地位却永远无法与科甲官员相比。

跟同时代的其他读书人一样，李筱楼全力以赴参加科举考试，皇天不负有心人，在53岁那年，他终于成为同治四年乙丑科进士，他的同年有李鸿章、吴汝纶等名人。中进士后，他曾做过吏部主事，但很快辞官，承父业经商，一心操持家中生意，除了经营盐业、锦绣绸缎、首饰银楼，后又创办了“桐达”等几家钱铺，经营得非常成功，因此李家又被称为“桐达李家”，为津门望族。

到李筱楼60多岁的时候，李家生意遍及华北、江南；李筱楼本人又是进士出身，与天下第一重臣李鸿章有同年之谊。在他68岁的时候，上天似乎听到了他的祈求（李家只有一个儿子，子嗣单薄），又及时送他一个儿子（李叔同）。

什么叫成功？这就叫成功！

什么叫完美？这就叫完美！

但李筱楼非常清醒，这段流光溢彩的时光，美则美矣，终究太过短暂，犹如天边的那一片云彩，风一吹便散。而且，吹散自己的那缕风已经快来了。

熟读儒家经典的他知道，人生在世有五种福分，分别为长寿、富贵、康宁（身体健康而且内心安宁）、好德（心性仁善而且顺应自然）、考终命（安详离世而且饰终以礼）。这五种福分，李筱楼已经有幸得到了长寿、富贵、康宁和好德，但最重要的考终命能否得到还是一个未知数。但最终，在方外之交学法上人的助念中，他安然离去，得到了“考终命”之福。

五福俱全！这样的人从古到今都非常罕见。但李筱楼做到了，他的诀窍就在于他的“行持”。

与其他人不太一样，李筱楼并没有将四书五经、八股制艺仅当作敲门砖，进了门就扔掉，而是把圣人的教导当成了实实在在的修身准则。他的日常饮食起居完全以《论语·乡党》为准则，进退俱有法度，言行俱有礼仪，以一颗仁恕之心待人。

所谓克己复礼，非礼勿视，非礼勿听，非礼勿言，非礼勿动，他真的做了，可能还没有完全做到，但勉力去做。

所谓“孔子于乡党，恂恂如也，似不能言者。其在宗庙、朝廷，便便言，唯谨尔”。他也并没有仅仅将其当作考试的背诵材料，而是真实行践了无数遍。

所谓“食不语，寝不言”，他更是几十年如一日地行持。

……

到了晚年，他又虔信佛教，日常课诵从不间断，而且广做善行，为此他专门成立了一个慈善机构——“备济社”，周济贫困、施衣赠饭，每逢一些重要节日都要举行“大放生”活动。久而久之，天津人都称之为“李大善人”。

尽管他不是一个职业修行人，但他的行为处处合乎着礼仪。

正常情况下，李家这样的富贵权势，应该被人嫉恨才对，但在李筱楼无量善行的化解下，人们不但没有嫉恨，反而更多的是祝福与羡慕。

这就是李筱楼的活法，我们再来看看另外两个人的活法，李叔同与苏曼殊。在近代史上，这两个人曾经都是风流才子，都颇具艺术才华，且都是出家人，所以很多人都喜欢拿这两人作对比。

但事实却是，两个人尽管曾在同一家报馆共事，而且似乎都佛缘深厚，但工作之外两人却少有交集。李叔同是一个比较喜欢交朋友的人，在日本他能够邀请素不相识的陌生人到家里聊天，而苏曼殊也是一个交游广阔的人，在日本与孙中山等革命党人打得火热，之所以工作之外鲜有交集，这其中有着深刻的性格原因。

李叔同性格极为严谨，而且随着岁月的磨砺，逐渐将身上富家子弟的风流、叛逆习气荡涤一空，变得与父亲李筱楼一样，循礼而守节。而且，他不但对自己要求严格，对朋友、子弟也要求严格，中国人说“严以律己，宽以待人”，李叔同则是“严以律己，严以律人”。还是在日本留学的时候，一次他约春柳社的朋友欧阳予倩早上 8 点见。当时欧阳的住地离上野不忍池比较远，路上就耽搁了一会儿，没有准时赶到，等一到就立即将名片递了进去。不多时，李叔同开了楼上的窗户对着还在气喘的欧阳说：“我和你约的是早上 8 点钟，可已经过了 5 分钟，我现在没有工夫了，我们改天再约罢！”说完，他一点头便关上了窗户，连口水也没让欧阳喝。这样的事情并不是第一次出现，也不是最后一次出现。

反观苏曼殊，其个性与李叔同恰恰相反。简单来说，他是一个极为散漫的人，生活无规律、无节制，一切讲究率性而为。但“率性而为”谈何容易？以孔子那么高的悟性，尚且需要数十年的磨砺，一直到70岁才敢说“随心所欲不逾矩”，一个年纪轻轻的人整天“率性而为”,其结果只能是一场灾难。他的情绪起伏不定，时而壮怀激烈，时而放浪不羁，在饮食上毫无规律，常一下子吃上三笼汤包、几大碗鲍鱼面,令人瞠目结舌。在日本期间,他常在编书之余不忘寻觅郊原的冰店——这并不是为了做酸梅汤之类的饮料，而是为了直接吃掉它。挚友柳亚子曾记下这么一段话：“苏玄英(苏曼殊原名)体弱善病，而饮食亢进。尝在日本，一日饮冰五六斤……明日，复饮如故。”正因为这样，他经常腹泻，但仍然不能改掉这种生活习气。

长期暴饮暴食的生活使他得了严重的肠胃病，不得不住院治疗。据说，他住院期间，医生一再严加控制他的饮食，不准吸烟(他一天竟能吸大雪茄二三十支)、不准喝牛奶、咖啡，尤其不能吃糖。这几乎要了他的命，因为他嗜糖如命。几天下来，他难以忍受，终于逃出医院，再次在大街上过了一把嘴瘾，大吃年糕、八宝饭、栗子和冰激凌，结果肠胃病迅速加重。1918年春，苏曼殊最终病死于上海宝隆医院，年仅35岁。在他死后，人们还在他的床下及枕旁找出不少糖果纸。

这样一位多才多艺的诗人、画家竟然如此短寿，实在令人惋惜。可以说，他死就死在了对自己恶习的不加控制、任性而为上，只是可惜了他的大好才华！

或许像苏曼殊那样放浪到极致的人真的不多，但认同他并在某种程度上类似他的人在中国应该不少，这就势必要谈到中国人的精神气质问题。

中国人爱好简洁、直接，喜欢直接抓住本质，不喜欢细枝末节和繁琐的名相，故而文化上禅宗大兴,像苏东坡那样希望一下子见性成佛的人比比皆是,像李筱楼、李叔同那样严谨，重视在生活上一点一滴行持的人颇为少见。但从实际效果来看，这样真的好么？

实际上，不管是想获得世俗的幸福，还是想获得出世的种种成就，高明的见解和日常生活中一点一滴的行持都是不可缺少的。没有高明的见解作为指导，人们就会没有方向感，甚至有可能南辕北辙，走错路而不自知；没有日常生活中一点一滴的行持，再高明的见解也会成为空中楼阁，无法带领人们走向幸福的彼岸。

但对大多数人来说，高明的见解很难理解，即便理解一时半会也难以将其内化，或者说没有信心将其内化。因此，重视日常生活中一点一滴的行持，或者说从戒律入手，便是更为简易、更为稳妥的一条路。李筱楼、李叔同父子走的都是这样一条路。在李叔同接受哥哥的启蒙时，他恐怕并不知道自己为什么一定要坐有坐姿、站有站相，连吃饭、睡觉都要有一定的规矩，他只是照着做罢了，一直到长大后才理解其中的深意，但良好的生活习惯已经养成，终生受益。他出家后，也没想着一定要开悟，一定要成佛，而是从严格持戒开始，从苦行开始，一步步磨砺自己，最终安心而去。这恐怕才是大多数人最为适合的路。

不管怎么走，都要记得：人间有戒。

目录

第一章　津门少年

第二章　南迁上海

第三章　留学日本

第四章　回归故国

第五章　执教杭州

第六章　遁入空门

第七章　云水生涯

第八章　常住永嘉

第九章　故乡梦遥

第十章　弘法闽南

第一章

津门少年

一代完人李筱楼

1880年10月23日辰时，李叔同生于天津一户商人家庭，父亲李筱楼，母亲王凤铃，哥哥李文熙。

现在的我们描述这件事，只有短短的几十个字，但在当时，这个新生命的诞生，却是一件关乎无数人福祉的大事。因为李家并不是普通的人家；而李家的当家人——李筱楼，也不是一个普通的商人。

李家原籍浙江平湖乍浦，明末清初时，李家先人为躲避战乱迁居此地，以布料生意起家，后来又经营榨油、盐务、酱园等，逐渐昌盛起来。平湖又称当湖，所以后来李叔同称自己为“当湖惜霜”。

到了嘉庆年间，李家的生意再次取得突破。李筱楼的父亲李锐和伯父李锟经海宁查氏帮助，由乍浦到滦州长芦盐场置下不少盐田引地，经营致富，由此举家迁往天津。后来，李家又在河南等地买下盐田引地，生意规模越来越大。

李筱楼，大名李世珍，生于1812年，虽然出身商贾世家，但从小受的却是传统的儒家教育。这也很好理解，尽管李家世代经商，父亲李锐还是希望自己的儿子能够走上一条更辉煌的路——科举登第，因为这是正路，商人虽然获利多，但在当时社会地位却永远无法与科甲官员相比。

现代人很难理解这种“科举崇拜”，但在古代，科举功名几乎是人们评价一个人最重要的标准，读书人一旦登第，立马身价百倍，即便身无寸功，也会瞬间受人尊崇。宋代名将狄青曾为自己的一个部下焦用向进士出身的韩琦求情，说焦用有军功，是好男儿。韩琦如此回应：“东华门外以状元唱出者乃好男儿，此岂得为好男儿耶？”

这样的例子在清朝也比比皆是。比如袁世凯，尽管从小不爱读书，也实在没有做文章的天赋，但为了要博一个功名（袁世凯的功名心非常强），从同治十三年到光绪三年，他正正经经在北京师从名家读了 4 年书，累到吐血，尽管文章颇有长进，但几次考试连一个举人都没中过（也有人说连秀才都没中过），这才弃文从武，但终生以此为憾。

生在这样的时代，李筱楼自然也要全力以赴参加科举考试。皇天不负有心人，在 53 岁那年，他终于成为同治四年乙丑科进士。他的同年有李鸿章、吴汝纶等名人。中进士后，他曾做过吏部主事，但很快辞官，承父业经商，一心操持家中生意，除了盐业、锦绣绸缎、首饰银楼，后又创办了“桐达”等几家钱铺，经营得非常成功，因此李家又被称为“桐达李家”，为津门望族。

与其他人不太一样，李筱楼并没有将四书五经、八股制艺仅当作敲门砖，进了门就扔掉，而是把圣人的教导当成了实实在在的修身准则。他的日常饮食起居完全以《论语·乡党》为准则，进退俱有法度，言行俱有礼仪，以一颗仁恕之心待人。到了晚年，他又虔信佛教，日常课诵从不间断，而且广做善行，为此他专门成立了一个慈善机构——“备济社”，周济贫困、施衣赠饭，每逢一些节日都要举行“大放生”活动。久而久之，天津人都称之为“李大善人”。

道光二十年（1840 年）英国的炮舰撞开了清朝的大门，短短二十余载，通商口岸已经遍布中国沿海，连京城的大门天津，也被迫开埠通商。新旧思潮碰撞更迭，经过几十年的融合，形成了一种迥异于京城的风格。可以说，天津城半是传统的市井风情，半是光怪陆离的花花世界。

天津城最繁华的地带当属南北运河与海河交汇的“三岔河口”，简直称得上是满街流金，华北甚至东三省的物资从这里流向海外，长芦的盐也从这里流向山东、山西与内蒙古——当然，也只有这样的地方才能诞生桐达李家这样的豪富之家。在三岔河口的东侧便是一条名为粮店后街的南北走向的马路，马路之东有条陆家胡同，在胡同东口二号，坐落着一座坐北向南的三合院，这就是桐达李家的所在地，也是李叔同的出生地。

在王凤铃嫁到李家之前，李筱楼正在他的大宅里哀叹。他原本有两子一孙，但没想到在自己60多岁的时候，短短几年长子李文锦和文锦的儿子都先后英年早逝，长房一脉就只剩下了长房太太姜氏、文锦媳妇和文锦的儿媳妇三个女人。

二房姨太太为张氏，育有次子李文熙。文熙自小身体孱弱，令人忧虑。三房太太郭氏自入门后未曾生育，孑然一人住在佛堂后面的西厢房，和大房的三个不幸的女人一样，成了在家居士，每日诵经礼佛。

一个典型的佛化家庭，这实际上也是李筱楼自己的内心写照。

作为一个名门望族的大家长，眼看着家族香火不旺，李筱楼心有不甘。一看到文熙那孱弱的身体，他就担忧李家的未来，因此他必须再娶一房姨太太，并非好色，纯粹是李家这样的家族必须得有一位李三公子。

命运将红线绑到了乍浦王家。这也是一个商人之家，当家人与李筱楼一样，也是位儒商，女儿王凤玲相貌端庄、诗文兼修，芳龄二十。

在古代，女子十五不嫁，罪及家人。在乍浦，大部分女子15岁左右就在一位媒人的牵线搭桥下，与三里五乡的某个男子结合，有的甚至在十三四岁的时候就已经嫁做人妇。当然，这种婚姻一般都遵循着约定俗成的一些规矩，如“门当户对”“郎才女貌”等。

到了适合婚嫁的年龄，王凤玲却不知不觉中被“剩下”了。原因则很奇特：王家家道中落，虽然也经商，但只是小本买卖，按照“门当户对”的通行原则，她应该嫁一户中小商人之家，但王凤玲的模样和学识却堪称大家闺秀。这样一来，若嫁贫民，怕过不惯生活；若嫁平民，凤玲父母不甘心；若嫁豪富，攀高亲，又给不起嫁妆。一来二去，凤玲的婚事一直拖到20岁还没有着落。

直到李筱楼一次去乍浦办理商务时，这个“难题”才迎刃而解。媒人一听就感觉能成，李筱楼和王凤玲两人都通达诗文，肯定有共同语言，而李筱楼的年龄劣势和王家的家势劣势正好可以互相抵消，两家人也都不好再说什么了。这就是那个时代的婚姻，不忍但自有合理之处，却也能长久。

王凤玲就这样成了桐达李家的第四房姨太太，成了这个“诗礼簪缨之族，花柳繁华地，温柔富贵乡”最年轻的女人，就连她的侄孙媳妇年龄都比她大。

终于，随着这个小婴儿的呱呱坠地，王凤玲的心里充满了那种只有做了母亲的人才能体会到的安慰和喜悦，她看着身边这个白白嫩嫩的小生命，逗着他笑，完全忘记了这座大宅院里的喧嚣和热闹。

当孩子的啼哭声响起的时候，68 岁的李筱楼正置身于佛堂，他喜极而泣，连忙跪拜叩谢菩萨的恩德。他知道，这个儿子完全是菩萨赐给自己的，在 68 岁的时候，还能生出大胖小子，这本身就是一个奇迹！一向沉稳有致的他，如今抱着被红绸子包裹的儿子，竟兴奋得有些茫然失措。

“老爷，该给孩子取个名字了。”王凤玲温柔地提醒兴奋的丈夫。

李筱楼的目光始终未曾离开手中的婴儿，进士出身的大才子，略加思索，便为儿子起名为李文涛，字叔同。

“叔同，叔同，”王凤玲喃喃念着，心里只是欢喜，却无法预知将来他会走上怎样的道路，人生拥有怎样一个结局。忽而，秋风起，纱窗的一角被轻轻地掀起，看着一片片花瓣飘于窗上，心中又涌起一点悲伤。尽管现在家里的人对自己还好，但老爷百年之后呢？这个孩子长大后，恐怕免不了会受些委屈，会有人在背后说他不过是庶出，是小妾之子。

她又想起那个兆头：在孩子刚生下来，大家正忙里忙外的时候，一只喜鹊却不知怎么闯入产房，将嘴里叼着的一根松枝安放在床头，然后欢然离去。这根松枝似弯而不曲，姿态极佳。喜鹊送枝，这应该是吉兆，象征着孩子会像松树一般福寿绵长吧。

她想一辈子护着这个孩子，但也知道这不过是痴心妄想，有些事强求不得，漫漫人生路，终究要由他亲自去走。尤其这个孩子还是桐达李家的三少爷，是未来李家掌舵人唯一的手足兄弟。想到这里，她的心才开始安定下来。

“老爷，再为他取个乳名吧。”

“‘桃李不言，下自成蹊’，乳名就叫‘成蹊’吧。”

迎接这个小生命出生的还有很多人。

最高兴的当属李家大院的佣人和大门外的商贩们。佣人们深知这个孩子对李家的意义，跑前跑后，忙不迭地报信、张灯结彩，同时等着主人的红包。而天津城的鱼虾贩子们已经在李家大门外等了一天一夜了，这些人和在佛堂的李筱楼一样担忧，多次出铜板向里面的人打探“顺产还是逆产”。

当顺产的消息传出，李家大门外沸腾了，大家像中了大奖一样兴高采烈。筱楼公也不拂大家的意，将门外所有的鱼虾全部买下放生。水洒在地上，在李家大门外汇成了一条河流。

李叔同 3 岁那年，李筱楼在天津又置了一座豪宅，即天津粮店后街六十号，就在李家老宅附近。这座宅院依街而建，大门为“虎座”门楼，上面挂着“进士第”匾额，象征着那个时代读书人的最高荣誉，门楣上的百寿图镂刻砖雕，精致而大气。过道里挂着“文元”匾额，大而方正，威严气派。这样的宅院，即便在天津这座开放的城市里也并不多见，真可谓津门望族。

乔迁之喜，普通人家可能只是放一挂鞭炮，而桐达李家自然不能如此寒酸，而是大宴宾客。李筱楼邀请了津门各界名流，甚至奥地利公使和公使夫人都专程前来赴宴。如同《红楼梦》中的百年贾府，烈火烹油，富贵荣华，时人说起桐达李家，总会啧啧称赞，语气里满是艳羡与倾慕。

可不是嘛，李家生意遍及华北、江南；李筱楼本人又是进士出身，与天下第一重臣李鸿章有同年之谊。这样的富贵权势，正常情况下应该被人嫉恨才是，但在李筱楼无量善行的化解下，人们不但没有嫉恨，反而更多的是祝福与羡慕。这不，连菩萨都被感动了，在他 68 岁的时候送他一个儿子。

什么叫成功？这就叫成功！

什么叫完美？这就叫完美！

但李筱楼自己非常清醒，这段流光溢彩的时光，美则美矣，终究太过短暂，犹如天边的那一片云彩，风一吹便散了。而且，吹散自己的那缕风已经快来了。

熟读儒家经典的他知道，人生在世有五种福分，分别为长寿、富贵、康宁（身体健康而且内心安宁）、好德（心性仁善而且顺应自然）、考终命（安详离世而且饰终以礼）。这五种福分，他李筱楼已经有幸得到了长寿、富贵、康宁和好德，但最重要的考终命能否得到还是一个未知数。历史上有无数的人,得到了其他的福分,但最后一个却没有得到，最终仍是一无所有，落得被后人嘲笑的下场。熟读历史的李筱楼对此知之甚详。

这是一个非常宏大的命题，也是每一个人都必然要面对的命题，作为一个庞大的商业帝国的管理者，作为一个封建大家庭的家长，作为一个佛教徒，他平日里的行为已经为此做好了准备。

光绪十年（1884 年），秋风萧瑟，浓霜覆竹，夜一寸寸变浓，一只乌鸦栖息在李家的那棵老梅树上，抖落了几根枯枝，突然又发出几声啼鸣。李家的新宅里至深夜仍是灯火通明，慌乱的脚步从李筱楼里屋至外屋，再至庭院，令一家人都感到不安。

李筱楼的身体不舒服，主事的仆人陆续请来名医，却都摇头而去。久经风霜的老人知道，这一天终于要来了。而李家大宅里，人人都知晓将要发生什么，却无人敢点破。

人生如梦，变幻无常，学佛法很久的李筱楼对此表现得非常平静，未来已经为他而来，而他要做的也很简单，只需要循着命运的指引，一步步走向彼岸。无论那里是真是幻，他都得虔诚地接受这一场生命恩赐。

他叫来忠心的仆人，对他们面授机宜，在他死后生意应该怎么做；他叫来这个大家庭仅有的两个男丁，17 岁的文熙和 5 岁的文涛，告诉文涛以后要事兄如父，嘱咐文熙要照顾好自己的弟弟；他再叫来所有人，当众宣布，以后家里的事由文熙主导。然后就遣散了众人。

落叶渐渐铺满了整个庭院，清晨扫了，至黄昏时又落了一地。李家的佣人也都明白了：这个秋天，终究要带走这座大宅院里的主人。

每个人自出生之日，便一步步奔向死亡，时辰一到，便得孤身前往一个不可预知的地方，除了一些修道有成的人，无人能够幸免，或许这才是人生永恒的归宿，就如同落叶回归大地一样。

李筱楼深谙此道，而且他早已为此做了详尽的准备。于是，在大限将至之时，他没有恐惧，没有悲伤，而是像做生意那样非常冷静地做安排。

他命车夫带着一封亲笔邀请函请自己的方外之交学法上人深夜出寺，为自己做弥留前的助念。

他告诫自己的家人，在他弥留之际，千万不要来看他，若悲痛难忍的话可以在他们自己的屋里小声地哭，但不要让他听到，以免牵动执念，无法往生。

死后一切丧葬事宜听从学法上人的安排。

不太大的屋内，妻妾们哭哭啼啼的，心中慌乱犹如天塌。尽管如此，她们也知道此时正是自己的丈夫能否往生的关键时刻，所以她们谨遵吩咐，尽量放低声音。唯有不满 5 岁的李叔同，非但未曾流下眼泪，反而听着萦绕在父亲耳边的诵经声，有一种似曾相识的感觉。那是一种使人不得不静下来的力量，诵经声似潺潺流过的蜿蜒溪水，又好像秋风拂过时的阵阵松涛，随着世尊的教导时而高昂，时而低沉。

“复次。须菩提。菩萨于法。应无所住行于布施。所谓不住色布施。不住声香味触法布施。须菩提！菩萨应如是布施。不住于相。何以故？若菩萨不住相布施。其福德不可思量。”听到这些，李筱楼想起了自己的无量布施，不觉点头。

“须菩提。于意云何。可以身相见如来不。不也。世尊。不可以身相得见如来。何以故。如来所说身相。即非身相。佛告须菩提。凡所有相。皆是虚妄。若见诸相非相。则见如来。”学法上人诵到这里，突然提高声量。李筱楼听到这里，对上人会心一笑，然后眼中的光亮逐渐淡去，右手也陡然垂在床榻。

万事皆有其时，皆有秩序，开始有时，结束有时，得到有时，失去有时。红尘一梦，终究要醒来。但恐怕没有几个人像李筱楼这样，把这个梦做得如此圆满。

室内开始燃起香烛，烟火袅袅上升，法师们身披袈裟，神态肃穆庄严，自有一种安然平和的气度。念佛声响起，与虚无的香烟一起，在空中腾起千姿万态。

家眷们犹如乌鹊陡然失去了良枝般扑通跪倒，泪如雨下。此刻，木鱼声敲起，清脆而空灵。李叔同默默地看着这一切，没有哭，只觉得这是一场神圣庄严的仪式。

白麻孝衣，像是一场不会化的雪，覆盖在李叔同身上。文熙和他一同跪在灵堂里，看着满是悲伤的人们，进来行礼后又再出去。年仅 5 岁的他还不知道这其中的真实意思，也不懂得别人看他眼神里的那股哀怜。

按照父亲的嘱托，归西之后，灵柩在家需停驻七日，延请僧人诵经祈福，每日一班或三班，以为往生西方的助力。诵经之声弥漫萦绕，此起彼伏，给这个佛化家庭上了一堂活生生的课。

父亲永远不在了，李叔同虽然小却仍然感觉悲哀。但这场法事下来，又让他觉得往生之路是一条极为神圣的道路。他悄悄走出灵堂，拽拽母亲的衣襟，问他们都是些什么人，都在念些什么，为何同我们不一样。

母亲怔怔地回答，他们都是出家人，自然跟我们不一样。

“出家人，出家人……”他喃喃自语。

无牵无挂，在高僧的诵经声里魂归西天，李叔同认定父亲走得极为平静，况且又有僧人为其祈福，助亡魂升天，家人应该欢喜才是。只是红尘中人太难放下感情。

李家作为津门望族，李筱楼作为名闻北国的儒商，吊唁之人，自是络绎不绝。这情景并不让人感觉意外。忽然之间，仆人小跑着给文熙传信，说有贵客前来吊唁。还未来得及问明，直隶总督、北洋大臣李鸿章已然走进灵堂，他是为自己的同年和好友来送行的。尽管身着素服，但这个天下重臣依旧凛然威严。

他到这里自有一项最适合的仪式等着他。

在传统丧礼中，后人要为逝去的亲人做“神主”。所谓“神主”，又称木主、牌位，即写有死者姓讳、身份、官职、封谥等供人们祭奠的灵牌。其中，为故去的长辈制作灵牌的过程称为“作主”，而请人用朱笔补上灵牌上“主”字一点的仪式则称为“点主”。点主事宜须得由尊贵之人执行，而李鸿章最合适不过。

白布铺就的公案上，李家的人早已备好毛笔、砚台、朱砂、墨条，李鸿章执笔蘸朱砂，在早已备好的“王”字上方正中，添上尖端向上，下端圆垂的一点，“王”字就成了“主”字。

然后他高唱颂词：“日出东方，一点红光。子孙昌盛，福泽绵长。”

颂词既毕，将笔向后一抛，早已预候的文熙将笔接住，表示以后桐达李家的门庭就由他掌管，而李鸿章就是见证人。

世家奇公子

遵照父亲临终前的嘱托，17岁的李家二少爷正式接管了李家的内外大权，同时担任5岁的三少爷的启蒙老师。

这是一件颇为无奈的事情，文熙只有17岁，而李家的商业帝国却大得离谱，因此生意上的事情自然就得由他的亲母——张氏来决断，就像同时代的同治、光绪两个皇帝一样，年龄太小，由太后摄政。这样一来，文熙除了学习生意上的事情外，几乎将全部精力都放在了弟弟的启蒙教育上。

这个未来天津城的一代名医并非纨绔子弟。虽然他不像他的父亲那样怜贫惜老、仁民爱物，但仍不失孝悌二字。对自己的父亲，他发自内心地尊敬，但对他不分对象滥施好心颇有微词，因此他一接掌李家的大权，那些常年受李家救济的贫民和天津城的鱼虾贩子们，马上就感觉到了寒意。对自己的5岁弟弟，他视为这个家里仅次于亲母张氏的人，将当年父亲启蒙他的那一套完全施之于他身上。对自己的大娘、三娘和四娘，他维持着表面的礼节，给她们足够的钱财，如此而已。

对一个17岁的富二代来说，这实际上已经相当不错了。除了有点傲气，他完全没有其他富家子弟的毛病，他很少看戏，更不泡烟馆，不拈花惹草，而是一门心思地将李家的事业发扬光大，同时对医学颇有研究。李叔同后来之所以能在天仙园里与女伶人卿卿我我，在上海滩上与李香平风花雪月，在日本学习美术、纳妾，完全是因为他有一个李文熙这样的哥哥做他的后盾。

传统的古代教育，启蒙是从六岁左右到十岁左右，它的教学宗旨、目标与现代不太一样——不以知识学习为主，主要培养孩子的正知正见，即所谓的“童蒙养正”。而且这种教育主要是通过家庭教导来进行的。古人非常重视家庭教育，因为它是个人成长的基础，家庭教育的好坏可以说直接决定着一个家庭的兴衰。李文熙以一家之主的身份，亲自对五岁的弟弟进行启蒙，很可能是李家的传统。

针对这阶段儿童的特点，古人的家庭教育最看重的是日常生活常规教育，并且有一套详细、按年龄施教的“规范”，通过这套规范来培养孩子的正知正见。

《礼记·内则》中讲：“子能食食，教以右手。能言，男唯女俞。男鞶革，女鞶丝。六年教之数与方名。七年男女不同席，不共食。八年出入门户及即席饮食，必后长者，始教之让。九年教之数日。十年出就外傅，居宿于外，学书记，衣不帛襦裤，礼帅初，朝夕学幼仪，请肄简谅。”

意思是，孩子学会自己吃东西的时候，就要教他怎么用右手来取食物；当孩子开始学讲话时，如果是男孩要教他用“唯”来应答，如果是女孩要教她用“俞”来应答。（“唯”和“俞”是古代的应答语，两者的区别在于前者声刚直，后者声婉柔，以示男女有别，各有特点）；给男孩佩戴小囊以皮革做成，给女孩佩戴小囊以丝做成；六岁时，教孩子识数和辨认方向；长到七岁，男孩和女孩就不能同席而坐了，也不让他们在一起吃饭；八岁，就要开始教孩子在进出门、入席就餐等公共场合中学会尊让长者；九岁，教孩子怎样计算日期；到孩子十岁的时候，就要送男孩出外就师求学，学习记事和写字，学习初级的礼乐，遵守此前学习的谦让之礼，若孩子需要在外面住宿，切不可给这个年龄段的孩子穿华丽的衣服。

从内容来看，这套“教育方案”主要是一些伦理道德规范的初步训练，尤其是在待人接物、为人处世等日常生活中的常规训练，再辅以简单的文化知识学习，为后面的入学学习做好准备。

俗话说，“少成若天性，习惯成自然”，启蒙时期的一些习惯往往会影响人一辈子。因此，做人的教育、生活的教育是中国童蒙养正的主要内容。

于是，李筱楼的那间洋书房，就变成了兄弟俩的教室，在文熙的监督下，李叔同从《名贤集》《弟子规》开始，到抄诵《玉历钞传》《百孝图》《格言联璧》《文选》等。而文熙则成了有威严的先生，古板而严肃，手拿戒尺，在弟弟身旁转来转去。如果发现他稍有走神，如托腮冥想，或是抬头仰望“意园”内那枝开得正艳的海棠，戒尺就会毫不留情地落下。尤其令文熙恼火的是，弟弟身上有一股“不屑不羁，天下事没他份”的轻松，这让富有责任感的李家二公子找到了目标——一定要从小开始把他扳到正道上。

严厉管教李叔同的并非只有文熙一人，王凤玲更甚。在日常洒扫应对中，她教导李叔同，席不正不坐，写多大字就取多大纸，不能有一丁点儿浪费。如若李叔同稍不听话，王凤玲就会摘下墙上的老松枝，朝他的脊背上打去，直至李叔同开口许诺再也不犯才停下来。最终，孩子的脊背一片通红，而王凤玲的心也在滴血，还得亲自给他上药。

她的心思也很好理解，为什么同是庶出的儿子，文熙现在掌管着整个家族，而李叔同却随时遭受众人白眼儿。每天天还没有大亮，孩子就要起床跟着她向大太太、二太太、三太太请安。于是，王凤玲的心思跟《红楼梦》赵姨娘的心思有点类似，她时时盼着李叔同能长大，为自己也为她撑起一片天。

实际上她是多想了，李筱楼的一妻两妾都不是什么恶人，甚至可以说都是知书达理、品德高尚的好女人。大太太和三太太深信佛教，心如枯井，与世无争，对她们母子俩只有怜爱和慈悲，根本不会有一点白眼儿给她们。二太太张氏虽然面临着将来叔同会长大、要分家的问题，但现在这个孩子只有 5 岁，根本对她没有一点儿威胁，何况她也不是一个不识大体的人。而文熙就更别提了，把教育 5 岁的弟弟视为自己出掌李家以来最重要的任务。因此，王凤玲的这种想法可以理解，但并不真实，只是因为她太年轻，太敏感，后来她的早逝与她的这种个性也很有关系。

8 岁之时，李叔同的 3 年启蒙阶段结束，文熙将他交给了另一位名师，即常云庄先生。他跟着常先生先是读《四书》《毛诗》《唐诗》《千家诗》，能读能诵之后，即开始进行当时读书人的必不可少的一项训练——训诂之学，终日被《尔雅》《古文观止》《说文解字》压得喘不过气来。

春末夏初，白天一日比一日长。尽管学业繁重，但李叔同终究还是个孩子，正是贪玩的年纪。一日，吃过晚饭后，王凤玲与奶妈王氏正坐在庭院中乘凉赏荷，叔同火急火燎地从厢房中跑出来，想要与小朋友到河边一起玩。王妈略带埋怨又满含慈祥地嘱托他，别那么快，慢慢跑，别跌着了。王凤玲却严厉地喊他停下来，一听到母亲的声音，他就老实了，不得不站住脚挨训。王凤玲问他今日常先生都教了些什么，是否都背诵了下来？李叔同一一作答，且又将今日所习的文章，一字不落地诵出，王凤玲这才满意地放他走。

看着李叔同一溜烟远去的影子，王凤玲心中既悲伤又欢喜。

名门悲欢

名门望族中，大红灯笼高高挂。再往里，深宅大院，自然是妻妾成群。这样的地方，里面自然有着无尽的悲欢苦乐，但却又一言难尽。正所谓“一入侯门深似海”。

尘寰之梦中，李筱楼一生倜傥风流，除了正妻姜氏，还有张氏、郭氏与王氏。除了郭氏未曾生育之外，其他妻妾各育一子，不幸的是长子文锦早逝。因此，这个大家庭在李筱楼去世之后，就由次子文熙当家了。

一年之后，大太太姜氏也去世了。她去世时没有一点病苦，在别人毫无预感的情况下，在一个夜晚咽了气。没有人知道她离去时心里是光明还是黑暗，她的儿媳妇和孙媳妇都还在睡梦中，也没有人听见她是否有过呼唤或是叹息。

她的丧事自然由文熙主持操办，而李家并未有什么特别的改变。她在世的时候，无法排遣岁月的折磨就信了菩萨，这么多年诵经念佛下来，早就心如止水，她似乎一直在等着这一天。这一世看过了无尽的繁华，对世间的一切早已彻底放下，身无病苦地离去，正是最好的结局。

波澜不惊，一切照旧。

在李家旧宅的三合院外面，胡同东口，有座庙宇，名为地藏庵，里面住着一个由儒入佛的居士王孝廉。王居士曾到普陀山礼拜观世音菩萨，修持颇为精进，附近的居士也常到庵里礼佛。

凤玲自己也信佛，但并不是深信，她的态度跟很多中国人一样——“什么都信一点，但也不可全信”。在闲极无聊时，她也会带着儿子跟郭氏、文锦媳妇、文锦儿媳一起去地藏庵礼佛诵经。王孝廉教大家念诵《普门品》《大悲咒》《往生咒》。

“南无 喝啰怛那 哆啰夜耶 南无 阿唎耶 婆卢羯帝 烁钵啰耶”，年纪幼小的李叔同纵然不明其中真意，但也曾在王孝廉诵音落下之后，轻轻念起来。

这个咒语，他的侄孙媳妇已经念诵了好久，只是纯熟但还没有完全背下来，但聪明伶俐的他不消几时就能将这些咒语念得纯熟饱满，朗朗上口。而去了几次之后，小叔同竟然已经能够将《大悲咒》《往生咒》背下来了。此时，王凤玲内心深处生出了隐隐约约的恐惧，她看着端坐诵经的稚子，想起喜鹊嘴里的那根树枝，仿佛看到了他的未来之路。第一次，她中了魔般呵斥他，不准他再诵经。

她有了预感，这个被丈夫视为天赐的孩子恐怕也会走上丈夫的路，更怕他撇下红尘中的自己。她的预感是对的，但没想到的是，他在这条路上会走得更为决绝也更远。

天仙园里，绮梦一场

时光荏苒，一天一天如同翻书一般。不知不觉中，李家三公子已经过了 15 岁，到了一个年轻人的花季、雨季。

这些年岁中，尽管生活依然华丽、光鲜，但落寞和隐忍却如影随形。也是为了排遣这种落寞，王凤玲将大部分精力都放在了儿子身上。一转眼他已经长大了，心里总算松了一口气。

一个清晨，她忽然打开了那个尘封已久的胭脂盒，对着那方古铜镜，匀上淡淡的玫瑰香水粉，又在鬓边斜插一支兰花簪子，而后携了王妈和儿子的手，走出家门。她可能是太落寞了，现在带着自己的骄傲——儿近成年的儿子一起在大庭广众之下露面，不但可以排遣寂寞，还相当于变相让大家认识一下李家的三公子。

李叔同问要去哪儿，王妈说是天仙园。那是天津城有名的一处梨园，犹如现在北京的国家大剧院，在当时的天津城有着极高的知名度，连京城也有人专门跑来看戏。

李叔同对这个有名的地方并不陌生，他曾经对自己的哥哥颇有微词，除了不如父亲那样体恤穷人之外，他有时候还会跟人到梨园听戏。在“两耳不闻窗外事，一心只读圣贤书”的少年看来，声色犬马都是罪恶，是不能沾染的，一旦沾上了就都是坏人，但在内心深处又有点好奇和向往，这似乎是每一个少年人的心路历程吧。

铜锣响起，开始向人们讲述一个曲折的爱情故事。

“见新人不由得我声声相诧，好一枝春雪冻梅花……”

“你看他粉腮含霞云鬓堆鸦，双眉蹙蹙翠黛画。恰是那嫦娥女谪降寻常百姓家……”

“花妈妈呀，你把我害煞，送来了一朵鲜花不是他……”

台上，一个华发堆云扑，娇态如杨柳的女子，在悠悠地唱着。她眉似青山黛，身着红罗裙，水袖轻舞，音色婉转绵软。一步步走着，好像初夏的一朵刚刚绽放的睡莲，在微风中轻轻摇曳。

她一举手、一投足，声音一起，李叔同便如遭电击一般，内心深处轰隆隆一声雷响，那是上天在一个男子身上装的预报器，深藏在每一个人的心里。这声雷响之后，以前的那个男孩已然不见，从此萧郎非路人。

在圣者看来，这是一个不幸的开始。人禀先天一炁而入胎，从出生开始，此炁一分为三，从 1 岁到 15 岁左右，由于没有邪思，精气逐渐增多，如同油灯里的油不断增加。一直到 15 岁左右（女子 14 岁，男子 16 岁），从他内心深处轰隆隆雷响的这一天开始，身心烦恼将日益增加，精气神日益耗散，就像油灯里的油不断减少，直至最终油尽灯枯，走向死亡。

但没有办法，每个男人注定都要过这一劫。

这一劫，堪称男人的生死劫，过得去，逍遥自在、无挂无碍，才称得上是真英雄、真豪杰。否则必然平平庸庸，沦为流俗，浮沉生死，超脱无望。

邱长春，19 岁即看破红尘，了知世间一切皆为虚妄，跟随王重阳出家修道。通过森严的戒律、长年的苦行和刻苦的修炼最终过了这一关，成为全真派一代祖师。

狄仁杰，根底深厚，年轻时即才貌出众，不仅学识文章好，而且英俊潇洒。在上京赶考的路上，他的劫难突然现前。在客栈里，新寡的女主人对他表示了自己的爱慕。他通过常年践行的伦理道德险过这一关，成为一代名臣。

现在，轮到了李叔同，只是这一关他很难过得去。

为什么？

这一幕犹如《七剑下天山》里的楚昭南初见绿珠。一个常年生长于深山的少年，纯洁得犹如一张白纸，从来没有见识过人心的险恶、世间的复杂与混乱，刚下山就在一个酒肆里碰见了歌舞团里的第一美女。

那一瞬间，世间其他一切全部停止，没有了时间，没有了色彩，没有了其他声音，只留下她的倩影在飘飘闪闪，轰隆隆一声雷响，纵然有天下无敌的游龙剑在手，他也再无抵抗之力。

他太弱，对红尘缺乏基本的了解，人性与生俱来的欲望必然占据上风。

她太强，远超一般的女子。美丽的容貌、细软的腰肢、糯软绵甜的声音，举手投足犹如粉莲初探，眉眼间欣喜却还羞涩的表情令人无法自制。而这一切，都是经过长期的刻苦训练练出来的，专门用来对付男人的。

世间女子中从小就生得花容月貌的人不少，但她们没有经过专业训练，故而魅力有限。有了花容月貌的底子，再经过专业训练——拉嗓子练身段，养只画眉专门训练眼神，使眼睛滴溜溜如一汪活水，练手指，练不好就往身上抽鞭子，她们便成了倾国倾城的尤物。

她们从小就知道自己的目的是博取别人的赞赏，周旋于形形色色的客人中，她们最善于察言观色，根据不同的人和场景来调整自己的角色。

这好比一个初学武功的华山弟子遇到了神功大成的东方不败，结局可想而知。

她叫杨翠喜，出道已经三年，是天津城曲艺界的大明星，是无数男人的梦中情人。

杨翠喜原籍直隶北通州，幼年家贫被卖给杨姓一乐户人家，取名杨翠喜。由于天生美貌，再加上师父也没少在她身上下苦功，15 岁就出落得面如满月，端庄秀美，加上一副好嗓子，可谓“舞步摇落天上月，歌喉一展倾人城”！她一登台，整个天津都沸腾了，无数青年公子守候在她的舞台下，只等着佳人一笑。

在传播手段落后的 19 世纪 90 年代，出道三年就已经红遍津门，从某种程度上也可以说杨翠喜是个聪明的女子。不错，她的确姿容秀美，嗓音婉转，这是女人的资本，如果运用好了可以带来无数的光环和利益。虽然拥有这种资源的女孩儿也不少，但只有她取得了惊人的成就，红得发紫。

她的确很会利用自身的资源，唱的曲子也颇有讲究，一般都是一些与爱情有关的经典曲目。她最开始在天津著名的“协胜园”登台献艺，第一次登台演出，她唱《梵王宫》《红梅阁》，神态婀娜摇曳，唱腔华丽婉转，令观众目瞪口呆，继而热烈叫好。老学究骂不绝口，直说有伤风化，津门的小公子们则奔走相告，争相一睹尤物的绝代风情。一时间，整个天津沸沸扬扬，大街小巷谈论的都是杨翠喜。

这也难怪，经过严格训练的尤物，没有男人会不心动。那个时候的杨翠喜，在姹紫嫣红的梨园名角中，恰似那牡丹花心，三春芍药，万人中央，享受的是盛极的宠。

情窦初开，即遇佳人，李叔同对杨翠喜一往情深，日日思念。而李家三少爷的纯情和诗意也让杨翠喜心动。二人相逢，心有灵犀，一展眉一转眼，情丝已深种。

情窦初开的少年开始了自己的攻势，显得理智而优雅。他不像有些人那样，捧着首饰和黄金只为博得佳人一顾，他只是每日放学后去听她的戏，日日如此，一边听一边思考。她在台上，他在台下，时间长了，目光便相撞，台上风流台下痴，俱是神魂欲飞。更何况，在戏剧方面，他确实有着别人无法企及的天赋，看着看着，他逐渐看出了许多门道，与她的距离也越来越近。

杨翠喜早就注意到了这个年轻公子，她的追求者实在太多，那么多追求者里，他实在太过显眼。通常那些人眼睛里全是欲望，污浊中带着两分颓废、七分渴望再加一分忐忑，那是一种想要对某个物件伺机占有的贪婪，从小到大这种人她见得实在太多了。他则不同，也许是因为累劫的修行功夫在，他的目光始终清澈，虽然有时也会有点热，却始终具有一股沉静、超脱的力量，有的只是一腔情思。他的目光看过，没有贪婪，也没有欲望，像是看到了许久未见的知己一般，拉着她的目光和心一同靠拢过去，让人的心成了琴弦，一拨一动宛如天籁。

那天演出结束，照例卸妆后，杨翠喜脑子里还盘旋着那个人的目光。这时，他轻轻挑帘而入，走进了后台。刚卸完妆的杨翠喜脸上旋即起了微微红晕。

“你来了？”

“我来看看你。”

第一次面对面，他们就已经是熟人了。才子佳人，总是一拍即合的契合美满。

他开始更频繁地往天仙园里跑，几乎每晚都要去为她捧场，看她轻舒水袖，万种柔情，散戏后便提着灯笼陪送她回家，一路谈情说爱，你侬我侬。而这也激发了李叔同在戏剧方面的天赋，他本就有深厚的家学底蕴，于是他为她讲解她所唱的戏里人物的性格、历史背景，甚至手把手指导杨翠喜舞台身段和唱腔。杨翠喜得到大才子的点拨，技艺又上一层楼。

“燕支山上花如雪，燕支山下人如月。额发翠云铺，眉弯淡欲无。夕阳微雨后，叶底秋痕瘦。生怕小言愁，言愁不耐羞。”

“晚风无力垂杨嫩，目光忘却游丝绿。酒醒月痕底，江南杜宇啼。痴魂销一捻，愿化穿花蝶。帘外隔花荫，朝朝香梦沾。”

这两首《菩萨蛮·忆杨翠喜》是李叔同后来在上海寄给杨翠喜的，可以想象那段时光是多么美好。

虽然在以后的日子里，他还为李苹香、高翠娥、金娃娃等诸多的红粉佳人写过诗词，但都不如这两首词旖旎风流。

慢慢地，两人感情日益增长，他渴望和她日日相见，时时相伴，想做一对耳鬓厮磨的鸳鸯。少年人的心绪总是这么炽烈，但却真实。

放在现在，这件事情或许会成为一件人人艳羡的美谈：富二代与女明星，才子与佳人，简直就是天作之合！

但在那个时代，李家是天津城里有头有脸的大户人家，门风自是比幸福重要上百倍，怎会允许李家的三少爷与一个戏子纠缠不清。风言风语传到文熙耳朵里，作为兄长，作为桐达李家的当家人，他极力克制自己的恼火。所谓无风不起浪，自己的这个弟弟终于也到了惹祸的年龄了。

王凤玲坐在太师椅上，闭着眼冥想。王妈在一边伺候，虽然不敢言语，脸上却无法掩饰对李叔同的担忧。这个孩子是她看着长大的，她疼爱他，但也知道他重情的秉性，如果执意将他们分开，只怕会深深地伤害到他。只是，在李家生活了这么多年，她也明白，繁华背后往往隐藏着许多不为人知的悲伤，但这总好过任性胡为。

李叔同的这场初恋，注定只是绮梦一场。虽然美丽，但只是梦。

对于每个男人来说，可能生命里都会出现这样一个女人，爱着，疼着，但最终却不能拥有。直到有一天将她融入往事，散在岁月深处，成为心底最美的记忆。

姻缘基本由天定

世间之事，向来是忧喜参半，明暗对分，爱情尤甚。起初顺遂的爱情也有可能像一叶小舟，在无月的夜晚撞上了暗礁，渐渐沉溺在海中央。而经历了无数的岁月磨砺，见过了无数的风月传奇后，人们才会恍然大悟：婚姻，基本由天定，半点不由人。

这个道理年轻人很难懂。

李叔同当然也不懂，他正与杨翠喜卿卿我我，你侬我侬，“汝爱我心，我怜汝色”，一心想着长相厮守。但老练的文熙和王凤玲早已悟透了这一点：绝不能由着他胡来，解决问题的办法就是赶紧给他娶个媳妇。

男子十五六岁，心底那颗雷声响过，再纯洁、再孝顺的少年也开始变得叛逆，不想在家待，整天在外面瞎跑，直到他们结婚为止。故而仓圣造字，宝盖（寓意房子）下面一个女人，人心才安。早已经过了这个心理过程的长辈们自然心领神会——赶紧给这小子成亲吧。

李家是豪门大户，结婚自然是一件容易的事情。

本来为儿子张罗婚事是一个母亲莫大的光荣和享受。从挑选目标，打听对方家世，到托媒人，下聘礼，再到订日子，结婚过门，这一路下来，虽然累，但更多的是一种付出后的欣慰和欢乐。但王凤玲显然没有这种欣慰和欢乐，她现在只想快点让儿子成婚。

王凤玲从媒人那收集了大量适婚女子的照片，照片的背后是她们的生辰八字。最终，她姿态悠然而决绝地从桌几上挑选出一张照片，递给王妈，“就是她了吧”。

照片上的女孩，乍看之下似乎并不出众，她不是杨翠喜那样炽烈绽放的芍药，惹得万人空巷；也并非胸口的朱砂痣，可以让人记忆一生。但她是最能暖人心的那种美，温柔沉静，但又好像周遭的空气，惹不起男人的兴趣，无色无味，却是生活之必需。这样的女子，是最适当的儿媳妇人选。她的美需要慢慢发掘，随着岁月的积淀才能逐渐绽放出来。王凤玲已经过了不惑之年，对此十分了解。

女子姓俞，家在天津南运河边上的芥园大街。家里经营茶叶生意，也算得殷实，虽然比李家差一点，但也算门当户对。

两家大人都比较满意，然后一场邂逅被制造出来。

王凤玲让儿子陪自己去逛娘娘庙，然后就“碰见”了俞家人。果然，在李叔同的印象中，俞姑娘并没有什么特别之处，但也并不让人讨厌。她不像桃花那样占了整个园林的春色，也不像兰花那样自有一种孤傲的清高。她平易近人，礼貌亲切，更像是人人家中都会栽植的月季，在一年四季都自开自落，有人欣赏也好，无人注目也罢，她都会按部就班地沿着一个女人的生命轨迹，一步步走过。

在父母的眼中看来，这才是真实的女人。西施、绿珠、杨翠喜之流，她们是女人中的异类，男人眼里的尤物，虽然荡人心魄，但并不真实。

从庙会回来之后，王凤玲坐在藤椅上，有意无意地问起儿子，俞家姑娘怎么样。

聪明的李叔同怎会不知晓母亲话中深意，他本想说，俞姑娘不怎么好或是虽好但自己并不是很喜欢。但这样的话不知道为啥就是说不出口，或许是他猛然间看到母亲的几丝白发吧。最终只是模模糊糊地说，挺好吧，也不怎么反感。

好，要的就是这句话。一场婚姻就这样定下来了。

这就是那个时代的婚姻，男女当事人之间互不深入了解，只需要两个家庭之间互相满意。

接下来，李家上上下下都开始为三少爷的婚事忙活，连文熙和二娘张氏也赶过来帮忙。仆人们忙着粉刷老屋，雕石榴百子床，丹凤朝阳屏风，花开富贵橱，一派喜气洋洋的气氛。而王凤玲也终于有了一点欣慰的感觉。

到了那一天，东方渐渐发白，鞭炮声在脚边炸响，打锣吹号声也此起彼伏，喜庆的气氛弥漫了整条大街。不久，一顶精美的花轿被八个轿夫抬进李家大门。老妈子揭开轿帘，搀扶着新娘出来。堂内满满的都是看热闹的人，涌动着欢乐的热潮，龙凤烛炽烈地燃烧，墙上的大红喜字，耀眼、夺目。文熙、张氏和凤玲则上座，等着新人行礼。

吉时到，焚香，鸣爆竹，奏乐。最关键的环节到来，礼生诵唱："香烟缥缈，灯烛辉煌，新郎新娘齐登花堂。"这对只见过一面的新人登上花堂，随着礼生的唱诵，一拜天地，二拜高堂，夫妻对拜，而后被大伙簇拥着进入洞房。从此，在大家的心目中，你算是一个彻底的成年人了，家业也有了你的一份。

李文熙百感交集，一转眼父亲已经去世 12 年了，自己的这个弟弟也 17 岁了，他风流倜傥、一表人才，更兼学识过人，每个教过他的老师都赞不绝口，颇有当年父亲的风采。现在他也终于成婚了，从此李家又多了一个可以帮助自己的人，自己对父亲也算有了一个交代。

他给 17 岁弟弟的结婚礼物是 30 万银圆和一架钢琴，相当于当时北京城 2000 户平民家庭一年的生活费。

繁华过后，往往是苍凉；热闹之后，常常是冷寂。李家上下，前一刻还笼罩在鞭炮声中，但这并不是真相。随着新人入了洞房，一切便渐渐恢复了原貌。犹如一场梦，还不知道怎么回事，自己却已经成了婚。

新房里，红烛、红帐、红喜字、红纱窗、红被褥，新娘蒙着大红盖头略显拘谨地端坐在床沿上。新郎戴着一朵大红花，坐在盖着红菱的椅子上，踌躇着、犹豫着，几次站起来，但却又慢慢坐下来。

他向来都是穿灰色、青色缎子衣袍的，今日穿上大红绸子新郎服迎新娘之前，他在镜子里照了又照，总觉得镜子里的那个人是另外一个自己。现在，新娘就在自己的身边，更觉得不真实。几经思量之后，他端起桌上摆着的酒杯，郑重而又有些慌乱地一饮而尽。然后他走向已经等了许久的新娘。

走近她时，他能听到她的微微喘息，似乎带着一丝紧张，这也难怪，他们现在已经是夫妻了，但迄今为止这不过是两人的第二次见面。他还闻到一缕栀子花香的味道，那么的清新、纯净，就好像冬天旧宅院中那棵老梅树上晶莹的雪，一尘不染，这种味道，他在杨翠喜身上没有闻到过。杨翠喜身上的香气更为浓烈，似八月的桂花，热情、浓郁、炽烈，让人无法抗拒。

一想到杨翠喜，他的脚步不由自主地放慢。但一阵踌躇后，最终还是走过去，用手中玉如意，挑落了新娘的大红盖头，流苏摇曳着落地，像是来不及挽留的过往。

“由来只有新人笑，有谁见到后人哭，爱情两个字好辛苦……”

作为天津城的两大世家，李俞联姻自然成了市井八卦热点，对于这些，天仙园的杨翠喜不可能不了解。更令人气愤的是，人们总是拿她和李叔同的新娘子比较，指指点点，风言风语传过来令人烦不胜烦。

虽然已经结了婚，但李叔同并没有忘记杨翠喜，更是可以光明正大地去见她了。正常情况下，再纳她为妾也不是什么难事，而且人们也不会再多说什么，世间人就是这么的奇怪。

但李叔同因受戊戌政变的牵累很快去了上海，两人只能鸿雁传书。

她喜欢在起风的时候，展开来自上海的信笺，轻轻地读他用小楷一笔笔勾勒出来的诗。秋风透过窗棂，透过她略薄的衣衫，也吹进长满了相思的心里。秋意漫天，正是回忆的好时节。那些李叔同提着灯笼送她回家的日子，终究成了过眼烟云。曾经，他是一只彩蝶，可以翩跹飞入她的手中。如今，这一封封满是相思的信笺，却如过了花期的春天满是落红。

她的头上，依然插着那支他送的簪子，上面有一只蓝色的蝴蝶在翩翩起舞，而李叔同已然像只蝴蝶飞走了。在上海，虽然有妻子陪伴，虽有城南五友的诗酒酬唱，但没有红粉知己在身边，终究是对锦瑟时光的辜负。

然而，佳人难得，红颜薄命，上苍总是刻意为难这些命运多舛的女子。当她正沉浸于信中的缱绻时，戏院的老板跑过来告诉她，有贵人拜访，要好好地接待，荣华富贵唾手可得。

杨翠喜并非未见过世面的小家碧玉，出道几年来，达官贵人见过不少，但当她走出后台时，仍被对方的阵势所震撼。两队官兵簇拥着一个雍容华贵之人，猛然间如同进了官府。

他的确就是官员——天津城最大的官段芝贵，重臣袁世凯的旧臣。只见他满面堆笑地迎上来，讨好地对她说了赎身之事。

不答应都不行，更何况沦落风尘之间，犹如风中尘埃，雨中花瓣，飘零无依，这样的日子虽然比沦入青楼好那么一点，但不是正途，女人终究还是要嫁人的。

段芝贵神秘兮兮地告诉她，她要嫁的人是京城第一权贵庆亲王的儿子载振，要她以后多多关照自己。

作为梨园正旦，她们从小就周旋于形形色色的男人之间，辗转逢迎，曲意承欢，卖弄着无边春色与风情。在台上，尽量让客人见笑容即如尝美酒，一尝便醉。可人们也知道这不过逢场作戏而已，酒醉之后，转身即是天涯。沉醉时的海誓山盟，不过是海市蜃楼、一指流沙，信不得，亦不必追问，听听就好。人们在天仙园里短暂地过了声色之瘾后，就会重新踏上阳光道，她也会继续走这永远走不完的独木桥，这就是她的生命价值。

杨翠喜明白，李叔同可能不同于其他男子，可能会给她一个避风的港湾，让她不再颠沛流离，一个人回家，不再在这荒蛮的世间找不到归宿。她对此抱有期望。

对自己的未来，她不是没有想过。作为一个梨园名角，按照前辈们的经验，通常不是某个高官的小妾，就是某个富商的小妾。如果能成为桐达李家三公子的妾室，倒也不失一个好的选择，更何况他风流倜傥，也是自己的意中人。

如今，忽然听得有一人要为她赎身，该当满心欢喜才是，这一天终于来临了。正常情况下，应该喜极而泣一番，可惜的是，来赎她的人不是心上人，却是得罪不起的段芝贵。杨翠喜脸上虽然笑意盈盈，心中却早已泪落如雨。

只是我们有缘无分吧！她在想。

她悄然将李叔同的相思词折叠起来，自此之后，当与君绝。他们终究是彼时最美的过客，这段缘不知何年何日才能再续！

公子本色是雄豪

19 世纪的最后 5 年，整个中国的读书人都沉浸于一种悲愤、凄凉、无奈的情绪中。

关键的因素是 1894—1895 年的甲午中日战争。在战争之前的十年里，可以说是中国在 19 世纪下半叶最好的时期。在此期间，国内无大乱，远东的国际环境缓和，中国与西方各国都处于和平状态。尤其是以“富国强兵”为目标的洋务运动，经过无数人的辛苦经营，三十年后效果开始显现出来，如几场战役的胜利：左宗棠收复新疆之战的胜利，冯子才在镇南关及谅山之役中大败法军，刘永福的黑旗军屡创法军，还有日本兵配合朝鲜开化党人制造政变遭到失败等。当时中国的国势依然强盛，英国权威人士评论说：“亚洲现在是在三大强国的手中——俄国、英国和中国。”当时的环境应当说对中国的自强相当有利。

但没想到的是，甲午战争中，中国军队一败涂地，被朝野寄予厚望的北洋水师也全军覆没，而日本一跃成为亚洲强国，完全摆脱了半殖民地的地位，中国的国际地位却一落千丈，财富大量流出，国势开始颓微。

甲午战争的失败，对中国社会的震动之大，可以说前所未有。一向被中国看不起的“倭寇”竟全歼北洋水师，索得巨款，割走国土。朝野上下，由此自信心丧失殆尽，而中国政府的独立财政至此破产，靠向西方大国举债度日。

甲午战争爆发的时候，李叔同已经十四五岁，对世事有了一点了解。一开始，他和很多人一样，对战局很乐观，觉得小小倭寇怎么可能跟天朝上国相比，但没想到清军竟然一触即溃，接连丧师失地，到最后连北洋水师都全军覆没，后来还传出消息，日本要攻击天津，津门骚动，许多人准备举家逃难，李家也上下不安。总之，“雷人”的消息是一个接着一个，令李叔同目瞪口呆。

实际上不只是李叔同，所有稍有良知的中国人都被战局“雷”得外焦里嫩。

在这样的历史背景下，公车上书、维新变法运动兴起了，康有为、梁启超、谭嗣同等人成为风流人物，成为许多人的心里寄托。维新派热衷于办报，通过舆论来号召变法图强，声势日益浩大，最终在 1898 年形成了戊戌变法运动。

结局很惨，维新变法运动百日即告失败，光绪帝被囚，六君子被斩，康有为、梁启超外逃。

李叔同总是觉得，戊戌六君子在北京菜市口被斩首时，天应该下着蒙蒙细雨，这雨与刽子手刀刃上的血迹混合，染红了整条街。尽管没有亲眼见到这个场景，李叔同仍然感到如此的真实和凄凉。尤其是谭嗣同在临刑前脱口而出的“有心杀贼，无力回天，死得其所，快哉快哉”，反反复复在他脑中回旋。

他实际上没见过谭嗣同，也没见过康有为、梁启超，但与他们神交已久。他很赞赏他们救亡图存、维新变法的行为，只可惜自己年龄太小而且还没有功名，不能与他们一起。为了表示对他们的崇敬，他专门为自己刻了一方印——“南海康君是吾师”，似乎还写过文章来表达自己对变法的支持。

随着维新变法的失败，各地曾经支持变法的人也惴惴不安，生怕朝廷搞斗争牵连，而有些人则准备着搞扩大化，好以此发一笔财。在天津的文友圈里，风闻李叔同也是康梁余孽，证据是现成的，这让文熙和凤玲感到忧心。

夜里，梦影重重，忽而醒来，却再难入睡，想一会事情，发一会呆，昏昏沉沉，恍恍惚惚，天快亮的时候方才在朦胧中沉沉睡去。再醒来时，灿然的阳光已然透过窗棂铺满八仙桌，这时俞氏总是小心翼翼端一碗高丽参茶，低声叮嘱他趁热喝，而后担心地看他一眼，便转身迈出门槛。如果碰上他也主动去看她，她就会慌乱、匆忙。

说到底，两人还不是特别熟悉，还没有到默契的地步。

如果没有甲午战争，没有维新变法，他的生活应该还会跟以前一样。家里由哥哥当家，资财自己随便取用，然后一边读书准备考取功名，一边风流倜傥，戏院楼台，笙歌曼舞，与杨翠喜雪月风花，好不快哉。用他胸中的笔墨换得佳人回眸一笑，或是吟曲以抒发幽情，或是再上层楼，为赋新词强说愁。

只是没想到时局会发展到这种地步，但他并不后悔。

“那就先去上海躲躲吧，等风头过了再回来。”文熙说。

他还在考虑，却正中凤玲的心思。

王凤玲嫁到天津李家二十多年了，自从那次离开家乡以后，就再没回过乍浦。这二十年四姨太的日子虽也养尊处优、衣食不缺，但总是要小心翼翼、看人脸色，这样的日子很少有人能长期忍受。再加上她个性敏感多疑，总是有意无意地夸大别人对她的敌意，所以内心深处的抑郁感就更强烈了。现在，儿子已经成家，如果能够跟儿子一起到上海去，天高任鸟飞，海阔凭鱼跃，自由自在，实在是最好不过。就好比，汉高祖刘邦的四儿子刘恒被封为代王，封地位于遥远的北方，而且还是汉朝与匈奴的战线上。刘邦死后，刘恒的母亲薄姬就要求到代王封地去，管它有多远，管它有多凶险，只要那里有自由，有自己的儿子，这就够了。这样的请求，也没有人会不答应。

更何况，尽管已经结了婚，但李叔同的一颗心似乎依旧在杨翠喜身上，坊间风言风语仍然没有平息下来。红颜祸水，人言可畏啊，多少人挡得住刀枪火炮，却躲不过温柔仙乡、流言蜚语，还是离开好一点。

那就走吧，动荡的时代，只得把天涯海角当作归宿。

直到要走，他才猛然感觉到身边一草一木的可贵。有人说，一座城市的价值，是用离别换来的。信哉斯言！

在天津的最后一顿早餐，一家四口皆是食不知味。

九点刚过，仆人已经将一切打点妥当。终究是要走的，挽留无用，怀念徒劳，顺从命运的安排即是最好，不必惶恐，何须怨念！

文熙也赶来送行："一切我都安排好了，到上海好好读书，待来年高中！"在文熙眼里，弟弟承担着走科考路、光宗耀祖的重任，马虎不得。还有一句话他想说却最终还是没说出口，"千万别再沾上杨翠喜那种人了"！

海上的风有些凉，也有些粗暴，不像天津李家庭院里，温和、清爽。海上有云，不停地变幻，有时好似一条细丝线，有时簇拥起来又宛如旧宅院中开放的木槿花。李叔同身着淡青色的袍子，在风云里来回浮动，像极了行船驶过时泛起的海潮。

此去不知何时才是归期！

第二章

南迁上海

任何时代都会有一条秦淮河

一家四口终于到了上海，当时中国最繁华的大都市。

在还没有开埠通商的时代里，上海不过是一个普通的乡村僻地，处于经济发达地域的边缘地带。当时的经济中心是苏州府和嘉兴府，这两个大府，经济发达，文化繁荣，从明朝以来就已经成为中国的经济中心。1843 年上海被迫开埠以后，特殊的地理位置使其很快就成为华东、华中与海外交流的中转站，再加上还有自由发展的租界和相当长时间的市民自治，使上海迅速变成一个国际大都市、金融中心。与天津类似，上海也是中外文化夹杂。十里洋场，春风沪上，名流汇聚，卧虎藏龙。

如果说当时的中国是南京城的话，那么上海就是当之无愧的秦淮河。

秦淮河，风情万种，曾是明清之际的“风华烟月之区，金粉荟萃之所”，许多文人墨客都在这里留下了难以磨灭的记忆。

秦淮河首先是名门望族的聚居之地。从南朝开始，金陵就因为是政治中心的缘故，世族大家云集，他们大都选择在秦淮河两岸居住，这一传统一直保留着。同时，秦淮河也可以说是文化中心和娱乐中心。夫子庙和江南贡院就位于秦淮河畔，无数商船昼夜往来河上，两岸酒家林立，浓酒笙歌，艺伎名伶置身其中，轻歌曼舞，丝竹缥缈，文人才子流连其间，佳人故事流传千古。

简而言之，这是一个集国家最有钱的人、最有权的人、最美丽的人、最有才华的人的交际场所。最能代表秦淮河性格的就是“秦淮八艳”，其故事至今还被人们传颂，并屡次被搬上电影银幕。但人们不知道的是，柳如是手上的一个折扇就相当于当时几十户农家的全部家产，豪门公子在秦淮河上一晚的花费相当于一名辽东边军数年的工资。这样的存在本就是一种无法长久的畸形状态。

但不管怎么样，它存在了，并且被人们所喜欢。

实际上，任何时代都会有一条属于那个时代的秦淮河。在1898年的中国，上海无疑就是中国的秦淮河。

初到上海，先要解决生计问题。这些文熙基本都已经安排好了。桐达李家在上海申裕钱庄设有柜房，收入极为丰厚，日常用度可随时支取。纵然如此，在上海这个纸醉金迷、寸土寸金的地方，红遍天津城的桐达李家不过如沙滩上的贝壳，随处可见，而他三少爷当下更是不值一提。

至于住的地方，李叔同与母亲商量过后，租下洋泾浜以南的法租界卜邻里的一栋二层小楼作起居之用。小楼的规模，自然无法与天津大宅院相比。实际上这座小楼连天津旧宅院中那座“意园”都比不上，更别妄想这里会有高耸的假山，潺潺的溪水，清清的池塘以及翠绿的石竹了。是人，都希望自己的富贵长久绵恒，都希望更上一个新台阶。当李家四人走出原来的那座“大观园”，才知道李家持盈保泰不易，在这个充满不幸和动荡的年代里，大多数人都处于饥饿的状态，而李家可以说是处于金字塔最顶尖的那拨人。

但四个人并没有感到沮丧，相反王凤玲却有一种心满意足的感觉，毕竟这里没有二太太与文熙三天两头的“叮嘱”，不必看别人的脸色行事，更不用听顺风刮来的闲言碎语。自从来到上海后，王妈对凤玲的称呼也变了，不再称呼王凤玲为“四太太”，而直接称呼她为“太太”。心里雀跃的还有俞氏，虽然她与往常一样沉默寡言，但与丈夫独自支撑起另外一片天地让她感觉到一份新奇和满足，她轻巧地挽起丝绸质地的外衣袖子，与王妈一起打扫这个新家。

在三个女人的侍弄下，很快一个新的家诞生了，这就是女人的伟大之处。

在这个新家里，老铜镜被擦拭得干干净净，玫瑰胭脂也散着微微芳香，李叔同出生时喜鹊送来的那根老松枝又挂在了王凤玲的屋中。乍看之下，新房屋内与以前的旧家并无多大差异，但一家人都知道，一切都已经不同。

这是一个真正属于他们的家，过去，生活在豪门大家庭里，有太多的家规戒条，有太多的束缚限制。那个地方虽然豪华、富足，但里面的一草一木都是按照别人的心思打造，反映的都是别人的心，而自己只能随波逐流。

出家之后的弘一法师曾说：“我的母亲很苦。”但综观王凤玲的一生，出生于小康之家，嫁于豪门巨富，一辈子荣华富贵（她去世的时候李家还没有败落），如果可以的话，她能一辈子安享清福，可惜的是她修为不够无法享受这种福分。在普通老百姓看来，这种日子简直就是神仙的生活。所以这种苦实际上只是一种精神上的委屈，而且是长达几十年的精神委屈。

但话又说回来，人生不如意事常八九，没有人能尽善尽美。李筱楼五福俱全，科举高中，堪称一代完人，但他考中的时候已经 53 岁，而且子嗣不旺，不能不说是一种遗憾，但悟性极高的他从不怨天尤人，而是奋起改命，不断洁己修身、积功累德，终于在 68 岁再得麟儿，而且在他去世后李家还能长保富贵二十多年，不能不说是他的福德余荫所致。再看李筱楼的大太太姜氏，虽然年轻时就嫁给李家——这比王凤玲强太多了，而且生下李家长子文锦，对一个女人来讲，堪称圆满，但可悲的是文锦早逝，而且文锦的儿子也早夭，只留下儿媳妇和孙媳妇三个女人一起过。同理观察下二太太张氏、三太太郭氏甚至世间的所有人，实际上都一样，几乎没有人能够尽善尽美。

与他们比起来，王凤玲虽然有不幸，但也算不错了，实际上她的福报也算世间少有了。

用过早餐，李叔同漫无目的地走出上海的新家。灵巧的黄包车顺风跑来，车夫殷勤地问公子想去哪里。他想了想，说在方圆几里随便转转吧。车夫闻言大喜，知道是新来上海的富家公子。

此时的北方想必已然黄叶凋零，寒气沁骨了，而上海依然枝繁叶茂，花团锦簇，只有偶尔从黄浦江上吹来的风里，夹杂些微的凉意，让北方的游子知道秋日已经来临。他坐在黄包车上，一边听着黄包车师傅略显兴奋的解说，一边看着不断后退的风景，眼中满是新奇。这边的道路平整宽阔，但却由细沙铺成，车辆驶过带不起一丝尘埃；两旁的树还比较稀疏，没能铺成绿荫，也许是近几年新植的；大户人家也不像北京、天津那样，在门前竖两个石狮子。最让李叔同感到新奇的是，大路两旁都排列着街灯，一路延伸到黄浦江边，一到晚上，街灯亮起来，形成一道奇异的风景。往日在天津，天色渐黑时，人们就得匆匆忙忙回家，如果走夜路还得打灯笼。

如果和翠喜一起在这里漫步，那会怎么样？

李叔同坐在黄包车上，思绪如海潮般翻涌。很明显，他开始喜欢上这座繁华、隆重的城市，这里不愧为中国的秦淮河，正属于像他一样正值锦瑟年华的人。他要在这里尽情挥洒，舞一场真正属于自己的人生。

城南草堂话烟霞

李叔同，生来就是大观园里的人。现在，置身黄浦江畔，十里洋场，这座群星耀眼的城市可算得上一座真正的“大观园”。

什么是大观园？有人认为只是一座奢华的园林。

其实不是，世界上奢华的园林不少，但大家心目中的“大观园”很少。在《红楼梦》里，大观园除了有奢华的园林，还必须有雄厚的财力支持，才华馥比仙的公子佳人，且没有父母亲人的横加阻挠等。这样的机缘凑在一起可谓难得！但此时的李叔同置身于黄浦江畔这座天然的园林，有李家雄厚的财政做基础，同时没有哥哥的管教，他才华炽盛，而且正处于十八岁风华正茂的年龄。属于他的“大观园时代”真正来临了，他的命盘便照着贾宝玉的轨迹开始转动。

他把两层小楼重新粉刷，房门由厚重的黑胡桃木制成，庭院虽说不大，但也按照自己的喜好重新栽种了许多花草。

一到下午，俞氏就为他泡制一壶普洱，再准备几碟小点心，有桂花糕、云片糕，还有法式黄油曲奇。他总是翻几页诗书，然后啜一口清香的普洱茶，累了就到窗前看一会儿静静游走的流云，而后再次躺倒椅子上，顺势用拇指与中指从排列整齐的小碟子里捏一块精致糕点送进嘴里。

这何尝不是一个男人最大的幸福呢？

当夕阳染红了天边的几片云彩，他还在沉思。在起身之前，妻子已经进了书房喊他并为他拉开灯，两人略打招呼，然后便沉默着做各自的事情。他慢慢体会到她的可贵之处，有时他忍不住地想妻子和这些糕点的相似之处，虽然平平淡淡，来来回回就这么几个花样，但这才是真实的生活。如若少了，恐怕连一天都过不下去。

按照文熙的想法，现在他应该专心致志地做八股制艺文章，等着北方风声过后就回去参加大考。但真这么做了，他也就枉为李叔同了。

妻子走出书房，小心翼翼地关上门。昨天他在报纸上看到了一篇号称城南文社的征文启事，看得出是几个喜欢舞文弄墨的朋友所刊，今天他忽地来了兴致，便铺开纸，略加思索一番，一首格调高雅的小诗就成了。然后，他找来昔日早已做好的自制信笺，用篆体小字，一笔一画地将那首小诗誊写下来。

他的字在天津时就已经很有名了，字体舒展劲健，笔意开张，精美中不乏厚实，奢华里又不乏凝重。之后，他将信笺折叠整齐，装进手边的信封。如此大费周章，并非他故意炫耀，而是一种追求完美的习惯，也是对几个上海朋友的尊重和珍视。君不见，在大观园里，公子佳人互相斗诗，无不精致完美。更何况，大家素昧平生，这信纸和小诗就是一个人的脸面。

做完这一切后，李叔同叫来仆人，告诉他地址，命他将这封独一无二的信送去。仆人刚要转身关门，李叔同已觉不妥，想了想后又从抽屉中拿出一张署名“成蹊”的红色名片，让仆人也一并带上。

这样的征文活动他一共参加了三期。

向报刊投稿，18 岁的李叔同可能只是随兴为之，毕竟在家读书的生活太过枯燥，他也不知道自己寄出的征文，竟然会连续三次名列榜首。这让征文的组织者许幻园大为惊异，亲自致信邀他加入文社。

好似黑夜中的航船猛然寻到了对岸的灯塔，李叔同终于找到了自己在“大观园”里的同伴。

这个组织名叫城南文社，在李叔同来上海的前一年便已在许幻园的城南草堂中成立。参加者基本都是上海附近的文人雅士，如宝山名士袁希濂、江阴书家张小楼、江湾儒医蔡小香等，他们无一不是喜好摆弄丹青之人，时常聚在一起泼墨文章、品评辞章。文社每月会课一次，切磋诗文辞章，且出资悬赏征文，以添雅趣。

那一天，李叔同独自一人赴会。上海的冬天虽然不像天津的冬天那样干冷，但从黄浦江吹来的风还是透着侵入骨髓的力度，刮在脸上犹如刀割一般。街上三三两两的路人裹着棉布衣瑟缩而行，但脚步却越来越快，到最后实在忍不住竟然小跑起来，以便早点回家避避寒风，烤烤炉火。然而，坐在黄包车里的李叔同却没有丝毫的寒意，他第一次觉得在大上海找到了自己的存在，找到了自己的组织。冬日的阳光本是微弱的，但沐浴在炽烈热情里的他却犹如身处盛夏，一切皆随他的心动而有变化。

当他走进城南草堂时，文社里的诗文朋友们几乎全来了，都想一睹三期名列榜首那个人的风采，袁希濂、张小楼、蔡小香早已坐定。李叔同与大家简单寒暄一番后，即走向为他预留的空位上，准备接受大家的入社考试。

考试课题分为两部分，分别为文题与诗赋小课，前者须当日完成，后者三日交卷即可。这与当时的科举考试形式比较相近。

从这里也可以看出，那个时候的年轻人对科举的热衷。即便已有大臣屡次上奏废除科举，但所有的年轻人根本不屑一顾，仍然继续自己的科考事业。即便组织雅会，内容和形式仍然要与科考相近，这样既能增长雅趣、扩充大家的眼界，又可以互相督促，提升社员们的应试能力，可谓一举多得。正因为这样，这些才子的家人并不阻挠他们参加这种集会，而且还可能鼓励子弟们多参加。

这次入社作诗，李叔同只将其当作一场展现才情的华丽演出。这是命运对他的考验，若是胜了，他才能赢得这些本来熟悉而现在却陌生的朋友；若是负了，那也没什么，只不过继续学习就是了。

此次文题颇为老到——“朱子之学出于延平，主静之旨与延平异又与濂溪异，试详其说”。

题目挺长，现代人恐怕很难知道具体什么意思，更别提当场作文了。其实就是一道问答题，“朱熹的学说出自延平先生李侗，李侗的学说上溯又可以说出自濂溪先生周敦颐，但朱熹的主静之说与李侗和周敦颐的学说都有所不同，请详细比较说明一下”。这个问题纯粹考应答者读书的思辨能力，能否在读书的时候思维一下程朱理学的演变。

这算得上大观园的戏台，他准备好一切待粉墨登场。只是稍加思索，便执笔在砚台中蘸好墨，顷刻之时，文章便成。张孝廉与众人先后看过，无不为其敏捷畅达的文思惊叹。

接下来是较难的诗赋小课，题目为《拟宋玉小言赋》。出题人不知道的是，李叔同自己本身就是一个宋玉，风流倜傥，文思泉涌。在他的笔下，宋玉之美，美到让登徒子这般人嫉妒；宋玉之才惹得楚王欢喜不已，再加上严谨、华美的辞藻，确实一篇难得的文章。

三天后，张孝廉阅完所有文社成员的诗赋后，执笔在李叔同的卷上写下“写作俱佳，名列第一”八字。

演出结束，掌声如潮，众人纷纷点赞，李三少爷终究是胜了。在这个名流荟萃、繁花似锦的大上海，经此一会，名流雅士们都知晓了李家三少爷。他干净秀丽的容貌、吟诗作赋的才情、儒雅风流的风度令人难忘。而对李叔同来说，在消遣与享受中，他赢得了能与自己过招的知己。生命中最美好的日子已经悄然来临。

其实第一次进入城南草堂，李叔同便有一种说不出的感觉。

城南草堂在大南门附近，地理位置非常特别。草堂东面即是黄浦江，江上帆樯来往，热闹非凡；草堂北边是青龙桥，岸边杨柳袅袅，每逢孟春，翠绿悠悠，随风而舞，还有春草绵延而去，各种不知名的野花摇曳生姿。房子旁侧还有一条小浜缓缓淌过，浜上横跨一座苍古的金洞桥，桥畔伫立两棵合抱粗的大柳树，想必有些年头了。在草堂里面，主人精心栽植了众多的江南植物，四季常青。花开时，幽香满庭院；花落时，风雅仍不减。草堂整体上处于闹市之中，但却如空谷幽兰般清雅，尤为难得。这是大观园中的大观园。

说不出是迷恋，还是似曾相识，李叔同知道这个地方与自己有缘，欣然接受这冥冥中的赐予。

实际上，震惊的并不仅仅是他，草堂的主人更是喜出望外。许幻园第一次看着走进庭院的李叔同，便有一种相见恨晚之感。他还记得那天李叔同戴着丝绒碗帽，帽子正中缀着一方白玉，身穿花缎袍子，曲襟背心，星目流盼，犹如月映深潭般熠熠生辉，而他的头始终抬得高高的，有一种不染红尘的遗世独立气质。

实际上，从小到大，这种悲天悯人、不染红尘、遗世独立的气质始终伴随他。小时候看到文熙当家后不如父亲那样怜贫惜老，他就颇有微词，还故意跟文熙捣乱，特意养许多小猫、小狗来表示自己的不满；长大后，尽管李家是商业世家，但他对做生意实际上毫无兴趣；跟自己的母亲一样，他对世间万物极为敏感，但跟母亲不一样的是他又非常超脱，能否分得李家的巨额家产对他来说并不是那么重要；有时候他会非常情绪化，但到了真正关键的时候却又极为理智，他一生的所有重要抉择，娶妻、远走上海、进入南洋公学、日本留学、纳妾、当老师、出家、弘律都非常完美，可以说没有一次出错。这样的性格，即便没有母亲和哥哥的逼迫，他恐怕也不会娶杨翠喜，因为他知道娶她纯粹是害她，不但害她还害自己。

许幻园不由得为之折服。

许幻园比李叔同大两岁，家资富饶，为人慷慨，和李叔同一样爱好书画、戏曲，是上海新学界的领袖人物，经常举办各种诗词雅会，在报纸上悬赏征文就是他搞的活动，没想到还真结识了不少少年英才。

许幻园最令人艳羡的是他有两个妻子，一位是大家闺秀宋贞，其才华丝毫不亚于城南文社的一众才子，另一位则是京剧花旦苏琴，美艳绝伦。令人称奇的是，两位美人相处非常融洽，互相之间很少出现争风吃醋的事情。由于宋贞体弱，苏琴则一直相伴许幻园左右，并为其诞下一双儿女。

家资富饶，文采炽盛，有美在侧，许幻园的生活可谓是人间神仙。他与妻子宋贞二人闲居在草堂的天籁阁中，将生活过得如一首雅致的小诗。兴致一来，两人竟然开始续写《红楼梦》,而且不知不觉中竟然衍生出了八种结局,分别为《复梦》《补梦》《后梦》《绮梦》《重梦》《演梦》等。故而，这座草堂又有“八红楼”的美称。与许幻园相比，李叔同的妻子俞氏只是略通诗文，平时更多是做些缝缝补补的家常事，这种文人间的雅事，她不太懂，也没有兴趣懂。

可能一切都是天意吧，这些散居四方的才子们聚在了一起，他们不是富二代就是官二代，家资充裕，基本刚结婚不久，还没有考取功名，才华横溢，都对书法、绘画、金石、戏曲颇有兴趣，却都不是盛气凌人的纨绔子弟。大家聚在一起，高谈阔论，品诗论画，好不快哉!

这就是富贵子弟们的交际圈，历朝历代都有这样的圈子。但富二代和官二代里也有善根深厚如李叔同、袁希濂、许幻园这样的人，他们自有他们的玩法，任何时代都少不了他们的支撑，因为他们的某些特质无法后天培养。

一段时间后，许幻园便邀请李叔同全家搬来城南草堂与许家同住。

挚友相邀，无法违背，执拗无用，唯有顺着既定的路途行走，方才合乎自然。李叔同走进这座城南草堂，亦是冥冥之中的安排，他注定要在这个大观园里做一场最绮丽的梦。像贾宝玉那样，与挚友们喝茶谈古今，煮酒论诗词，想必再也没有比这更惬意风雅的事情了。然后像贾宝玉一样，梦醒，大悟人生，挥一挥衣袖，不带走一片云彩。李叔同、许幻园、袁希濂的人生轨迹大抵如此。

李叔同的居所在草堂客厅左临的书房。客厅正中，挂着一块名为“醿纨阁”的匾额。许幻园见右侧的书房尚缺一匾，便主动效劳，乘兴写“李庐”二字以赠。自此李叔同便有了新的室名和别号。

《红楼梦》里大观园夜宴，烛光摇曳，觥筹交错，宝玉和众姐妹们吟诗唱和，原本以为这诗一般的快意人生,画一般的景致只存在于曹雪芹的字里行间,没想到，李叔同和许幻园等人竟然真的像贾宝玉一样，将最虚幻繁华的梦境，带入到了最真切的现实中。

所谓人间神仙家，不过如此。

城南小住，情适闲居赋。

文采风流合倾慕，闭户著书自足。

阳春常驻山家，金樽酒进胡麻。

篱畔菊花未老，岭头又放梅花。

这首《清平乐·赠许幻园》是李叔同、许幻园惬意生活的真实写照。两位衣食不愁的大才子，闲居别墅，没有外人的打扰，只是闭门著书而已；然后时不时地一起喝酒作乐，像陶渊明一样赏篙畔菊花，像林和靖一样静嗅梅花。

人间的缘分，可以说是奇妙万分。该相遇的即便相隔万里最终也会在某个地方相遇，不能相遇即便与你咫尺之隔，却也永远缘悭一面。茫茫宇宙中，谁不是天涯飘零客，好像那苍茫旷野中的蒲公英，风一起便四处游弋；风停时，便在落脚之地暂且休憩。因此可以知道，此生能够与某人相遇相知，共同提升，是一种多么不容易的事情，绝对可以说得上是天赐恩德。

许幻园与李叔同就属于这种情况，他们一南一北，各有各的江湖，此时却能同居一舍，朝夕相对，志同道合，饮酒作诗，这种缘分实属难得。

大才女宋贞自然也不会闲着，每天看他们两个人在庭院里一起谈诗作文，有时也会跟他们进行唱和。

“研前写画身犹壮，莫为繁华失本真。”宋贞终究还是有点忧心她孱弱的身子，对自己的丈夫也隐隐约约忧虑。

“而今得结烟霞侣，休管人生幻与真。”李叔同倒是极为洒脱，很看得开，实际上他一向都是个非常看得开的人。

有一天午后，袁希濂、张小楼、蔡小香三人又提着酒肉、果品而来，许幻园与李叔同脸带笑意从客厅迎出来。然后一行人，诗香伴着佳酿，谈天说地，快乐的光阴一寸寸溜走。当新月攀上树梢，风过竹林飒飒而响的时候，也不知是谁提议说，我们五人如此投缘，何不结为“天涯五友”。

“天涯五友？！”众人一听，无不拍手叫绝。

日后回忆起来，这一段日子就成了五个人心中永远不败的紫罗兰，散发着浓烈而不甜腻的香味。

在这个地方找到欢乐的不止李叔同，王凤玲在这座梦幻般的城堡中也有了笑声。

王凤玲与李叔同一样，比较敏感，时而欣悦欢愉，时而感伤悲戚。来到城南草堂后，不知道怎么就喜欢上了这里，而且与草堂的女主人宋贞成了好朋友。她知晓宋贞的文章诗词相当不错，还有些丹青功夫，便常常请她说诗评画。这也难怪，跟儿子在一起久了，自觉不自觉地就会对书画艺术有点感觉，况且她本身也是一个识文断墨的女子。自此，或是花晨月夕，或是茶余饭后，两人时常相伴而坐，相契无间。

有人看《红楼梦》时常遗憾，如果贾宝玉和林黛玉在一起会怎么样呢？

这个真不好说，但宋贞和许幻园的结合就很像林黛玉和贾宝玉的结合。许幻园儒雅风流，与宝二爷颇有几分神似。而宋贞体态袅娜，消瘦孱弱，令人怜惜，活脱脱就是书中的黛玉形象，“态生两靥之愁，娇袭一身之病，娴静时如娇花照水，行动处似弱柳扶风，心较比干多一窍，病如西子胜三分”。凤玲和她在一起，不由得对这个心思灵巧的女子生起强烈的怜惜感。

江南的天气，一到梅雨季节，宋贞早年落下的湿寒证就犯。王凤玲便亲下厨房，不避闷热，为宋贞煎药。王妈不忍看着凤玲额角渗出颗颗汗珠，多次请求让自己来煎药，但终究还是无果。最后厨房便出现一副滑稽的图像：王妈拿着一把富贵牡丹的折扇为王凤玲扇风，王凤玲则一门心思盯着炉火。王妈边扇边说，太太对许夫人比对自个儿的儿媳还要好些呢。王凤玲没有答话，只管煎药，心里却想起来了自己的儿媳妇，成婚两年了，也该有个孩子了吧。

差不多就在这时候，正在庭院里绣荷叶香包的俞氏，刚想着要站起来，谁知还没站稳便一阵眩晕，倒在了青色石阶上。王妈听到声音赶紧放下扇子跑过来，扶起脸色苍白的少夫人后，又遣人请大夫来。王凤玲将煎好的药给宋贞端过去后，也匆匆过来看怎么回事。

正是王凤玲心中想过的喜事，俞氏有了身孕，自己快要做奶奶了。

王凤玲向王妈交代了几句，便转身走出俞氏的屋子，她来到自己的屋里，虔诚地感恩，摘下那根喜鹊送过来的老松枝，松枝因多年的抚摸已经变得光滑，也因此更多了些沧桑感。她将树枝供在高处，在供桌上点燃一炷香，双手合十，深深地叩拜，但愿儿媳妇能够顺利生产，让李家的这一脉能够传续下去。

李叔同听到这个消息的时候，正忙着和朋友诗酒唱和，忙着拓展自己在上海的文艺圈，他已经认识了书画界的朱梦庐、高邕之、乌日山僧等。这些人不像文熙那帮生意场上的朋友势利，只需一杯薄酒，一幅好画，或是一碟糕点，谈笑间就成了彼此的心腹。朋友能这么好交？实际上说难也难，说简单也就是这么简单，就两个因素，年轻时候，志同道合，便足矣，显得那么干净、纯粹、透明。之后“天涯五友”，便与画界新友在上海福州路杨柳楼台旧址成立了“海上书画公会。”

妻子怀孕了，自己就要做父亲了。

李叔同有点不知所措，就像世间所有贪玩的男子一样，他还没有做好准备，尤其是心理准备。白日里他足够风光，犹如阳光下那颗璀璨的珍珠。但总觉得这是在幻梦中，害怕梦醒之后一切都不复存在。现在孩子的出现，不啻第一个促他梦醒的信号。

我本红羊劫外身

人间最大的悲哀恐怕就是美好的事物无法长保，英雄迟暮，美人白头即是。佛家称之为无常，就像虚竹开导天山童姥所言：“人生无常，无常是苦，一切的烦恼都是贪嗔痴引起的。”

对大观园里的诸人来说，这一个大梦终究要醒来，否则他们真可能会像西游记中木仙庵里的“仙人”一样生活下去。这并不是他们人间历练的真正目的。但人的一生有了这段经历也算不虚此行了。

多年以后，已经是弘一大师的李叔同与他的弟子丰子恺提起在上海的时光，仍不无留恋地说："我从20岁到26岁之间的五六年，是平生最幸福的时候。"于一个僧人而言，幸福的含义应该是寂静涅槃才对，但他一想起在上海滩"大观园"里的种种作为，仍然感觉幸福、惬意，可见"大观园"里生活的魅力。

对贾宝玉来说，他的大观园被打破有一个循序渐进的过程，先是姐妹们长大了要出嫁，然后是他自己也要娶妻成家，准备科考，最后才是皇帝下旨抄家。

对李叔同来说，他的大观园之梦碎也有一个循序渐进的过程，首先便是儿子的降生和辛丑国难。

算一算，来上海已经两年多，这期间结识沪上文艺圈的朋友，与他们诗酒唱和、品茗论艺、鉴赏书画，可谓快哉。母亲也有俞氏与许夫人相伴，生活得惬意宁静。然而，儿子出生那一天却让他第一次有了一种久违的责任感。

那一日，仆人的脚步和李叔同出生那天一样散乱。李叔同还没有父亲那样的定力在佛堂拜佛，他在客厅之外来来回回地踱步，分不清到底是为什么这么慌乱和紧张。猛然间却听到一声划破天穹的啼哭声，许幻园一家跑过来恭喜他，他刚刚蘸了淡墨的笔腹也停住了。

这声啼哭是一个生命的起源，只是不知道在漫长的岁月中，最终将会流向哪里。王妈满头大汗地走出产房，有些着急地问少爷为什么还不进去看看孩子。

王凤玲臂弯间的婴儿，被一块红绸布包裹着，在她眼里，那不啻一颗熠熠生辉的无价宝珠，且散发着些许的甜味乳香。李叔同愣愣的，凑过来看一下，但并没有接过来抱一下的意思。王凤玲眼光始终没有离开孙子，她也没有在意李叔同的反常，而是自顾自地说，这孩子简直与成蹊出生时一模一样。

这时，她把李叔同称作成蹊，似乎躺在床上的俞氏就是当年盖着一袭丝锦印花被的自己，而满怀喜悦抱着婴儿的人即是当年几乎喜极而泣的李筱楼。哎，时间过得可真快啊，一转眼，成蹊都已经有儿子了，时光是怎样就让一切都变了样子的？

俞氏脸上是苍白的欢喜，就像当年生下李叔同的王凤玲一样。确实，孩子可以说是女人生命的一个拐角，那个时代的女人尤其如此，王凤玲在李家之所以比李筱楼的三太太郭氏幸福一点，就在于她有一个孩子。俞氏像当年王凤玲一样催促李叔同，让他给孩子起个名字。本以为雅好诗词，喜好摆弄丹青之人取出的名字必定华美，不料李叔同稍作思索后却说出一个普通到极点的名字：李准。这与笔者老家的一个孩子姓名相同，那个孩子为什么叫李准呢？因为他前面有四个姐姐，他母亲怀他的时候，算命先生说，这个孩子准是个男孩，结果真是个男孩，他爷爷说真准，故名李准。

但李叔同的“准”恐怕别有深意，所谓准者，揆平取正也。

这才是李叔同的价值观。

王凤玲此时将孩子小心翼翼地放到李叔同的臂间，孩子的眼睛似乎还不能完全睁开，稍微动了一下，复又安然入睡。尽管只有几斤重，但李叔同却忐忑不安，觉得臂间的重量他无法承担得起。

生命的延续，血脉的留传，在中国人看来是人生最重大的事情，但他却从未认真思考过。窗外陡然一阵风起，他忽然萌生了要回天津看看的念想。

他毕竟是桐达李家的人，尽管不是当家人，但也是饱含着父亲的期待来到这个世上的李筱楼的儿子。还有哥哥文熙，随着时间的推移，他对文熙的成见逐渐消除，反而有了一丝理解和尊敬。如果没有这个哥哥在小时候的严厉督导，恐怕现在也没有沪上风度翩翩、才气纵横的李叔同。现在二哥和整个李家怎么样了呢？

这个时候的北方，正遭遇着前所未有的危机。

光绪二十四年（1898 年），李叔同一家四口离开天津不久，中国北方就出现了一场轰轰烈烈的义和拳运动，声势所及，北京、天津为之震动。光绪二十六年（1900 年）5 月到 8 月，义和拳运动引发了八国联军侵华战争，最终中国战败，签订了《辛丑条约》。

战争是政治、社会、经济矛盾发展到相当程度的产物。一场战争过后，社会经济活动都会受到严重影响。尤其是天津，作为八国联军进入中国的“桥头堡”，更是兵祸连连，整个城市的三分之一陷入炮火之中，居民四处逃散，在乱世中如无头苍蝇般乱撞。对这段历史，电视剧《大宅门》里略有所述。

国难降临，古代读书人所谓红羊劫是也。劫难来临，玉石俱焚，所以过来人才有“乱离人不如太平犬”的哀叹，但经历过那场劫难的人们没有料到的是，这次国难只是后来中华大地上绵延数十年战祸的一次前奏而已。

终于北方局势开始平稳下来，1901 年初，李叔同回了一趟天津。

战争结束，南北航路已经通行无碍。帆船驶过，划下一道道水波，海上雾霭蒙蒙，如同这个国家一样看不清前方，难以捉摸，偶尔飞过的几只海鸥，令人精神一振，但转瞬即飞得不知所踪。

李叔同用过晚餐之后，便回船舱休息。晚上睡得很沉，竟做起梦来。梦见自己回到家后，李家竟然已经家徒四壁，文熙也不见了，见妻子与母亲正相对垂泪，倾诉离别之殇，思念之苦。这般情景，惹得他也潸然泪下。醒来时，很庆幸这不过只是一场梦而已，而天空已然发亮。

不多时海船便驶进大沽口。与梦中的场景很相似，破房瓦砾，残垒败灶，遭劫之后的天津早已不是昔日的繁华模样。他一边提着行李从塘沽登岸，一边想着不知粮店后街六十号那座四合院还在不在，还有天仙园不知道怎么样了，杨翠喜不知道会跟谁在一起……他顾不得休息，便赶着去坐开往天津城内的列车，但没想到列车早已开走了，他只得跟其他人一样，拖着沉重的行李暂时在既没有门窗，亦没有床铺的客栈歇息片刻。在劫难面前，曾经的阔少爷不得不与其他人一起席地而坐，等着傍晚那趟列车。

经过好一番折腾，李叔同终于抵达天津城。当年天津城的骄傲——天仙园，现在几乎成为一座空楼。曾经万人瞩目的舞台，现在只是一堆瓦砾。

“见新人不由得我生生惊诧，好一枝春雪冻梅花。”李叔同仿佛又看到杨翠喜，她还像以前那么美丽，站在台上，腰身纤细如初，一颦一笑、举手投足间皆是浓得化不开的深情。如今天津已无天仙园，戏中人已不知何处去，看戏人四散零落。正是“残军留废垒，瘦马卧空壕；村郭萧条，城对着夕阳道”。

一切都过去了，眼看他起高楼，眼看他宴宾客，眼看他楼塌了。世事无常，剩下的是什么呢？虽有片刻的欢愉记忆，更多的却是一种永远无法捉摸的痛。

再往前走，李叔同拐进粮店后街，四合院还在，最熟悉的乌漆大门也还在，只是开门的人却不认识，原来这四合院已不是李家姓。再一打听，文熙一家早已因战事逃往河南，这座李家的宅子已经抵给了旁人。祖上辛辛苦苦攒下来的基业，在炮火里成了碎片，即便火中取栗能够捡得起一星半点儿，也于事无补。

李叔同拎着行李一时之间无处可去，只得徒步走到城东文熙的岳丈姚家。二月间，北方的风依旧寒冷，吹过来犹如刀刃划在脸上，生疼，然而，更疼的是心。听说李家三少爷回来了，昔日的津门社会名流——大多也是李叔同的旧时师友，诗人赵幼梅，金石家王襄，书法家孟光慧，画家马家桐、徐士珍等，纷纷前来看望叙旧。

经过变乱之后再次相逢，自古以来就是文人墨客喜爱的题材。在承平年代里，大家在一起无病呻吟，可能也会写出一些离乱题材的诗歌，或许读起来还像那么回事。现在一旦亲身经历了这种惨痛，终于对古人字里行间的那种悲痛有了一点了解。就像现在的中国人已经数十年不曾经历战乱，一些人或许会在文章、电视剧、电影里描写战争，但一旦亲历，那种感觉绝对两样。

“乍见翻疑梦，相悲各问年。”这是唐代诗人司空曙的诗，用来描述这种场景再贴切不过，再相逢时，虽然仅仅过了两年，但却像做了一场大梦一样，景物变迁，故人已老，互相问候近来的状态，只能是更添惆怅。

时局仍然混乱，八国联军占领天津后，成立了都统衙门，取代了原来清朝的统治机构。他们颁布了众多的禁令，为了以后侵略得更方便还下令拆毁了有五百年历史的天津城墙，改筑马路。李叔同回来的时候，城墙刚拆完，但马路还没有来得及筑造，整个天津城一片乌烟瘴气。许多百姓在拆墙筑路的过程中房子被强拆，走投无路只好沦为乞丐，墙角处，马路边不时可见已死未埋的尸体。

李叔同原本还想着到河南内黄县，那边有李家的产业，文熙正在理事。但听很多师友说前去河南的路上，盗贼蜂起，行人惴惴，很不安全。这样一来，他拟赴内黄会见文熙的计划不得不取消了。令人赞叹的是赵幼梅先生，在混乱中开了一家育婴堂，专门收留战乱中失去父母的孩子。有一些穷人无力抚养孩子，就将孩子偷偷放在育婴堂的门口。

北方初春季节，天气乍暖还寒，一天午后竟洒下纷纷扬扬的雪。不消一会儿，残破的屋瓦、颓废的庭院以及堆满废墟的街道就被大雪覆盖了，银装素裹，若在几年前，赵幼梅、李叔同也许会心情大好，诗兴大发，但现在李叔同的心里像附上了一层冰霜。世界白茫茫一片，好像什么都不曾发生过，那些战乱留下来的疼痛似乎已经被温柔地原谅了，但他知道，雪融化以后，人们仍然要接受这满目疮痍的大地。

这次天津之行，前后持续了一个月左右。

慢慢地，雪逐渐化尽，天气也一天天暖起来。李叔同收拾行李，决意启程南归。说是归去，其实天津才是自己的故乡。但在战乱的年代，哪里还有所谓的故乡！不过是找个有屋檐的地方，暂且避一避罢了。

登船之前，李叔同夜宿塘沽旅馆，伫立窗前，望着只剩下断壁残垣的故乡，百感交集。

西江月·宿塘沽旅馆

残漏惊人梦里，孤灯对景成双。前尘渺渺渺风思量，祇道人归是谎。

谁说春宵苦短，算来竟比年长。海风吹起夜潮狂，怎把新愁吹涨？

不管新愁旧愁，生活仍将继续，最终，故乡愈来愈远，只在脑海中留下了几点零星的记忆。这就是故乡啊，一个你最终必将离去但却魂牵梦萦的地方。

回到上海的家中，一切似乎都照旧，但他的心已经很难再平复下来了。黄浦江上的点点帆影，摇摇曳曳，过去是一道美丽的风景，可以在诗词中焕发光彩，现在却再也靠不了岸。国破了，家也差点碎掉，这种感觉一般人不会懂。

俞氏已经将生活的重心放在儿子李准身上了。见他回来，忙把孩子安放在摇篮里，打开行李箱，准备为他收取衣物，只见里面一切如旧，只是多了好些散乱的手稿。李叔同几乎没来得及看一眼孩子，简单洗漱过就起身将手稿一张张拿出来，摊在纹理细腻致密的紫檀桌上，准备将其整理出来，记下这段悲愤的日子。

一段时间后，就着从天津带回来的手稿，李叔同将其整理为《辛丑北征泪墨》一文，在前言里，他写道："游子无家，朔南驰逐。值兹离乱，弥多感哀。城郭人民，慨怆今昔。"除此之外，李叔同还将《辛丑北征泪墨》中串联的诗词另行辑出，寄给天津的赵幼梅先生，有一首七绝尤为传神。

赠津中同人

千秋功罪公评在，
我本红羊劫外身。
自分聪明原有限，
羞将事后论旁人。

读书人的捷径

有了儿子，又经历了这段家国之痛，李叔同开始从大观园的美梦中醒过来。

在南下上海之前，李叔同在天津进过家馆，从过名师，读过书院，上过县学，诗词书画也已经颇有心得，天津城里的文人雅士几乎都与他有过交往，可以说已经打下了坚实的学问基础。到上海后，没有文熙的督促，虽然仍继续学习，准备参加科举，但他对文艺的兴趣太强，花费了大量精力在书法篆刻、戏曲画画上。虽然他在这些方面已经有相当的造诣，且在文人圈里有一定的影响力，但科举并不考这些。在很多人看来，那些都是富贵子弟们的雕虫小技，于个人进身立业并无多补。

1901 年，他已经 22 岁，尽管文章不错，但仍没有获得过任何功名，也没有个正当的职业，来沪两年多实际上一直靠家里的资助，且他们一起交往的朋友基本属于这种情况。

未来的路该怎么走？不但李叔同在考虑，王凤玲和俞氏也都有点儿发愁。

父亲李筱楼留下了一个庞大的商业帝国，这 20 多年来一直在运转，维持着李家的地位和荣耀。李叔同结婚的时候，文熙给了他 30 万银圆，在当时这是一笔惊人的数字。现在经过动乱，李家的生意受到很大打击，这不能不令人忧虑，在十里洋场的这种优哉游哉的公寓生活还能继续下去吗？

短期内肯定有条件继续维持下去，但将来呢？他已经不再是小孩子，目睹了孩子的出生和故土的变乱，他再也无法继续平静下去了。如果不对自己的前途主动做些安排，母亲、妻子和孩子，一家人的前景不就堪忧了吗？

科举之路还是要走，但这事能成与否还要看其他很多因素，所谓“一命二运三风水，四积阴德五读书”，前辈们总结出来的经验必是经过了无数的案例实证，因此科举之路急不得。现在关键是找到一个能够安身立命的替代品。

王凤玲将希望托付给那根老松枝，像对待神物一般对着它祈祷。这 20 多年来，只要是和李叔同有关的事项，只要有解决不了的问题，她都会至诚地对着它祈祷，结果也非常灵验。她祈祷儿子在戊戌年能够顺利摆脱厄难，结果他们来到了上海这个大观园；她祈祷儿媳妇能够怀孕延续李家香火，结果俞氏真的不久后就怀孕生下了孙子李准；现在他祈祷儿子能够顺利找到一条出路，她相信肯定会如愿的。

秋天来临之时，庭院里的菊花吐出黄色的蕊，月季不惧秋意趁着天气还暖和的时候继续开放。李叔同本打算在清塘旁侧的小亭子里消磨午后时光，不料许幻园走了过来，劝他出去走走，否则真要发霉了。

巧得很，李叔同刚走过一段小路，便听闻街上散布南洋公学开设特班的消息，招考能作古文者，拟定毕业后择优报送经济特科。对当时的年轻学子而言，这不失为一条通往官僚阶层的捷径，再加上确实没别的事，故李叔同决定投考。

南洋公学为盛宣怀 1896 年（光绪二十二年）创建于上海的一所学校，与北洋大学堂同为中国近代历史上最早的中国人自己创办的大学。1901 年，在清政府再次实施新政的背景下，根据监督沈之培的提议，学校增设一特班。学生毕业后将择优推荐，报考经济特科。如果真被推荐，相当于一下子有了举人的功名。

持续一千多年的封建科举制度，至此已是强弩之末，废科举的声音也越来越大。但是很明显，广大青年仍然一门心思放在科举出仕上。最终，特班共招收 35 人，李叔同的考试成绩位居第 12 被顺利录取。现在的人如果再看看那份南洋公学特班学生的名单，恐怕都会钦佩考官的慧眼。邵力子、黄炎培、谢无量、胡仁源、殷祖同等人，后来无不走在了时代的前列。

为了这次考试，李叔同又改了一次名——“李广平”，这个名字没那么文艺，显得更为平实。很明显，他就是一个戏路纯熟的演员，在不同的戏台上完美地扮演着符合当时场合的角色。这次他的角色与以前稍有不同，从“李广平”三字可以看出，李叔同将这次的角色定位为一个平实、厚重、能够治平天下的君子。

相当于贾宝玉终于想通了，开始自觉地迈向仕途经济，尽管只是个开头。

作为母亲，王凤玲那颗悬在半空中的心终于沉了下来，重新有了笑容。不管怎么说，儿子的前途总算有了点眉目。她披上已经许久不穿的李筱楼为她量身定做的低领蓝衣紫裙，由李叔同搀着胳膊，朝草堂外走去。小桥下，流水潺潺，悦耳动听；天空中，飞鸟南迁，一字排开；在远处，稻穗金黄，今年将是一个丰收年。

有了多次祈求如愿的经历，王凤玲对那根供着的老松枝，越发恭敬。

进了南洋公学，李叔同忍不住一阵兴奋。在学校宿舍，他独处一室，房间也跟他人一样，干净且雅致，墙壁上贴满了书画。他的衣着也有明显的变化，过去时常穿的烟青色锦缎衣袍脱掉了，换上了当时刚刚兴起来的西服，那顶可以显示出他翩然佳公子的丝绒碗帽，也换成了样式简单质朴的学生帽。这一身打扮，昔日那个浮华的风流少爷不见了，平添了几许沉着与稳重。

他是命运的宠儿，在出生之日有喜鹊为其衔枝，犹如深藏大海的珍珠，那倜傥风流的底色是永远无法洗掉的，那熠熠光泽也是无法掩盖的。每到一个新的地方，过不了多久，他的质朴、才华和认真就会引来一大批朋友，众人都会以他为中心，以仰慕的姿态，渐渐向他靠拢，在南洋公学也不例外。

同学多为江浙籍人，说话带着江浙口音，这对大家未来的发展颇为不利。试想一下，大家进入特班，最终的目的并非在上海发展，而是要到北京参加经济特科考试，一口地方口音恐怕会拖自己的后腿。而李叔同作为红遍津门的翩翩佳公子，又时常出入戏园茶楼，谈吐间自是不凡，他不但听得懂南方同学的地方口音，那一口流利的“官话”更是清晰而响亮，令人羡慕。再加上他风度翩然、平易近人、张弛有度、温和静穆，并不是那种孤芳自赏、空谷幽兰型的人物，很快就成为万花丛中的王者，但却不遮蔽旁人的光芒。

特科班总教习为蔡元培先生，他原本就是翰林院编修，戊戌变法失败后看清局势，弃官南下，从此走上教育救国的路。他善于启发学生的爱国热情，对各种新思想非常宽容，鼓励大家独立思考。这种教育模式在中国这样的大环境下，其结局可想而知。由于他循循善诱、关爱学生，学生对他非常尊敬；由于他对各种新思想非常宽容，鼓励大家独立思考，结果是大家的思想五花八门，有极为偏激的，也有极为保守的，两派相争，经常闹出不小的风波。其结果是，蔡先生的名气越来越大，但他执教的地方，最终都会产生不小的动乱，最后就以他的辞职而告终。

在蔡先生的带领下，数十位幸运的学子在窗明几净的教室里，如雨后拔节的笋，夏日燃烧的莲一样，热烈地生长着。

旧日的八股文不见了，替代的是政治、外交、法律、哲学、文学、科学、外语、伦理等课程。上午学习中文，习作诗词，下午读英文，学数学，中间还有体操等户外活动，时不时地还有排球、篮球比赛。这一切都在李叔同身心世界里注入了新鲜的血液。

"广平，你来修筑祖国与国际的桥梁。"蔡元培先生的目光非常有神，在昏黄的灯光下，在他的人格魅力的感召下，李叔同也慨然以国士自许，戊戌年的他似乎又回归了。

在蔡先生的引导下，一心期望通过变法来挽救危机的李叔同将目光盯在了国际公法上。是的，辛丑国难从某种程度上讲也可以说是一场国际公法的启蒙课，现在缓过神来，人们急需补课，但国内几乎没有这方面的书籍。对日文和英文已经颇为精通的李叔同，最终翻译出了日本玉川次致的《法学门径书》，以及太田政弘等人合著的《国际私法》。从此，在这个领域，"李广平"三字流传于史。在清末民初的二三十年里，西学东渐，翻译国外著作到国内，介绍西方的学说到国内，可以说是一条成名的捷径。李叔同在这个时期翻译《国际私法》，可谓占尽先机。

十里章台路，又见李香君

李叔同毕竟还是太年轻。

22 岁的男子，放到现在，还在大学里打篮球、玩摄影、学绘画、谈恋爱，尽管经历了儿子的降生和战乱的冲击，但这对他的生活影响实在有限，他对世间的兴趣仍然非常大。

在《红楼梦》里，警幻仙子让宝玉看过仙境的美景后，再品尝仙境的美酒、仙茗、仙乐，然后再尝试一下最让人沉醉的风月之事，其目的是让他明白“仙境也不过如此，何况凡尘”。这种点化的方式主要是对那些上根利智者用的，有点置之死地而后生的意味，希望宝玉从今往后能够不再沉迷声色，能立志走孔孟之道，利国利民。但是宝玉沉溺太深，无法在一夜之间觉悟，在梦里跌入了迷津。实际上这正是他那时心理状态的真实写照，他确实跌入了情波欲海中不能自拔，警幻仙子的教导虽然当下没有见功效，但并没有白费。日后宝玉历遍世间欢乐辛酸，尤其是经过黛玉和宝钗的反复点拨后，看破世间的虚幻，这才毅然出家修道。

此时的李叔同显然与太虚幻境里的贾宝玉非常相似，他已经看过了十里洋场的风景，与那些最风雅的人一起饮酒、品茗、填词、论画，与北方最漂亮、最火的女明星谈过恋爱，但仍然没有醒悟，现在他也要经历最让人沉醉的风月之事。

故事的主角名叫李苹香。她与李叔同同龄，本姓黄，名碧漪，字鬘因，小字梅宝。其先祖为徽州望族，后来家道中落举家迁往浙江嘉兴。李苹香自幼诗词书画无一不精，当地的一位名宿偶然见到她的诗作，讶然拍案，说是“此种警艳，当于古人遇之，至于今人，百年来无此手笔”。

通常原为望族后来家道中落的人家，一旦有了颇通诗文、才艺双佳的女儿，在选择女婿的时候往往极为挑剔，李叔同的母亲王凤玲就是一个例子。这也很好理解，如果选择普通人家，虽然门当户对，但总觉得对方配不上自己的女儿；如果选择豪门大户，又不是门当户对，对方也很难选择一个普通人家的女儿为主母，除非是娶来当小妾；贫民小户就更别提了，根本就不会考虑。

李苹香到了二八之年，也出现了这个问题，尽管提亲的人几乎踏破了李家的门槛，但几乎都遭到了李苹香父母的拒绝。不幸的是，一次偶然被骗失足，李苹香最终被卖入勾栏瓦舍，从此以才女艳帜扬名沪上，上海的文人雅士一时之间趋之若鹜。后来，连著名女词人吕碧城姊妹都与李苹香过从甚密，传说最后秋瑾的闺蜜吴淑瑛变卖珍藏的董其昌手书《史记》，为其赎身。就连章士钊也化名烁楼十一郎著《李苹香》一书为其立传，该书的序言即是李叔同所作。

当时的上海，最上等的风尘女子称“长三”。沪上的娱乐小报《春江花月报》曾列出当时上海的长三榜单，李苹香即名列榜首，可见其姿色与人气。但从李苹香留下的几张照片来看，李体态中等，穿着朴素，似乎并不奢华。她或坐或卧，几乎都面无表情，只是目光略有忧郁。其中一张照片上的她看上去已经不怎么年轻，坐在一张摆有假花的小茶几旁，茶几那边站着一个戴帽子的小女孩，也是面无表情。那个小女孩应该是她的养女，当时的风尘女子稍稍上了年纪都会收一个养女，以备将来使唤，也为自己养老送终。

李苹香馆名天韵阁，这里没有姹紫嫣红，莺莺燕燕，不像天仙园里以声换情，以姿色讨欢喜。这里的一切更为雅致，大家在宣纸上以诗交心，慢慢地增进感情，然后看主人的心意确定两人的关系深浅。

第一次来到此地时，李叔同有一瞬间的恍惚，好似走进了梦中的某个非常熟悉的地方。这里没有粉墨登场的戏子，没有手捧金饰求佳人回眸一笑的看客，更多的是一份文人的雅静。跟李叔同同行的几个人，铁鹤、瑶庚、冷钵斋主、补园居士等都是天韵阁的常客，介绍他跟主人认识。第一次来，按理说，李叔同该写几行花哨且带着几许朦胧的情诗赠予主人，方才不负美人一笑。可能是他还没有从天津之行的悲痛中走出来，微一思量，执笔在铺好的纸上，以惜霜仙史为名写下三首七绝。

偶得佳句留赠苹香

其一

沧海狂澜聒地流，新声怕听四弦秋。

如何十里章台路，只有花枝不解愁。

其二

最高楼上月初斜，惨绿愁红掩映遮。

我欲当筵拼一哭，那堪重听后庭花。

其三

残山剩水说南朝，黄浦东风夜卷潮。

何满一声惊掩面，可怜肠断玉人箫。

这是三首明显的感时伤怀诗，但在风月场所写出来却是一个颇有意思的话题。照着这个思路走，风月场所里也可以聊聊佛法，虽然不是不可以，只是显得不合时宜。在李叔同看来，这个色艺双绝的女子与当年秦淮河上不知亡国恨，犹唱后庭花的女人没什么两样，而他还在感时忧伤。

聪慧如李苹香者，对此心知肚明，只觉得这个少年有点忧郁和情绪低落，但估计很快就会好起来。单就这三首诗而言，如若放在科举考场上，定会获得考官的青睐，只是这里是风月场，一味这样的清高姿态，怕是有些扫大家的兴，也有些唐突了佳人。然而，撇开诗人的忧时伤怀的愁绪，单单看字，也足够令人惊艳了。字用的是小隶，书体挺健、秀丽却又潇洒。撇捺钩折之间，有些任性，有些执意，透着一股浓郁的六朝遗风。实际上就凭这行字，李苹香也会大大方方地接受他。

李苹香和诗三首，说出了当时大多数人的心声。

其一

潮落江村客棹稀，红桃吹满钓鱼矶。
不知青帝心何忍，任尔飘零到处飞！

其二

春归花落渺难寻，万树阴浓对月吟。
堪叹浮生如一梦，典衣沽酒卧深林！

其三

凌波微步绿杨堤，浅碧沙明路欲迷。
吟遍美人芳草句，归来采取伴香闺。

诗后属：辛丑秋日，为惜霜大人两政。苹香录旧作于天韵阁南窗下。

在国家残破、人民流离的时刻，作为一个小女子，悲伤归悲伤，又能有什么办法呢？这事本就是肉食者谋，作为一个江湖落魄者，还不如典衣沽酒，高卧深林来得自在。话又说回来，除了这样，还能有其他选择吗？李叔同四下望去，古今中外，上下五千年，还真的没多少选择。

“吟遍美人芳草句，归来采取伴香闺”，这是李苹香和那些才子们的生活态度，虽然大家也知道这种日子无法长久，但过一日就算一日吧，所谓今朝有酒今朝醉是也，反正我也无才可去补苍天。

在天韵阁，他们就这样通过墨香、诗词进行交流。一丝云飘来挡住了月亮半边脸，天韵阁之外愈来愈暗，但里面却越来越亮。客来无时，客散亦无期，说到底仍是大梦一场，只是梦太美，梦中人不愿醒来。

李叔同与李苹香抽出身来，走至庭院。天地无声，两人都在压抑着自己的心跳。说穿了，风月场里，谁不是在逢场作戏，说来说去仍不过是“汝爱我心，我怜汝色”的一再翻版。但李苹香却有不同，她除了非常美丽，还对这世界，对男人都非常敏感，更可贵的是，她会将这种敏感通过精美的诗词传达出来。这便对李叔同这样的男子构成了一种强烈的魅力。

他需要她的点化。

身披琥珀色的月华，两个人一边踏着青石小路慢慢挪步一边闲聊，其他朋友都很识趣地不来打扰他们。她戴着一副流苏式的翡翠蝴蝶耳坠，微风吹过，耳坠前后摇摆，坠得她有些疼。很奇怪，李叔同完全了解她在想什么，在她面前站定，轻轻为她摘下那对耳坠，放到她手中。

“真是个细心的男子。”她在心里想。

走了许久，两人踱回了天韵阁，众人已酒意阑珊，几碟果盘也都空了，几首诗词在桌上横竖斜着，还没有仔细读就知道已经沾染了些脂粉气。她微笑着走过去，顺带着将手中的那对耳坠递给李叔同，然后像一朵绽开的夜来香一样转身端坐。等客人都坐定，她蘸蘸余下的墨，也在空白纸上赋诗一首，算是今晚这次雅会的封印之作。很明显，这是她最风采照人的时刻，看着她一撇一捺地写字，李叔同为之一振，那犹如水仙一般的清丽之姿真是摄人心魄。

李苹香抬头，迎着李叔同的目光，微微一笑，并不说话，但已胜过千言万语。风月场中又将演出一场风月戏，只是这次过招的不再是咿呀扮唱的杨翠喜，而是秦淮河上舞文弄墨的“李香君”。

今夜与往常一样，不管多晚家中总有一盏灯等着他回来。李叔同心里或有一丝愧疚，只是他的心一直悬在空中。自始至终，连他自己都觉得自己并不是一个好丈夫，但在杨翠喜、李苹香面前却是一个颇为完美的情人。对他来说，家中的妻子没有什么爱情可言，就好似一杯白开水，无色无味，不过就是日常所需，但毋庸置疑的是，相处时间久了，自有了一种亲情在；对外面的女子，他却将其视为一朵花，总想瞧瞧重重叠叠的花瓣里藏着怎样的景致。

那个时候的李叔同还不明白，欲望的本质就是不能被满足。

正因为不明白，他在大观园里遍寻心中的绚丽景致，直至将这些红尘美景、锦瑟流年一一看遍、一一经过，他才会像贾宝玉那样，彻悟世间的无常和虚幻。“叹人间美中不足今方信，纵然是举案齐眉，到底意难平。”这说的不正是现在的他吗？有人会问，若李叔同知晓自己最终将双手合十，转身遁入空门，还会不会惹下那么多风流债？命运的安排，每一步都不可思议，也可以说每一步都自有深意，每一个人只有一个命运，差一步都不会迎来属于自己的结局，该经过必然要经过，躲不过，逃不掉。也正因为他饱尝爱恨交织的滋味，放手时才那么决绝、彻底。

李苹香来了，大观园里另一个光彩照人的主角却要走了。宋贞的病越来越严重，她真的像书中的林黛玉，才华横溢却又身体孱弱，脸色越来越苍白。

梅雨时节又来了，雨淅淅沥沥地下着，从清晨直至黄昏。宋贞一到这个时节便难受得紧，但雨始终没有停下的迹象，水珠在青石小路、屋瓦上溅起一朵朵小花。王凤玲在厨房里煎药，窗子开着，王妈拿着扇子在她背后扇来些凉风。

“看许夫人那个样子恐怕是撑不住了。”王妈边扇边说。

王凤玲没有答话，只是心里非常难受。她又何尝不知宋贞已经没有多少时日了，只是心存万一罢了。等到王凤玲将煎好的药端至她窗前时，许夫人在许幻园掌心的那只手，已然落下。

李叔同的心里一阵眩晕，鲁迅曾说：“悲剧就是把人世间最美好的东西毁灭给人看。”宋贞这样富有灵性的女子就在自己的眼前一步步地被毁灭了，这种痛苦胜过林黛玉在贾府的猝然而逝。宋贞平日就以林妹妹自诩，现在她终于质本洁来还洁去，也算是得偿所愿了。

对李叔同和许幻园这样的人来说，宋贞代表着一种生活方式，一种琴棋书画诗酒花的惬意生活，是一种内心的共鸣。李叔同之所以与李苹香走到一起，最终演出一场动人心魄的风月剧，就是因为他内心深处的这种情怀。

现在，宋贞走了，按照红楼梦的说法，她这一生的任务已经完成，用自己的才情和眼泪报答了有缘的人，然后回到警幻仙子那里报到。宋贞的离去让李叔同和许幻园对生活都有了更深一层的领悟。

第一伤心事

城南草堂没有了女主人的才情聊以助兴，似乎一下自己就被抽去了七成的精气神。滴滴答答接连下了五六天的雨，在即将入夜的时候终于停了下来。月落乌啼，梦影依稀，往事只能回味，大观园里的每个人都在沉思着，想他们的过去和未来。

宋贞的去世让李叔同生起天妒红颜这个词来，想想还真是如此，杨翠喜和李苹香不也是如此吗？这是他在大观园里受到的第三次打击。天色越来越白，梦中的场景也渐渐模糊，玻璃上逐渐积满了灰尘。那座载满他青春欢乐的城南草堂，现在开始一寸寸暗下去。

其实不是草堂有了变化，而是里面的人有了变化。如诗般的岁月，终究只是笔墨的一厢情愿，参差错落地落在纸上，虽然一时令人激赏，但西风起时，就不知飘向哪里，最终无踪无影，无处可寻。

再繁华的盛宴也有离散的时候，这个道理每个人都懂，但每个人都不愿意想这个问题。一旦真正面对，不免手忙脚乱，无法应对。

王凤玲没有了伴儿，也一日日消瘦下去。这么多年来，她实在太闷了，只有见了宋贞才稍微有了一点活力，这是一种非常奇妙的缘分。现在宋贞一走，她心口更闷了，实在难受的时候就把俞氏叫进屋来，让她陪自己说说话。但是她们的世界实在太小，说来说去，也不外乎是早年她与奥地利公使夫人见面的场景，又或是李叔同出生时李家比过年还要热闹的气氛，虽然说得多了感觉没什么意思，但下一次还是会说起。俞氏会带着笑听婆婆讲，听完了也不多说什么。等到沉寂的草堂传来两个儿子的哭闹声时，她才起身跑去带孩子。

女人终究还是女人。

前不久，郑州女子顾少强向领导打辞职报告，理由只有一句话“世界那么大，我想去看看”，这十字箴言触动了几乎所有人的心扉，勾起了大家心底共同的愿望。但最终，她却与一个男子定居在了成都，不再去看世界了，理由也很简单，“丈夫就是我的世界”。

愿得一人心，白首不相离。这是女子的天性，但也是她们身上的枷锁。这个枷锁深藏在她们的心底，即便时代已经变迁到 21 世纪，顾少强与王凤玲、俞氏在这一点上并没有太大的区别。王凤玲一辈子都在这个丈夫—儿子的圈里转来转去，虽有非常多的闲暇，但她并没有像李筱楼以及其大太太、三太太那样信佛修行，找到心灵的寄托，反而越过越抑郁。

光绪三十一年（1905 年）三月，上海的气温已经逐渐回升，锦缎棉布衣裳开始换成丝绸薄衫。梨花在温暖的春风中率先开了，白如冬雪，一小簇一小簇的。春寒料峭中，有时不免风雨袭来，梨花便纷纷飘落，清晨推窗，一地雪白，难免伤感。

王凤玲已经病了好几个月，一直咳嗽，李叔同也已经好几个月没睡安稳觉了。听着母亲一阵又一阵的咳嗽，他有种揪心的疼痛，但却无能为力。咳到最后，却成了有气无力的呻吟，仿佛死神已站在门外。

天上，星星闪着点点光亮，月华虽明却被乌云挡住了。一个个医生摇头而出，让李叔同心中的希望越来越渺茫。人都有这么一天，李叔同也知道，但母亲还不到五十岁，难道现在就要离他而去？他实在无法理解老天的安排。

屋内许久不通风，再加上长久的沉闷气氛，险些让李叔同喘不过气来。王妈也伤心过度，这些年她与王凤玲可谓“名为主仆，实同姐妹”，这些日子几乎日夜陪在床边，整个人瘦了一圈儿，脸颊深深地陷了下去。李叔同心里过意不去，让王妈先去休息会儿，这里由自己照顾就好，王妈并没有动，只是站在他身后抽泣着。

在灯光下，他仔细看母亲的那张脸，往日那般端庄秀丽的容颜再也不见，竟是那么苍白，与宋贞走的时候那么相像，这一瞬间的恍惚让他心底升起一股无名火，也让他乱了阵脚。

王妈颤颤巍巍地走过来说："少爷，还是准备寿材要紧。"

李叔同并不是不知道这些，只是总是心存万一之想。他强忍着眼泪，对王妈的话置若罔闻。王凤玲在几声咳嗽平息后，几乎是用尽生平最后一丝力气，拽住儿子的手。

"带娘回家吧。"王凤玲从齿缝里一字一字地说出这句话，然后就再也说不出话。

在外的游子终究要回家，就如同落叶终要归根一般。在上海的这几年，虽然过得比在天津舒心，但终究不是归宿。她得回家，回到自己的丈夫李筱楼身边，在那个地方，他们没有年龄的差距，再不分开。

李叔同用王妈递过来的热毛巾，擦拭母亲那干瘦的脸庞，"娘，我再去请医生，等你这次病好了咱就回家"。

王凤玲终究没有等到李叔同回来。她太累了，等不到儿子回来了，临终时，她抬起沉重的眼皮望了望墙上那根老松枝。她一生的希望都在那根老松枝上，它带来了她在这个世上的希望，但一切都有终点，她的路到此为止，她并不害怕，她相信那根老松枝，自然会为她安排好一切。如果说信仰，那老松枝就是她王凤玲一生的信仰。

走向虚无的路上，那些欢愉的往事，那些悲伤的昔日，都渺如雾霭，再也抓不住。

她终于走了，未曾留下半句遗言。还有什么放不下的呢？这波澜不惊的一生，这孤独的一生，终究是完结了，一个女人所期盼的一切自己都曾经拥有过，没什么遗憾的了。

看着王妈和俞氏为母亲洁身、换衣，李叔同插不上手，他心中纠结的是，没有见到母亲最后一面，但这又有什么差别呢。入棺时，李叔同缓缓地摘下墙上那根老松枝，将其放入棺内。这根松枝，陪伴了母亲大半辈子，是她冥冥中的守护，理应随着她去的。

死亡对某些了无生趣的人来说是一种解脱，然而，四十六载的光阴，还是有点短的。

母亲走了，李叔同心中似被重击一样。

已到初夏，城南草堂的很多花再次盛开，草也在恣意生长，但大观园里的花花草草再也无法引他心动了。

别了，大观园！别了，上海！

李叔同料理完上海的事情后，便带着全部家什，扶灵携眷，乘船返回天津。这一条海路，来来回回走了好几次，但每一次的心情都不一样。第一次来是终于逃脱牢笼的雀跃，辛丑国难则是难言的悲哀，这一次却是一种无言的沉郁。任风将他背后的长辫带至襟前，他始终不动；俞氏则在船舱内哄着小儿子入睡。

在举家回天津之前，李叔同给李苹香写了四首七绝诗。

和补园居士韵，又赠苹香

其一

慢将别恨怨离居，一幅新愁和泪书。
梦醒扬州狂杜牧，风尘辜负女相如。

其二

马缨一树个侬家，窗外珠帘映碧纱。
解道伤心有司马，不将幽怨诉琵琶。

其三

伊谁情种说神仙，恨海茫茫本孽缘。
笑我风怀半消却，年来参透断肠禅。

其四

闲愁检点付新诗，岁月惊心鬓已丝。
取次花丛懒回顾，休将薄幸怨微之。

这几首诗缠绵悱恻，既有深情又有无奈。诗中，李叔同依次自比杜牧、白居易和元稹，将李苹香比作女相如（卓文君）、琵琶女。但是不管怎么深情和愧疚，最终还是要和她分手，因为自己的各种变故对人生有了新的感悟，“年来参透断肠禅”，无法再风花雪月下去了，希望李苹香不要怨恨自己这个薄幸的“元微之”。

这几年，李叔同与李苹香的关系如胶似漆，两人感情在诗词、书画这些“媒人”的牵线搭桥下日益融洽。

在有志青年看来，这就是狎妓，是一种纯粹的堕落行为。但叛逆阶段还没过的李叔同并不认同这个观点，在他为《李苹香》一书所作的序言中，并未涉及自己同传主李苹香的关系，而是从批判龚自珍《京师乐籍说》说起，大谈乐籍与文明的关系，最后竟然得出一个“娱乐救国论”。

在龚自珍看来，乐籍是皇帝天子钳塞天下读书人的一种手段，通过这种方式使大家沉湎于声色，玩物丧志、不思进取，以起到钳制牢笼的作用。简单来说，就是通过这种方式让大家堕落，千万别思考真理，只想着做一个喜欢享受、顺从皇帝的庸官即可。李叔同反其道而行之，他将乐籍视作一个国家和时代文明程度的标志，在文章中他一本正经地写道：“乐籍之进步与文明之发达，关系极切。故考其文明之程度，观于乐籍可知也……若文明发达之国，乐籍棋布，殆遍都邑。”为了说明自己的论点正确，李叔同强调乐籍对社会的正面价值：“杂裙垂髾，目窕心与。游其间者，精神豁爽，体力活泼，开思想之灵窍，辟脑丝之智府。”他还举例论证，巴黎“乐籍之盛为全球冠”，“宜其民族沉溺于兹，无复高旷之思想矣。乃何以欧洲犹有‘欲铸活脑力，当作巴黎游’之谚？”

最终，李叔同得出了一个匪夷所思的结论：中国乐籍远不够发达，尚需倡导。所谓“唯我支那，文化未进，乐籍之名，魁儒勿道。上海一阜，号称繁华，以视法之小邑，犹莫逮其万一，遑论巴黎！岂野蛮之现象蒙固如是，抑亦提倡之者无其人欤！”而他李叔同的这篇文章，就是为了提升中国的文明程度而提倡发展娱乐事业的。

狎妓冶游之风自唐代就开始流行，一直到民国时期都盛行不衰，文人雅士尽管多乐于此道，但这样大张旗鼓地为其正名，实属罕见。这个时期的李叔同，其孤高傲世，由此可见一斑。实际上，这样做确实高妙，为乐籍正名，也就是为李苹香正名，同时也赋予了自己风月生活的进步意义。

这叫什么呢？高级版的掩耳盗铃。但却是一个青年成长的必经之路。

圣人云："少年时，戒之在色"，又云："所谓诚其意者，毋自欺也。如恶恶臭，如好好色。"连孔子也很清楚，少年时，血气未定，见美女必定心旌摇曳。但普通人心旌摇曳之后摸摸口袋也就只好该做什么就做什么了，但李叔同、许幻园这样的富贵子弟却是有条件去追求的。除了李苹香，这五六年里，李叔同还和许多上海的名妓有亲密交往，可以说活脱脱一个风流公子的形象。

当然，这与时局也有关系，林子青曾为弘一大师当年走马章台的经历解释道：庚子辛丑以后，国事日非，大师一腔热血无处发泄，乃寄托于风情潇洒间，以诗酒声色自娱。"这种经历对李叔同来说并没有使他真正堕落，"抑莲为君子之花，然泥而不滓。盖高山流水，志在赏音而已。"

我们来看看李叔同这些年在上海的异性知音。

1899 年（光绪二十五年），李叔同到上海的第二年，正值北方八国联军侵华，在北里他以七言诗赠名妓朱慧百。朱慧百似乎比李苹香更有爱国之情，特意画了一幅扇面并和诗为赠，并序："漱简（叔同）先生，当湖名士，过谈累日，知其抱负非常。感事愤时，溢于言表。蒙贻佳什，并索画箑，勉以原韵，率成三绝，以答琼琚。敬乞方家均政。"

这幅扇面，李叔同后来出家前送给夏丏尊收藏，他还特意在背面书写了"前尘梦影"四个字，以示斩断情丝，与往事诀别。

1902 年的七夕，中国的情人节，李叔同没和亲人在一起，而是在名妓谢秋云的妆阁，一起喝酒赋诗，留下一首七律。

风风雨雨忆前尘，悔煞欢场色相因。
十日黄花愁见影，一弯眉月懒窥人。
冰蚕丝尽心先死，故国天寒梦不春。
眼界大千皆泪海，为谁惆怅为谁颦。

这首诗的格调比较复杂，由此诗可以看出李叔同对欢场生活已有悔倦之意，同时依然忧国忧民。

1904 年，他又为沪上歌星金娃娃填词一首。

金缕曲·赠歌郎金娃娃

秋老江南矣。忒匆匆，春余梦影，樽前眉底。陶写中年丝竹耳，走马胭脂队里。怎到眼都成馀子？片玉昆山神朗朗，紫樱桃，慢把红情系。愁万斛，来收起。

泥他粉墨登场地，领略那英雄器宇，秋娘情味。雏凤声清清几许，销尽填胸荡气。笑我亦布衣而已！奔走天涯无一事，问何如声色将情寄？休怒骂，且游戏！

这是一首充满了人生苦短、及时行乐意味的曲子，所谓无才可去补苍天，枉入红尘许多年，故而寄情声色，玩世不恭，聊遣余衷。

在这时期，他还作过一首《春夜》的歌曲，其主题也是人生如梦当及时行乐、此时不乐何时乐等思想。

金谷园中，黄昏人静，一轮明月，恰上花梢。月圆花好，如此良宵，莫把这似水光阴空过了！英雄安在，荒冢萧萧。你试看他青史功名，你试看他朱门锦乡，繁华如梦，满目蓬蒿！天地逆旅，光阴过客，无聊，倒不如，闻非闻是尽去抛逍遥，倒不如，花前月下且游遨，将金樽倒。海棠睡去，把红烛烧；荼蘼开未，把羯鼓敲。莫教天上嫦娥，将人笑。

这就是当时上海的音乐界、艺术界的情况，从李苹香的诗到李叔同的诗，基本上都是这种无才补天、人生苦短、及时行乐的主题。

现在母亲的死，一棍子将其打醒了。他再也没有心思将这种生活继续下去了。

待出家以后，老友尤惜阴想将弘一法师早年的诗词编辑出书，弘一法师以“多涉绮语，格调亦卑，无足观也”婉拒，对自己年轻时代的诗歌和猎艳生活作了彻底的否定。1929年，他为开明书店写字模，甚至连书写“女部”“尸部”的字都感到不合宜，这一方面是因为佛家戒律，另一方面恐怕也是因为他已经彻底看破了红尘的虚幻所致。

大师晚年客居闽南，偶然遇到唐代诗人韩偓的墓碑，以此缘分写了一篇为韩偓辩诬的文章，力证《香奁集》并非韩的作品。“偓乃刚正之人，岂是作《香奁集》诗者？”这个时候的弘一法师与年轻时的李叔同简直判若两人，中国文人迷恋不已的描写闺阁风情的诗词都已成为洪水猛兽。

但这不是事实吗？

一家人终于再次回到了天津城。经过几年新政的洗礼，这个古老的城市虽然渐渐繁荣起来，但仍掩不住破败气息。

棺木被抬到粮店后街六十号正门前，刚要进去，却被文熙制止：“外丧不进门。”很明显，在北方，即便经历了辛丑国难和新政的洗礼，各种奇怪的规矩仍然存在并被严格遵守着。李叔同没办法，这个家自己说了不算，只得命人抬着棺木转进李家旧宅。

多年未曾打理，这座昔日的李家大院已经荒草丛生。许多地方让他恍惚，唯有那棵老梅树给了他些许安慰。那个地方，实在是太熟悉了。

待母亲的棺木停稳，他独自一人走进西厢房。屋里还放着母亲的那张雕着石榴百子的大床，只是没人照料落了些灰尘。客厅里那架奥地利公使送的钢琴也在，这架琴曾是王凤玲的挚爱。现在，琴虽在，人却永别。他不由自主地掀开琴盖，掸掸位子上的灰尘，决定填一首新词，作一首新曲为母亲送行。

哀游子茕茕其无依兮，在天之涯。

惟长夜漫漫而独寐兮，时恍惚以魂驰。

梦偃卧摇篮以啼笑兮，似婴儿时。

母食我甘酪予粉饵兮，父衣我以彩衣。

哀游子怆怆而自怜兮，吊形影悲。

惟长夜漫漫而独寐兮，时恍惚以魂驰。

梦挥泪出门辞父母兮，叹生别离。

父语我眠食宜珍重兮，母语我以早归。

月落乌啼，梦影依稀，往事知不知？

汩半生哀乐之长逝兮，感亲之恩其永垂。

李叔同为这支曲取名为《梦》，既不曾增添一分，也不曾减少一分，什么都不曾带来，什么也不曾带去，起点与终点无异，这就是梦。

送母亲最后一程时，他用了独特的方式。一回到天津，他就感觉到压抑，自从文熙说出“外丧不进门”的话，他就认定是这个被礼教禁锢的李家夺走了母亲本该幸福的一生。他要反抗，通过自己的方式反抗。于是他在《大公报》上登了一篇通告：

启者：我国丧仪繁文缛节，俚俗已甚。李叔同君广平愿力祛其旧。爰与同人商酌，据东西各国追悼会之例，略为变通，定新仪如下：

（一）凡我同人，倘愿致敬，或撰文诗，或书联句，或送花圈花牌，请毋馈以呢缎轴幛、纸箱扎彩、银钱洋圆等物。

（二）诸君光临，概免吊唁旧仪，倘愿致敬，请于开会时行鞠躬礼。

（三）追悼会仪式：甲、开会。乙、家人致哀辞。丙、家人献花。丁、家人行鞠躬礼。戊、来宾行鞠躬礼。己、家人致谢向来宾行鞠躬礼。庚、散会。

同人谨白。

就这样，一场奇特的葬礼出现了，没有披麻戴孝，没有漫天飞舞的纸钱，更没有哭天抢地的号哭，有的只是那股庄严肃穆的气氛和静默的吊唁者。

棺木放置在客厅正中央，吊唁者送来的鲜花摆在棺木四周。棺木上方放着那根老松枝，好似有着神赐的光泽。李叔同在钢琴边坐下，舒缓的旋律响起。

松柏兮翠蕤，凉风生德闱。母胡弃儿辈，长逝竟不归！

儿寒谁复恤？儿饥谁复思？哀哀复哀哀，魂兮归乎来！

恍惚间，李叔同仿佛又回到小时候，父亲去世时，家里也曾响起浑厚清明的钟磬声，但那时候他还是不知人间苦乐事的小孩子，如今他做了母亲出殡的导演。二十年眨眼而过，时间都到哪去了呢？他弄不清楚。

天津大街小巷都争相传着，李家三少爷刚从十里洋场回来就做了一件奇事。面对这些，文熙只能摇头叹息。

只是，唯有他心里明白，母亲到底是回不来了。日后，李叔同对弟子丰子恺说，母亲一死，他在人生路上“就是不断地悲哀与忧愁”。

大观园彻底地消失了。

第三章

留学日本

留学日本成为潮流

李叔同拥着一簇鲜花，独自站在母亲坟前，任凭风将自己的辫子吹歪，脚下草木恣意疯长。他的心空落落的，一时之间几乎装不下任何事物。

曾经相依为命的人，已独自渡到生命对岸。李叔同相信那个地方必然是一年四季杂花生树、草长莺飞，永远没有痛苦、悲伤。

他又换了一个名字，李哀。欢愉逝去，哀婉不绝。虽然感人，却也不是长久之计，因为悲痛早晚都要过去，而活着的人还要继续生活。

作为一个已经二十五岁的青年，下一步该何去何从？

像文熙一样做生意？没兴趣！文熙也知道他没兴趣。

原本他一心想的是考科举，中秀才、中举人、中进士、点翰林这条路，但这条路被时势无情地斩断了。

原本，他进入南洋公学特班，相当程度上也是为了科举。1902 年秋，遇上各省补行庚子辛丑并科乡试时，他以祖上的户籍所在地——浙江嘉兴府平湖县监生资格前去应试。与他同科应试的，有后来才相识并同为南社社员的王海帆先生。但这次考试他落第了。这也很正常，那个时代考了一辈子依然没考中的人多得是，相反第一次就考中才是奇迹。

这次落第后不久，南洋公学却出了事。原本，南洋公学特班由蔡元培先生主持，学生们都感到眼界开阔了不少，知识也增长很快。但这所学校自开办以来，由于新旧两种思想差异，再加上校方用人不当，早就潜伏着对立情绪。中学部教员郭振瀛是个疯狂的守旧派，经常在课堂上鼓吹《东华录》中“圣祖”的“文治”“武功”思想，并严令学生不得阅读《新民丛报》等激进报刊，校内思想进步的学生对其非常不满。1902年11月间，有学生误将墨水瓶置放在郭振瀛的座位上，本是无意，但郭振瀛大发雷霆，在没有弄清情况之前，就指责这些学生是故意在侮辱他。这些学生当然不服，奋起抗辩，郭振瀛恼羞成怒，要求校方处分他们。校方不问情由，下令开除了这几个学生。有其他学生为被开除的学生讲话，认为他们并非侮辱师长，呼吁校方收回成命，没想到校方态度极为强硬，将其一并开除了事。最终事情竟发展到了不可收拾的地步：全级为请，斥全级；全校为请，则斥全校。

作为南洋公学进步思潮的推动者，蔡元培先生出来力争，但也无济于事。愤慨之下，他和部分教员一起，于11月16日率领各自的学生在操场集合，然后集体出走，酿成中国教育史上从未有过的退学风潮。

李叔同和特班很多同学都参加了这次学生运动，但也牺牲了保举经济特科资格，李叔同离开了南洋公学，在学校总共学了一年多。这条科举的捷径最终还是没有走通。

南洋公学散学后，李叔同对科举仍然念念不忘，1903年秋，他长途跋涉前往开封，应顺天府癸卯年乡试。但这次乡试也落第了，为此他不得不等待1906年的乡试。

时势的发展有时候不以人的意志为转移，就在数百万读书人跟李叔同一样翘首等待1906年乡试的时候，1905年9月，科举制却突然被废除了。

中国的科举制度创立于隋朝，完善于唐朝，发展于宋朝，明朝达到鼎盛，可谓是历史悠久。清朝入关后，一袭明制，仍然科举取士，具体形式也与明朝相同，也是八股文，但更注重对士人思想的防范，龚自珍说乐籍是皇帝为钳制读书人思想而作，某种程度上并不是空穴来风。客观地说，这种制度在选拔人才上具有相当的历史优越性，在某种程度上使得社会保持了一定的上下流动性。但随着时间的推移，其弊端也日渐暴露，特别是鸦片战争之后，中国一步步融入世界，科举制度更是难以适应时代的发展要求。

科举制度不但是一个国家官员的选拔问题、人民的教化问题，更是一个全民族的教育问题，三者形成一个紧密结合的整体，缺一不可，中国社会之所以能够面临着各种剧烈的冲击仍然保持相当的稳定，与这种巧妙的制度安排不无关系。但要命的是，那些读书人苦读终身的经史诗文，在行政管理乃至实际生活中实际用处并不是很大，更不要说促进近代工业化社会的发展了。而且，延续千年的科举制度在社会上形成了一种科举崇拜，读书人都将科举视为人生正途，其他经商、务农、办洋务、当兵都是末途，这就形成了相当多的社会问题。洋务运动时期，同文馆招生工作本就难以进行，因为优秀人才都参加科举了，在他们眼中，同文馆不算正途出身，没什么前途。朝廷主办的“翻译中心”尚且如此，更不要说其他与西方技术有关的学堂了。当年沈葆桢在福建创办福州船政学堂的时候，学生大都是贫苦子弟，由于沈葆桢要学生签契约保证今后不参加科举，因此也招揽不到人才。

在 1898 年戊戌变法的时候，维新派就提出要改革科举，具体策略是废除八股，改试策论，停止武举并开设经济特科等，消息传出，一些读书人甚至威胁要暗杀康有为。变法失败后，许多读书人弹冠相庆，科举一切照旧，武举考试甚至又搞起了他们的“刀弓石”科目，全然不顾当时的世界早已进入了大炮甚至飞机时代。甲午战争、八国联军侵华战争中中国军队的一再失利，使得停止武举成为最容易的突破口。1901 年 8 月，科举制出现了重大调整，朝廷下诏武科永远停考，而乡试和会试等均试策论，不再用八股程式命题。

1904 年 1 月，张之洞（负责制定新学制）、张百熙（学务大臣）上折指出，由于科举未停，导致新学堂的设立受到阻碍；而新学堂未能普遍设立，又使得科举不能立刻停止。这样一来，两者形成了一个恶性循环。因此，朝廷最好确立一个过渡期，使科举和新学堂教育归于一途。这个方案得到了以慈禧太后为首的清政府的认可，由此，科举的录取名额开始大幅减少，开始转向学堂选拔人才了。

但历史的发展有时实在难以预料，1905 年，日本、俄国两个帝国主义国家爆发激烈战争，但战场却在中国国土上，而中国政府却只能宣布“中立”。在这样的奇耻大辱刺激下，国人要求立即废除科举的呼声大为高涨。袁世凯会同张之洞、周馥、岑春煊、赵尔巽，与端方等地方督抚大员一起上奏朝廷，声称“科举一日不停，士人皆有侥幸得第之心，民间更相率观望”，请立停科举，推广新式学堂，以造就人才、富国强兵。

科举制就这样被突然废除了，大清朝数百万读书人的梦想瞬时化为乌有。

五天以后，上海维新派《时报》率先发文，盛赞这一举动“革千年沉痼之积弊，新四海臣民之视听，驱天下人士使各奋其精神才力，咸出于有用之途，所以作人才而兴中国者，其在斯乎”。随后，外国人也一片叫好声，传教士林乐知在《万国公报》发表评论：“停废科举一事，直取汉唐以后腐败全国之根株，而一朝断绝之，其影响之大，于将来中国前途当有可惊可骇之奇效。”

这些人都认为废除科举对中国社会的进步有极大的促进作用，美国社会学家罗兹曼甚至在其著作《中国的现代化》中大加赞叹道：“科举制度的废除，代表着中国已与过去一刀两断，其意义大致相当于 1861 年沙俄废奴和 1868 年明治维新后不久的废藩。”应该说，罗兹曼的这个评价并不是有意的拔高之词，还是颇为中肯的。

科举制是废除了，但李叔同们的出路在哪里呢？

新政的决策者们也想到了这一点，他们的计划是建立新的教育体系来解决教育内容的变革和读书人的出路问题。其具体措施包括选派人员出国留学，重开京师大学堂，并在原有书院的基础上改建西式学堂，以逐步取代旧的教育体系。

科举之后，新的教育体系于 1904 年推出。新学制几经修订，以日本的教育体制为学习蓝图，这就是所谓的“癸卯学制”。“癸卯学制”把全国学堂分为基础教育和职业教育两块。其中基础教育分为三等七级，即初等教育（包括蒙养院、初等小学堂和高等小学堂）；中等教育（中学堂）和高等教育（包括高等学堂、大学堂和通儒院）；职业教育则包括师范教育、实业教育和特别教育等。从内容和层次上来看，这与现代社会的教育体系已经很相近了。

在兴办新教育上，张之洞管辖的两湖地区和袁世凯管辖的北洋地区走在了全国的前列。张之洞在湖北最早设立学务处，并将湖北自强学堂改为普通中学堂，将两湖书院改为大学堂（后改为高等学堂），另设有师范学堂等，一时领风气之先。

袁世凯在直隶总督任上也不甘落后，他设立了直隶学校司并聘请前贵州学政严修为学务总办，并在直隶地区设立小学、中学、师范、法政、工业等各级各类学堂，一时北洋地区各种学校如雨后春笋般生起，对教师的需求大增。

庚子年之后，变法、向国外学习已经成为清廷从上到下的共识。各地开明的封疆大吏纷纷选派留学生出国游学游历，并重用归国之士。深重的民族危机，也使许多有志之士逐渐醒过来，他们纷纷出国以求“开新耳目，拓其心思，张其能力，他日兴国救民，免为奴隶之惨”。甚至一些掌握大权的王公大臣也开始重视起留学教育。

一时之间，出国留学成了时代潮流。而日本成了留学的首选地，其原因不外乎日本在甲午战争中的惊人表现，当然两国距离较近路费便宜也是一个重要因素。

李叔同的老家天津，实际上成为清末新政的北方中心，这股潮流必然对他产生影响。作为桐达李家的三公子，而且是在十里洋场见过世面的人，袁世凯等地方大员们对留学生的重视令他看到了新的希望。

袁世凯不但积极派遣留学生出国，而且他所在的北洋系统还特别喜欢重用留学生。

早年在他任驻朝鲜总督时，就把曾留学美国的唐绍仪收在幕下，且予以重用。后来袁世凯回国被提拔后，唐还继续在袁的手下主管对外事务。小站练兵时，袁世凯大胆提拔重用很多曾经留学国外的军事毕业生，如冯国璋（早年毕业于北洋武备学堂，1895 年到日本学习军事并考察日本军制，甚得袁世凯的赏识，被任命为督操营务处帮办兼步兵学堂监督，新军兵法操典多经其一手修订）、段祺瑞（毕业于北洋武备学堂，后来到德国学炮兵一年，回国后，于 1896 年被袁世凯调入新建陆军，即被越级提升为炮兵统带兼炮兵学堂监督）等。

新政开始后，袁世凯在直隶更是力主任用留学生，尤其是涉及洋务及师范、实业各学堂、局、厂，基本都是留学生的天下。如曾经游历外洋的马廷亮、陈恩涛等被任用为保定高等学堂总办；被派往日本学习师范的学生，归国后很快就被充实到各个学堂中任教。在直隶地区的政府部门中，也有为数不少的优等留学生被重用。为推动所谓的地方自治，袁世凯在全国各督抚中率先创办自治局，派留日学生金邦平、黎渊、李士伟等人在局中供职，为其拟订自治章程。

而对留学生的重用，也推动国内年轻人出国留学热情的不断高涨。很明显，科举被废除后，数百万读书人一时之间成了时代的弃儿。现在，他们在留学潮中看到了希望。

李叔同也被这股时代潮流挟裹，加入了留学日本的大潮。

故国山水，想要忘记却变得更清晰

1905 年秋天，李叔同从上海东渡扶桑。

对一个颇为叛逆的青年人来说，这一次他逃得格外远。海风搅起海浪，海浪吞没思绪。想起这海浪之上的各路强权，同时代的年轻人恐怕是同样的沉重心情。李叔同站在轮船上，看着故国愈来愈远，最终消失在烟雨深处。

拜别旧日朋友时，他填了《金缕曲》一阕相赠。

金缕曲·留别祖国，并呈同学诸子

披发佯狂走。莽中原，暮鸦啼彻，几株衰柳。破碎河山谁收拾，零落西风依旧。便惹得离人消瘦。行矣临流重太息，说相思，刻骨双红豆。愁黯黯，浓于酒。

漾情不断淞波溜。恨年来絮飘萍泊，遮难回首。二十文章惊海内，毕竟空谈何有！听匣底苍龙狂吼。长夜凄风眠不得，度群生那惜心肝剖？是祖国，忍孤负！

通过这首词，可想见李叔同当时的豪气满胸，爱国热情炽盛。虽然自己身份卑微，没有获得功名，但也是披发狂走，为的是能够找到挽救国家和民族的出路。同时，他还对自己过去的生活进行了总结，过去别人所称赞的李三公子“二十文章惊海内”，只是空谈而已。新的李叔同，为度众生于水火，拯救国家于危难，自当不惜肝脑涂地，勇猛地向前冲去。

这就是他的出征誓言。

同时代大部分留日青年学习的都是军事、法律等与富国强兵直接相关的学科，要不就是学习矿业、机械、筑路等实用类学科，就连国人一向嗤之以鼻的做生意在国外都有专门的学科。但李叔同偏偏选择了一个大冷门——音乐、美术。

这并非轻率之举。李叔同的一生，每一次重要选择基本没有出过错，这次选择也是一次水到渠成的深谋远虑之举。

自从南洋公学退学后，李叔同在上海的几年，虽然在科举上没有取得进展，但却在沈心工（上海人，原名庆鸿，号叔逵，心工为其笔名，中国现代学堂乐歌创作的代表人物之一，曾留学日本，学习乐歌作法）等音乐家的支持下，学习过谱曲等现代音乐启蒙知识。

其时，国家内忧外患，需要大力弘扬爱国主义精神，“抵制美货”“抵制日货”等爱国运动也初见端倪，李叔同为爱国组织沪学会作词配曲《祖国歌》一首，轰动全国。歌词曰：

上下数千年，一脉延，文明莫与肩。纵横数万里，膏腴地，独享天然利。国是世界最古国，民是亚洲大国民。呜呼，大国民！呜呼，唯我大国民！幸生珍世界，琳琅十倍增声价。我将骑狮越昆仑，驾鹤飞渡太平洋。谁与我仗剑挥刀？呜呼，大国民！谁与我鼓吹庆升平？

这首歌是李叔同在音乐方面的处女作，他将民间曲调《老六板》减慢为四四节拍，再配入激昂人心的歌词，创作出这首《祖国歌》。

这首歌主体鲜明，词曲贴切，富有民族特色，对华夏古国的歌颂情真意切，一经教唱，即由沪学会传遍整个上海，进而传遍全国，极大地鼓舞了国人的爱国热情。同时这首歌也首创了国人用民族曲调配制乐歌的新风，李叔同也一举成为闻名全国的乐歌音乐家。

李叔同后来的弟子丰子恺回忆当年情景时说，那时候他正在上小学，虽然对时事不太了解，但外患日逼、屡遭国耻，整个社会弥漫着一股浓浓的悲壮之感。“那时民间曾经有抵制美货、抵制日货、劝用国货等运动。我在小学里唱到这首《祖国歌》的时候，正是劝用国货的时期。我唱到‘上下数千年，一脉延，文明莫与肩。纵横数万里，膏腴地，独享天然利’的时候，和同学们肩了旗子排队到街上去宣传劝用国货时的情景憬然在目。我们排队游行时唱着歌，李叔同先生的《祖国歌》正是其中之一。”从丰子恺的回忆中可以看出，音乐在调伏人心、改造社会方面的巨大作用。

实际上，在没有留学日本之前，李叔同在音乐、美术方面就已经拥有相当深厚的造诣了。过去音乐、美术、金石、书法这些艺术类活动只是文人们在科举之外的消遣，被当作个人兴趣来学习。但通过《祖国歌》这件事，李叔同的艺术观发生了巨大的变化。他已经隐隐约约地意识到艺术在改造国人思想方面所蕴含的巨大、不可思议的作用。这既是他的兴趣，又有不可思议的作用，将其作为毕生的追求又有何不可呢？

初到东京，李叔同住在神田区今川小路附近。他一边到补习学校学习日语，一边自学美术和音乐专业课，准备报考上野东京美术学校。

这一次，他叫李哀，悲哀的哀。

日本的秋天与中国北方的秋天差不多，落叶铺径，灰白鸟群飞起又落下。行人匆匆走过，尽管都是陌生的脸，但都有一股朝气。远离故国，虽说是为了学得救国的真理，但何尝不是一种逃遁？那些纷乱的片段，母亲的老松枝，杨翠喜玫瑰色的红唇，李苹香的蝴蝶流苏耳坠，还有俞氏牵着两个孩子，伫立门边逐渐暗下去的眼神。虽然自己还只是个二十多岁的青年，但已经有东西是他刻意想忘记的，不愿提，生怕往事泛起的尘埃会让自己更加悲痛，迷了双眼。

李叔同租住的房子是一座白色的小洋楼，楼边有一池，名为“不忍”。他住的房间并不是很大，却被布置得井井有条。一张木质的床，床上是叠得整齐的带有日本风格的被褥。桌上放置一套陶制茶具,当然还有美术与音乐书籍。墙上的碑帖、字画挂得满满当当。

李叔同的风格是很奇特的，他每到一处新的地方，开始一段新的生活，总是要改名，总要为居室起一个雅致的名字。这次，他除了将名字改为李哀之外，还将这个装点雅致，且具有艺术气息的小洋楼取名为“小迷楼”。

他一直是一个非常认真的人，一旦选择了某个领域，就会全力以赴地投入。这次当然也不例外，此时他已经不再是天津城里的李三公子，也不是上海滩上激昂澎湃的《祖国歌》作者，而是一名沉静洒脱的艺术学生，专攻美术与音乐。他脱掉了昔日的长褂，剪去长辫，鼻梁上架着一副眼镜，穿一身在中国难得一见的西装，踏一双尖头皮鞋，梳着三七分头，简直与当地的日本人没什么差异。他变得如此彻底，是如此想要忘掉那个隔海相望的旧时代。但恐怕连他自己也知道这只是一种假象，反而是更强的一种记住。

他还是忘不了母亲。在李叔同的眼里，她是个淡香弥漫的人，就像那盒放置在铜镜前的玫瑰胭脂,虽高贵但无人使用,只能静等蒙尘。在过去几十年的时间里，那张石榴百子的雕花大床，明明留有两个人的位置，却只有她一人蜷缩在锦缎棉被里,熬过漫漫长夜。很长的一段时间里,李叔同都想不出母亲的生活该怎么形容。到东京之后第二年，在一个春日看到满树盛开的樱花时，才猛然觉得母亲就应该是一朵樱花。是啊,美到极致,却又残酷到极致,用尽毕生的力气,开得那么绚烂、热烈，但短短几日后，风一来，就是一阵凄零的樱花雨。

走在东京的街头，他抱着一叠绘画书，面带微笑，逢人便问好。过去在天津城，在大上海，他是大户人家的翩翩公子，穿着得体，走路时优雅中掩饰不住得意，头抬得高高的。很明显，此时的他学会了放低姿态。独处“小迷楼”时，或是随意晕染几笔水彩，或是静默沉思。如若有客人来访，他躬身请进门，像一个日本人那样用温火为其煮茶，用渐渐熟练的日语聊天。生活逐渐趋于平静，像是秋日的一潭凉水，波澜不惊，而个性也像铺在清冷溪水中的鹅卵石，棱角日益减少。

这是一个适合遗忘的地方，一个适合疗伤的地方。陌生的环境，午后清凉的风掀起落着樱花的窗帘，阳光恰好，不冷也不热。这个时候，他会搁下还没完成的水彩画，摘下眼镜，起身走至窗边，看一帘梦影。

音乐小杂志

初到东京，李叔同的心情与幸福无关。

现在他叫李哀。一个“哀”字，是一种淡薄的感受，虽非撕心裂肺般的痛楚，但却是一种绵延流长的哀愁，在血液中循环流淌，生生不息。这种哀愁与锥心之痛比起来，潺潺而流，令人无法消受。

李叔同不知道的是，这种悲哀与孤独往往是优秀艺术作品的沃土。

西方某位哲人曾说，平静、圆润、达观，是做人合该有的姿态，但这并非艺术的特质。相反，真正震颤人心的艺术总是与人灵魂深处的哀伤和起伏相关，与深深的执念相连。不管是百年前还是现在，最能打动人心的歌曲往往都是一些悲伤主题的曲子。李叔同的成名作《祖国歌》就是一例，这首歌虽然歌颂了中国的美好，但在国破家亡的时刻唱出，却给人深深的悲壮之感；而最经典的要数台湾歌手张秀卿了，在20世纪90年代以一曲《车站》打动了所有人，这首歌唱的就是亲人、恋人送别时的那种莫可名状的离愁。

现在李叔同独自一人，身处异国，寂然、萧索、凉薄等各种感觉扑面而来。访友见师时，他会穿一袭笔挺的西装，以彰显自己儒雅、干练的气质。在外写生，他会换上一件藏青织花和服，腰间系着一条黑色绉布腰带，温和之中带着一丝落寞。

简单忙碌的生活并非只是为了应付考试，同时也是为了让自己不那么寂然、落寞。除了单纯的绘画写生，李叔同也萌生了编印一份《美术杂志》的想法。但这个念头刚起就胎死腹中，日本政府应清政府的要求，严格限制中国留学生的行动，《美术杂志》刚进入筹办就作罢了。

绘画梦无法延续，音乐梦却就在拐角处，人生就是这么柳暗花明。每个追梦的人一般都会有这种体验，黑夜中独自漫步，黯然低头时却发现闪烁的星光就在摇曳的水面上。命运如此巧妙，总是让人在最深的绝望中突遇最美的惊喜，引导人们满怀期望地顺着人生之路一直走下去。

1906年初，李叔同参加了入学考试之后，独自在“小迷楼”里，蘸着淡墨，为《音乐小杂志》写序。

闲庭春浅，疏梅半开。朝曦上衣，软风入媚。流莺三五，隔树乱啼。乳燕一双，依人学语。上下宛转，有若互答。其音清脆，悦魄荡心。若夫萧辰告悴，百草不芳；寒蛩泣霜，杜鹃啼血；疏砧落叶，夜雨鸣鸡。闻者为之不欢，离人于焉陨涕。

在李叔同看来，大自然的各种音响都可以在人心理上形成一定的作用，牵动人的情绪。再进一步，作为万物之灵的人类，自然可以发出远比流莺、乳燕更动人的音声，由此来激发人心，教化人民。

处于孤寂之中的他，以个人绵力创办《音乐小杂志》，越发显出他对音乐社会功能和美育作用的重视。这实际上正合古人的本意。

在这个岛国的春节，他虽然不想怀念过去的任何一个人，但却做不到。天津老家的那棵老梅树，也是母亲最后的停棺之地，现在应该有老鸦窝了吧；当年的“天涯五友”高声唱和，现在却四散零落；当年的粉红佳人，巧笑倩兮，巧目盼兮，眉目传情，只是现在再也没有兴致了。如今想起来，那般时光都像梦一样，又如一朵玫瑰花，炽然开放，而后又悄然谢落。

这些断断续续的情绪，正是李叔同的创作灵感。第一期《音乐小杂志》除却日本人所作的两幅插画与三篇文章外，美术绘画、封面设计、社论、乐史、乐歌、杂纂、词府各栏均由李叔同以“息霜”之笔名一人包办。

这本杂志可算得上中国第一本音乐杂志，纵然其规格为六十四开，只有三十多页，但内容颇为丰富，共容纳了十九项内容，其中有木炭画一幅、木版画两幅、乐歌三首、文章七篇、辞章五阕。

1906 年二月初八，《音乐小杂志》第一期在东京三光堂印就，李叔同在艺术领域又迈出了新的一步，也是开创性的一步。五天之后这批杂志寄回国内，由好友尤惜阴在上海代办发行，定价为二角八分，在当时的中国，这并不便宜。

没有亲人在侧，没有友人相伴，他终究是寂寞的，强劲的风一声声叩击着窗棂，屋内的灯欲明欲灭。执笔的手，已然冻得通红。然而他并没有心灰意懒，笔端汩汩流淌而出的绘画与旋律，以及这篇为《音乐小杂志》作的序，都是心灵的慰藉。他以坚韧的耐心，等待着樱花开遍枝头的时节。

第一期《音乐小杂志》出版之后，李叔同原拟推出第二期，而且还为此刊登了编辑部征稿启事。然而，世事多变，第一期刚出，东京美术学校的录取通知书就寄到了他的手中，从此他不再是一个富贵闲人，办杂志自然是没时间了。就这样，这份定价颇高，印数也并不多的《音乐小杂志》终因李叔同时间不够，人手、经费不足，以唯一的一期，变成了历史遗迹。但有了这个开始，早晚会有重续的一天，何必着急呢？

人生无常变幻，不如意事常八九。美好的愿望总会遇到绊脚石，而后便了无踪迹。然而大可不必悲伤，既然有了这个初心，只要保持不改，总有一天它会结出另外一个果实，此为后话。

缘分一到挡都挡不住

无疑，李叔同的住处风景不错。不忍池边，最美的景致是一片樱花林，每年初春时节，千树万树的樱花在一夜之间骤然盛放，令人目眩。旁侧的宽永寺森然矗立，在缥缈的雾霭间时隐时现。

在东京，李叔同仍然保持着国内早睡早起的习惯。醒来后，他有时会面对一个静物，画上几笔素描；有时呆呆地躺着，什么也不做，只是望着印有樱花的天花板出神；有时也会穿上学生校服走下楼来在不忍池边漫步。

从骨子里讲，李叔同是个有点悲观色彩的人。在这个樱花的国度里，最吸引他的并不是春季，纵然此时不忍池边尽是繁华与绚烂，如同一场粉红色的梦。他最喜欢的还是秋天，这是中国很多男人的特色，在荷叶枯萎，菡萏凋谢，大雁南飞的时候，感慨时代和自己的命运，别有一种颓败寂寞的美。正是在这样的孤寂、颓唐里，诗人们找到了艺术的灵感。

在这样的孤寂里，他在无意中推开了一扇门——爱情。

东瀛的女子，他几乎记不起她们的样子，只觉得她们像是铜镜后的景致，或者是缥缈虚幻的海市蜃楼，只可远远观看，却无法触及。那一日清晨，不忍池边的他正在静悄悄地看着池中那轮还未来得及隐去的月亮。一个像风一样的红影子悄然从身边飘过，几乎不曾留下一丝痕迹。李叔同敏锐地抬起头，用目光追逐着那抹影子，那是一个女子浅红色的裙摆。她不同于天仙园里的杨翠喜们，也不是贤淑内敛的大家闺秀，更不是天韵阁里摆弄丹青的绝色名妓。倾国倾城不属于她，绝代风情似乎也谈不上，但其有一种独特的气质，如果非要拿什么来比喻眼前这个女子，怕也只能是春天的樱花或是冬天的雪，没有任何的矫饰，自有一种干净，纯粹的风流。

经历了无尽的繁华，见多了浓妆艳抹的种种刻意，乍见这种天然去雕饰的清新，李叔同如遭电击。

几秒钟的犹豫之后，李叔同跑上去叫住了她。回眸之间，她那略带惊愕的眼神中，似乎流着富士山刚刚融化的雪水，他的心一阵忐忑一阵欣喜。

两人的沟通刚开始并不太顺畅，毕竟他的日语还不是特别熟练。与她沟通，对方皱眉听不懂时，他便辅以手势说明。一刻钟过后，当她终于听懂他是想邀请她做自己的裸体模特时，脸颊上顿时染上了两片红晕，但并没有拒绝。

缘分就是如此奇特，初次见面两人便有种久别重逢的亲切感。

几天之后，她轻盈地走过来了，并没有刻意打扮，依然穿着初见时候的淡红色和服。简单聊过后李叔同让她在桌子斜对面的椅子上坐定，一缕阳光透过纱窗照进来，铺在她左侧的脸颊上，这与右侧的脸恰到好处形成了一个对比。

他们之间的交流很简单，只是她作他的裸体模特。

她悄无声息地摘下樱花状发饰，轻轻地将鞋子脱掉摆好，弯腰褪去白色袜子。而后，她低眉颔首，解下和服的束带，将一件件衣服脱下叠好放在一边，直至她以自然之身完全袒露在他眼前。

纤尘不染、晶莹剔透，如一朵水仙花，无声开放。他从未问过她的名字，当她像一朵水仙一般呈现在他面前时，他在心里呼唤出了她的名字——幸子。

正值秋冬季节，屋里原本有稍许的凉意，但她的手心却微微出汗。根据他的指示，她走到软椅的边上，侧身而坐。

很明显，她是美的，美在一种清新、大胆和羞涩的混合，他说不太清楚。在遥远的故国，有没有这样的人呢？即便是在号称最为文明开放的上海，他敢在公园里随便找一个女孩子，问她愿不愿意作自己的裸体模特吗？恐怕即便是二十一世纪的今天，也没有人敢这么干。即便他李叔同敢于破旧立新，这么做了，迎接他的恐怕不是一顿痛骂就是一个响亮的耳光。

他长时间地凝视着她，手中的画笔缓缓移动，心也跟着画笔缓缓而动。而她用同一种姿势静静坐着，眼中也满是小鹿乱撞的神情，分不清自己是慌乱还是其他。慢慢地，他将这具胴体的美定格了下来，一笔笔勾勒，描绘，每一个线条的走向最终都指向了自己的心。

屋里慢慢暗下来了，她身上那束耀眼的光也逐渐变得更为温暖、柔和。虽然没有太多的语言交流，但对两个年龄之和只有四十岁左右的青年男女来说，却是此时无声胜有声。当画作即将完成的时候，他用洞悉人生的睿智眼神，不但认领了她从未感知的美，还在心里认领了独特的她。

她起身从矮凳旁拿起叠好的衣服，小心翼翼地将自己微微颤抖的身体包裹起来，李叔同落笔的时候，恰逢她系好腰间的束带。他朝她微微一笑，这笑中满含谢意与欣赏。幸子也长长地舒一口气，她笑了，虽然谈不上明眸皓齿，但却有着淡淡的栀子花香味道。

她走过来看画中的那个少女，像一只还没熟透的苹果，虽未品尝却也觉得会有些许涩涩的味道。但那小腿至脚踝凹凸有致的玲珑线条又让她感觉心情愉悦，就像一朵灼灼其华的桃花，散发着馥郁芳香。

站在一边的李叔同一边喝着水一边注视着这个专心看画的女子，过去他总是想躲避曾经的一切。但现在，有那么一瞬间，他仿佛觉得自己关于爱情的感受再度复活了。这份感受不同于以前的所有人，独属于眼前这个纯净的女子。

爱情，哪里需要什么理由！不管是男人还是女人，一旦看到彼此眼中只有自己的得意之人，情愫便会像海中的水草，恣意暗生，更何况是两个大胆且艺术气息都很浓厚的青年男女。

这是一段类似现在大学生之间的那种纯纯的爱恋。

那幅含苞待放的裸体画实际上就是他们俩的红娘，在这幅意义非凡的作品上，他署名为“李岸”。在大海中自我放逐了这么久，他的心灵终于找到了属于自己的海岸。

两个年轻人随即陷入了热恋之中，就像罗丹跟自己的助手卡米尔一般。

朝夕相处中，幸子慢慢地领略到了这个年轻男子的性情：他叛逆但另一方面却又极为严谨古板，虽然一直想要忘记过去但却始终关注故国的一举一动，有时候开朗活泼但有时候又深沉大气，从住处、衣着和日常习惯来看，他定然是生在一个大户之家，非富即贵，定然在大海的另一边遗落着几段暧昧的故事。只是，他不主动说，她也不会主动问，虽然并不安心。

有一天，她在一张报纸上看到一段有关“清国人志于洋画”的报道，配图明显是他，细细读过之后，她才终于安下心来。

“您的双亲都健在吗？”记者问。

“都在。”

“您不想念故乡吗？”

“不。”语气是那样斩钉截铁，似乎要把一切连根拔起。

“那您的太太呢？您有孩子吗？”

“我是一个人，二十六岁了，还是单身。”李叔同如此回答，似乎要与过去一刀两断。

放下这份看了又看的报纸，幸子明亮的眸中似乎要流下泪来。就这样，她把最真挚的情开在了爱情的盛年，而他也重新张开双臂享受这段温馨的情感。

茶花女的悲伤

在学习绘画之余，李叔同还将目光瞄准了音乐、戏曲等其他艺术领域，所谓“向西洋艺术全面进攻”是也，他什么都想尝试一番。

这一时期的李叔同，生活是极为惬意的。他享受着桐达李家丰厚的供奉，不用为衣食发愁，这是父亲和兄长给他最温馨的馈赠，他可以心安理得地享用；他上课一丝不苟，学业非常优秀，对激烈的政治运动虽然会在口头上表示支持，但从来没有过多地参与，也没有长久的兴趣参与，因此他既不是革命党也不是保皇党，而是同时与两派既保持着联系，也保持着距离，这在中国留学生中可算得上一个异类。现在他又有了可人的女友，而且还是个日本当地人，他与女友一起作画、游玩。这样的生活，即使比不得科举高中时“春风得意马蹄疾”的痛快，也算得上人生的一大乐事了。相当于“单身”富二代，学业、爱情双丰收的境界。

不忍池边樱花绽放时，李叔同牵着幸子的手，带她一起去看戏，而且还是刚兴起来的西洋戏剧。

幸子很享受这浪漫的时刻，把自己刻意打扮了一番。紫色的印花和服，上面有洁白如雪的小花点缀。密密的针脚，缝着细微的情愫。腰间一条纱质的白色系带，更衬出了她腰肢的纤细。圆圆的发髻上别着一只扇形的梳篦，显得小巧而雅致。

生活考究的李叔同对细节是非常注意的，这与他孩童时代所受到的严格教育密切相关，但幸子仍然给他一种无法挑剔的纯朴、清新的美感。这个初尝爱情的小姑娘与久经世故的杨翠喜和李苹香不一样，也与不见面就结婚的俞氏不同。注视着她时，李叔同觉得爱情真是奇妙，本以为人生很难再动心，就这样在毫无设防的某个时刻，不经意间两个陌生的人生了情。然后那些昨日的伤与痛，就在这个温馨的港湾渐渐愈合、结疤。

剧院里人声鼎沸，也有不少中国的留学生。这里的气氛与天仙园全然不同，台上的旦角——那个演《奥赛罗》中苔丝狄蒙娜的女子，并没有杨翠喜那样婉转的声腔和袅娜的身段，只是用略显夸张的对白叙述着戏中的爱情。最奇特的是她身上的服装，是小说插画里西方人的蓬裙，层层叠叠的，再搭一条拖至膝盖的蕾丝披肩。至于人物背后的布景，简单易懂，虽不怎么逼真，更谈不上奢华，倒也能与剧情相配，把一个爱情悲剧说清楚。

会看的看门道，不会看的看热闹。

作为一个已经洞悉了艺术本质的人，李叔同研究的是这种新鲜的艺术表达方式；作为一个正沉浸在爱情梦幻中的幸福小女生，幸子关注的是苔丝狄蒙娜最终的结局。

戏剧演至高潮时，李叔同左手托腮，右手则紧紧牵着幸子，觉得第一次在天仙园听的那出《梵王宫》，虽然美则美矣，但毕竟太过华丽和不接地气，与普通人的生活还有距离。他明白了艺术有更为清明的境地，杨翠喜那样的姿色并非一种必须，充其量不过是一种衬托。台上几个并非明星的艺人收放自如的表演为他指明了一条道路。

在幸子眼里只有女主角的悲剧，她的眼窝中盈满了眼泪，洇湿了她脸颊上精心涂抹的胭脂。李叔同很清楚，这就是艺术的力量，爱情的力量。

与这个岛国一水之隔的天津，戏剧想必还是老样子，一张堪比西子的脸庞，几声黄鹂般清脆糯软的吟唱，再有几个富家公子捧场子的几叠银票，就撑起了一台戏，内容也不过仍然是才子佳人、帝王将相之类。或许，他可以改一改旧戏剧的路子，将这感情饱满、声色并茂的西洋戏剧搬到中国去。

这个心思一旦活动起来，就难以压制下去，这恐怕也是他的使命。恰好与他同校的中国留学生曾孝谷也喜欢西洋戏剧，于是两人在 1906 年发起成立了一个戏剧团体“春柳社”。

1907 年（清光绪三十三年）二月十三，正值中国农历春节期间，留日学生在神田区组织新春游艺会，春柳社在游艺会上举行了一场为国内徐淮赈灾的公演，剧目为《茶花女遗事》。

留学生们都很期待这场表演，因为海报说演员全是男性，那玛格丽特由谁来演呢？会演得逼真吗？

帷幕徐徐拉开，巴黎郊外的背景，村落在恣意生长的丛林中，参差掩映。舞台上放着简单而层次分明的道具：一个典型的乡村式厅堂。厅堂正面是壁炉，炉上挂着一面镜框，上面镶着普通的玻璃。

李叔同扮演的玛格丽特出场了，在壁炉前，她波浪长发上戴着一顶花边帽，慵懒地坐在沙发上，上身是粉红女式西装，下身则是白色拖地长裙，显得轻盈而淡雅。突然有人敲门，她不徐不疾地站起身来，瘦瘦弱弱的，惹人怜惜，这恰是大家想象中的玛格丽特。

来客正是曾孝谷扮演的杜瓦先生。他可能是个比李叔同还要疯狂的戏迷，早些年在国内时，他就会随口哼一些西皮二黄，对西洋戏剧也早有接触。此时，他头戴一顶礼帽，着一身西服，看上去颇有几分法国贵族的气质。

最经典的一幕来临了：玛格丽特悲痛万分，用纯正的国语向杜瓦先生诉说着她与阿芒的爱情，情真意切，听之令人心酸，那富有磁性的低沉嗓音，更让观众屏气凝神。最终的结局是肯定的，杜瓦先生并没有被玛格丽特说服，允许她与自己的儿子相爱。帷幕落下时，玛格丽特依旧病恹恹地半倚在壁炉前等待着情人，令人悲伤。

每一个悲伤或欢愉的表情，每一句字正腔圆的国语念白，甚至每一个轻微的动作，都令人渐渐有点混乱，这到底是日本还是中国？甚至连台上那个穿着长裙的人自己都在恍惚中分辨不清自己究竟是玛格丽特，还是李叔同，又或者天仙园里风情万种的杨翠喜。

海报演员表上，玛格丽特的扮演者不是李岸，不是李哀，不是李叔同，而是上海滩上风度翩翩、才气纵横、擅长风月的惜霜仙史。

帷幕徐徐闭合时，李叔同与众演员深深鞠躬，经久不息的掌声响起，他第一次觉得无论梦中还是梦外，人原来可以活得如此幸福。

多年以后，戏剧家松居松翁回忆起这段场景，对李叔同的表演仍然赞不绝口：“李君的优美、婉丽，绝非本国的演员所能比拟。倘使《椿姬》(即《茶花女》)以来，李君仍在努力这种艺术，那么岂让梅兰芳、尚小云辈驰名于中国的剧界？”

对很多男子来说，饿出细腰，刮掉胡子，走路迈着细碎的脚步，对着镜子学女子的一颦一笑简直是一件想都不能想的事情。为什么？因为实在太“有伤风化”了。但李叔同毫无心理压力，他在自己租来的屋子里，根本就没想过自己是男儿身，只是按照剧中人无语的个性在演戏而已。当他在扮演女性找不准感觉时，他盯着幸子看，看她那婀娜的身段，看她那插在发髻上的竹梳，看她那像干净池水一般的眼睛。

不疯魔不成活，这实际上正是李叔同的生活态度，不管是在艺术学习上还是在其他领域，这是他一贯的生活态度。在与幸子的朝夕相处中，李叔同对女性的心理状态、肢体动作、表情语言了解得愈来愈深入，演得也越来越像。从贵妇、少女到妓女，他几乎都有所尝试。幸子不太懂得剧中的爱恨交织，也不懂李叔同的如痴如狂，只是静静地陪在他身边。

春柳社一炮走红，在留学生中名声渐响，加入春柳社的人越来越多，在日留学的欧阳予倩也成为其成员。演技越来越精湛的李叔同与曾孝谷商量后决定排演《黑奴吁天录》，并再次大获成功。

影响力如此巨大的活动自然会惊动官府，清政府驻日使馆对春柳社的活动进行观察，觉察到了《黑奴吁天录》中的排满、革命意图，随即下令日后凡参与此类演出者，一律取消其留学费用。这样一来，春柳社的活动不得不中止。

但这已经够了，只要能够尝试一下，以后早晚有机会。毕竟，种子已经种下了。1908年之后，这颗种子在上海破土而出，短短几年，以上海为中心，雨后春笋般出现了众多提倡话剧的戏剧团体。

就这样，他告别了舞台，又换上了自己的藏青色和服，挽着幸子一起漫步在不忍池畔。

第四章

回归故国

爱情，从来都是追随与成全

1910 年 3 月（宣统二年），李叔同从东京美术学校毕业。从出国留学到毕业，粗算起来，他在日本的时间已经超过 5 年。

从哪里来，还是要回到哪里去，这是中国人的传统，除非是逼不得已，才会在海外落地生根。李叔同自然没有逼不得已一说，其实他早知道，天之涯的漂泊，终会在故土落脚，只是时间或早或晚罢了。

来的时候，他是孤零零一个人。回去时，是一对如花似玉的璧人。在他看来，这无疑是上天给予他的馈赠。只是，多年以后他才明白，凡是馈赠总是要还的，而他无力还清，就只能待来世了。

幸子坐在船舱内，游轮掀起千层浪，她也充耳不闻，只轻轻地摩挲着母亲亲手为她缝制的结婚礼服，忽喜忽忧。身为一个对生活所求不多的女子，过去的几年她过得无疑是非常幸福的。有他在身边，两人几乎逛遍了东京城所有的名胜古迹，一起听戏，一起看日出，一起赏樱花，一起看画展。这种幸福是那个时代的中国女子甚至很多日本女子都无法想象的，现在却要去到一个她完全陌生的地方，她有点忐忑，不知道他的家人会是怎样一种态度，李叔同的母亲是否好相处，自己是否适应中国的生活呢？

她抬头看一下站在甲板上的丈夫，他穿着没有一丝褶皱的西装，风正在吹乱他的头发。他的背影是那样孤单，那样遥远，但幸子知道这才是真实的他。许久以来，他都沉浸在自己的想象和艺术的世界里难以自拔，说到底，他心中那座大观园虽然已经斑驳不堪，但始终不曾崩塌，他一个人在里面唱着自哀自怜的曲子，回忆着往昔的种种繁华。外面的世界是风是雨，是阴是晴，他虽然也有参与，但并没与真正深入过。

游轮并没有停在天津港口，而是直接到了上海，这个地方将是李叔同与幸子的新居。他在法租界租了一间简单的公寓，屋内的空间并不是很大，墙壁上也没有多余的装饰，让人觉得空荡荡的。幸子觉得有点压抑，在李叔同还未说话时，她第一次提议将那些有着明暗层次的画作挂在墙上。于是，一座上海的“小迷楼”诞生了，墙壁上挂满了李叔同的绘画作品，这让幸子觉得心安。

初到上海，幸子开始学做一名中国太太。实际上也简单得很，发式稍一改变，再定做几身旗袍，只要不说话，她就是一个典型的中国女人。

在女子眼里，丈夫就是自己的世界，最大的梦想就是陪在他身边，与之赏遍流年，携手终老。在幸子眼里，不管是天津还是上海，有他的地方，就是她的家，她总是这样想着。这是一个女子心中最完整也最烂漫的愿望，无论是在樱花开放的东京，还是在他的故土，于她而言，其实都没有太大的差别。

爱情，从来都是追随与成全。

故国的春天已经来临，风吹过，绿了岸边倒垂的柳枝。时局似乎越来越让人看不透，李家的生意也遭遇了困境，李叔同决定回天津老家一趟，但并没有打算带幸子同去。

那个熟悉的地方，虽然有自己最多的亲人，但也是给人最多伤害的地方。想起母亲，他就无法忍受那股悲伤。现在自己情况特殊，在上海已经有相当的根基，就没有必要让幸子回到那个大家庭里受罪了，更何况父母也都不在了。

“天津家里情况复杂，你还是留在这里吧。”李叔同对她说，窗外一只蝴蝶翩然而过。

复杂，亏得他竟然这么概括一个豪门内的恩怨情仇，但幸子并没有深究这句话的深意。虽然有点落寞，但这一天必然要到来，也就没有挽留，况且幸子向来把他的话当作神的旨意。她只是垂下眼睑，淡淡地问他何时回来。

李叔同只说了一句“很快”，就提着行李转身离去。

天涯的游子，说有归期但未有归期。而闺房中的佳人，却只得把漫长的岁月交付给等待。游子并不知晓，对等待的人而言每一秒都是在煎熬。

被爱之人，总是这样有恃无恐。

叩响桐达李家乌漆的大门时，李叔同的手似乎都在颤抖。这熟悉的大门自己已经太久不曾叩响了。时间，真是令人恐怖的东西。

俞氏拉着儿子的手，站在西厢房门前，没有说话，怔怔地看着他，眼角似乎有泪痕。王妈颤巍巍地走过来，要接过他手中的行李，他赶紧扶住她。就这样，他再一次走进了李家大门，这个给人温暖但却曾压得他窒息的地方。

终于回来了，“意园”旁边那座徒有其名的洋书房现在有了真正的主人，开始变得实至名归。书房是一个男人内心的折射，恰如卧室是女人的内心折射一般。他开始着手布置，在里面添置了一套红木家具，又摆上了一架钢琴，且把那幅画着幸子的裸体油画挂在了墙壁上。至此，洋书房有了最洋气、最大胆的一道景致。

两个儿子都已经不小了，看到那幅画捂着嘴咯咯地笑着跑掉了，之后又有更多的小孩子跑过来看一眼就跑掉。俞氏看了一眼，就垂下了头。她知晓画中全裸的女子定与丈夫有着千丝万缕的联系，只是她不想说破。本来，作为大户人家的少爷，纳妾是一件非常平常的事情，但这样毫不顾忌妻子的感受，将另一个女子的裸体画挂在书房，在众人面前展览却很伤人自尊。如果换作一个刚烈、泼辣的女子，如胡适妻子那样的，恐怕早就发作起来了，但大家闺秀出身的俞氏有自己的气度，不愿闹起来让别人笑话。

这样一来，李叔同就心含愧意，更不会主动把幸子接过来了。

他一个人独坐，俞氏端来泡好的茶，以及制好的糕点，就像当年在上海避难时一样。恍然间，李叔同觉得她与母亲越来越像。其实，她是王凤玲从众多女子中挑选出来的，自然带有王凤玲的影子。凤玲时常抚摸那根终随她而去的老松枝，而俞氏则与王妈为伴，终日惦念着两个孩子，看着这两个孩子渐渐长大。两人的眼神也是一样的，没有一点仇恨，有的只是化不开的哀怨。她们都爱着一个并不爱她们的男子，不敢回头看来路，也看不清未来的样子，她们只是认命。

李叔同再次过起了曾经熟悉的少爷生活。

每天他会在西厢房中对着那方老铜镜梳好七分头，擦亮尖头皮鞋，然后走进自己的洋书房，或会客，或读书，或练字，或画画，或弹曲，反正总能找到事情做。此时的他，并没有闲工夫深究生命的真相。清晨尚未到，大梦尚未醒。

在距离天津一千多公里的上海，幸子不发一言，透过落了灰尘的玻璃窗，望着庭院中渐渐枯萎的花。相比初来上海时，如今的她显得更为寂寞和清幽。

思念的味道是一种忧愁，但里面却又有一点甜蜜。这种滋味李叔同也尝过，他与杨翠喜刚认识时也有一日不见如隔三秋之感，只不过，他远不如爱过他的女人们体会得更为深切。

他明明在俞氏身旁，俞氏仍旧觉得他在大洋彼岸，在角落里看着他纤瘦的背影，觉得一切都那么真实，却又带着一丝恍惚之感。或许两个人分开太久了就会这样，思念时会在心里画一个理想中的他，但一旦再见面，却发现现实中的人和心目中的那个人有差别，就会迟疑一阵并最终确认。

一个人，两个地方，两个家庭，李叔同并没有丝毫不适，不适的是那两个深深爱着他的女人。

阔少爷的日子一去不复返了

作为洋务运动和清末新政的北方中心，天津尽管在开放程度、自由程度上还比不过上海，但也算是相当不错了。尤其是教育事业的大发展，滋生了对教师的庞大需求。

作为一个已过而立之年的成年人，李叔同自然不能再宅下去。他应直隶模范工业学堂的聘请，担任美术教员。从此，他人生三大时期（才子、艺术教育家、高僧）的第二时期开始了。

时光荏苒，几场风雨过后，意园迎来了最让人欣喜的客人——袁希濂。

袁希濂心思灵巧，果断刚毅，似乎每件事都走在李叔同的前面。他留学日本比李叔同早，回国比李叔同早，回国后回天津比李叔同早，现在在天津当法官，也算得偿所愿走上了仕途。

与袁希濂交，如饮烈酒，心中会一阵暖，然后突然了悟有些人、有些感情，非但不能随着时光逐渐暗淡下去，反倒因时光的侵蚀而愈来愈厚重。

两人一起回忆起早年在城南草堂的纯净时光，令人感慨唏嘘。如今想想，那时的欢愉如此简单，几幅字画，一首小诗，品评唱和间，夕阳染流云；那时的忧伤也非常纯粹，可以莫名地掉几滴泪，也可以一言不发看着窗前的落叶闷上一天，但无论怎样，心里不会留下伤疤，总是很快就忘了。

两人都对宋贞留下了深刻的印象，只可惜红颜薄命。天涯五友的另三位怎么样呢？李叔同非常挂念。

当年城南草堂的主人许幻园在几年前走了仕途，但不知为什么官运一直不佳，1906 年他还致信仍在东京的李叔同，让其帮他转告家人寄点钱给他补贴零用，可见生活得比较落魄。另外两位，蔡小香死心塌地地做了医生，整天忙于治病救人，难得一见；张小楼去了扬州，也不知道现在在做什么。

人心散了，彻底散了……袁希濂不住地哀叹。

想当年，五个青年才俊意气风发，义结金兰，大家之所以能够聚在一起，除了年少，还有一个很重要的精神纽带——科举。那个时候大家都走的这条路，不管是李叔同这样的富家子弟，还是范进那样的贫寒子弟，想要彻底改变自己的命运都要通过这座独木桥。大家的心是一样的，由于科举而共同地系在一处。现在科举制整整被废除了七年，帝国的每一个读书人都失去了曾经的人生目标，茫茫然不知何所进，虽然可以通过留学，然后被地方大员任用而进入仕途，但不过是一介小吏而已，与当年的科举简直不可同日而语。而这却已经是最好的归宿了。

除了通过小吏入仕，次一等的就是成为新式学堂的老师，待遇相当不错，但本质上只不过是个教书先生而已。更有甚者，那些家贫无法出国留学的子弟，虽然已经有了秀才的功名，但由于没了出路，不得不当兵来养活自己。从某种程度上讲，李叔同、袁希濂这样的人可算得上时代的先知先觉者，他们既有眼光，又有经济实力，所以很容易就找到了自己在这个时代的位置。

天涯之友沦落天涯，再聚齐已不知何年。这就是人生。

袁希濂走后，李叔同透过两层玻璃的窗子，看着庭院的景致。很明显，在这个大家庭中，他看似置身其中，但实际上已经走上了另外一条路。他回过身来，那张裸体画就是他的宣言书，如花般的身体，以绽放的姿态，不但释放着她的羞涩，也释放着他对这个时代的嘲讽。

站在当下，回首过去的五年，那时的人、事、物，仿佛都是一场大梦，梦中的场景显得那么不真实。如果不是此刻还有一个叫幸子的年轻女子在上海法租界一间温馨的房间内等他归来，他甚至会觉得在东京的那些日子，宛如冬天的一场场雪，转眼间就融化了，留下来的不过是一摊水渍以及朦胧的幻想。

他随即又笑了，无才可去补苍天，流浪多年，竟惹下了如此多的情债。

随着清末新政的推行和辛亥革命的爆发，桐达李家的危机开始显现。

首先是李家产业的支柱之一——食盐，随着盐业新政的推行而一落千丈，李家经营了几辈的盐业毁于一旦。更让人无语的是辛亥革命爆发之后，由于南北政权割据，金融市场一片混乱，各大钱庄票号趁机宣布“破产”，侵吞客户的存银，李家的百万家资一夜之间荡然无存。不只是李家，中国几乎所有的富豪人家一夜之间都损失了无数的财富，像桐达李家一样陷入困境。

李家正房客厅里，文熙瘫在一张太师椅上，脸色铁青。

对革命党，李叔同过去在上海、日本都有过接触，他基本上也支持他们的救国主张，甚至他的文艺行动对他们的斗争还起到了重要的鼓励作用。但没想到的是，革命一旦爆发，竟然是这种不可测的结局。

李叔同的心犹如下雪天一般冰凉。桐达李家算是垮掉了，李三少爷的日子是一去不复返了。更雪上加霜的是，自己任教的学校在这个时候突然关闭了。

李叔同一瞬间有些恍惚，这难道就是革命的后果？但他已经没有太多的时间去考虑，因为从李家垮掉的那一刻开始，他就开始负担起养两个家庭的重任。

面对当下的困境，俞氏并没有太多的抱怨。富日子苦日子于她而言差别并没有太大。李家再怎么败落，瘦死的骆驼比马大。毕竟他们仍是李家的一部分，两个孩子也都是李家的孩子，只要还在李家大院一天，他们母子就饿不着。只是，当俞氏看着两个孩子在李叔同面前始终有点胆怯、怕生时，就有种揪心的疼。他们父子之间已经有五年多没有在一起了，现在一家人刚团聚，就碰上这种事情。

李叔同决定还是回上海。

在文熙看来，李叔同从未好好履行过丈夫的责任，在孩子还在稚龄的时候出国留学，一去就是五年。如今他又要走，又要辜负“父亲”这个称呼，但却没有办法。毕竟这个弟弟已经不再是少年，而是一个三十多岁的成年人了，有些话即便是亲兄弟也说不出口。

李叔同坐在洋书房里发呆，他已许久不作诗，钢琴盖上也落了灰尘。现实的一幕令他想起了《红楼梦》里“抄检大观园”和贾家被抄家的情节。经过这场变乱后，桐达李家算是被抄了一次家，但幸运的是，由于年轻时的深厚积淀，李家的两个支柱——李文熙和李叔同反而因此获得了新生。李文熙由于医术颇精，从此开始在天津行医为生，家境小康。而李叔同，从此则以教书为生。

再过几日就是除夕，但李叔同却坚持要走。俞氏一手拉着一个孩子，刚想劝阻，但话到了嘴边却又生生咽了下去。她心里清楚，有些话不如不说，说了反而让彼此都伤感情——她毕竟是个识大体的女子。迈出大门时，李叔同已经没有回头的勇气。

人生的路上有太多的岔路口。面对这些岔路，很多人不知向左还是向右。其实，命运早已设定好了轨迹，只是身处局中的人不知道而已。最终，等所有的纠结与纷争尘埃落定，我们在秋风中回忆过往，才恍然明白岁月的深意。

俞氏站在李家大门外，望着他离去的方向，一滴眼泪不自觉地滴下来。她觉得他还会回来，又像以前那样，将时光交付给了毫无希望的等待。只是，这次一别，他再也没有迈进李家的这扇乌漆大门。

在天下大乱的岁月里

天下大乱，一切都透着诡异，人心是前所未有地乱。

曾经的大上海，歌舞升平，号称远东第一大都市，即便是在瑟缩的冬天也异常热闹。如今，辛亥革命爆发，时局动荡，几个月的时间里，一场金融危机席卷南北，上海犹如大雪融化之后的乡间小路，成了一片泥浆烂污，丑陋至极。

曾经，这里只是个暂时落脚的地方，但无数像李叔同一样的人却将这里当成了归宿。人与城市的缘分，从来就是这样奇妙。

幸子穿着一件夹棉旗袍站在庭院里，静静地等着他。李叔同提着行李走进大门，将一件羊毛呢长大衣披在她身上。这一刻犹如梦幻，那些不眠的夜晚，以及那些无声的眼泪都得到了补偿。

外面的局势一日不如一日，各种谣言漫天飞舞，但隔几天就会被证明它们基本都是正确的，人心惶惶，犹如风中乱飞的纸屑。遍及全国的大饥荒，遍及全国的金融危机，遍及全国的新军起义，每一个人都在大乱中瑟瑟发抖。那座桃花源般的城南草堂也没能幸免，这座曾经给李叔同带来无限快乐的大观园，现在真的被“抄”了。许幻园的百万资产，跟桐达李家一样，一夜之间就成了泡影，分文不剩。无奈之下，他只得将这座寄存着他和宋贞美好时光的城南草堂低价卖掉，以便偿还债务。而且上海似乎也已经没有了寄身之处，许幻园只得北上谋求生路，前来与李叔同告别。

往昔，青春年少，无忧无虑，有美在畔，一壶热茶再加几首好诗就是一段美丽日子。如今，青春不在，家国凋零，人如浮萍，青花瓷杯中的茶渐渐冷却，两人面对，再无往日的兴致，只是一声声叹息。尽管知道相聚的日子终有尽头，但没想到最终却是这种结局，往日的时光，唯能记在心里，随风飘去。天涯海角，愿君珍重。

夕阳西下，流云如血，城南草堂已归于不相干人手中，许幻园也慢慢消失在李叔同的视野里。李叔同桌上的那杯茶再等不来一个知心人。

在书房中，他进入了那种如狂如痴的状态中。跳动的音符，片段式的旋律，往昔的轻狂和今宵的离别从他脑中一个个地蹿出，手指自由地在黑白键上灵活地跳跃。那些随心泼染的诗词，那些满上又空了的酒杯，都在旋律中找到了自己的归宿。他一边弹着，一边在琴谱上记录。幸子本想为他披件衣服，但知道他正在伤心，也正在创作，怕打扰到他，终于还是将迈进门的一只脚又悄悄地退了出来。

许久之后，旋律如泉水一般流淌，却透露着一股淡淡的离愁，随着旋律洒落的还有他的一首送别词。

长亭外，古道边，芳草碧连天。晚风拂柳笛声残，夕阳山外山。

天之涯，地之角，知交半零落。一觚浊酒尽余欢，今宵别梦寒。

一曲终了，弹者有情听者有意，泪水打湿衣襟。相见时难别亦难，不经意间，繁华已经落幕，曾经的至交好友一个个犹如风中的蒲公英，四散飘零。人间不如意事，以此为甚。

时局再混乱，生活再惨淡，日子也要过下去。

除夕过后，新的一年又开始了。桐达李家已不复存在，李叔同也不再是伸手就能从李家钱庄提钱的李三公子了，为了支撑天津和上海两个家庭的日常开销，他必须得踏踏实实干份事。于是，应好友杨白民之邀，李叔同到城东女学做了一名普普通通的教员，教授国文。

半年之前，还是醉心于艺术的翩翩公子，今日摇身一变就成了为生计、为养家糊口而奔波的教员，命运就是这么捉弄人。

城东女学并非正规的官办学校，而是一所民办学校，学生入学时不设门槛。

只要想入学上进，年龄、学历一概不论，因此学校里学生组成非常奇特。最有趣的是教员黄炎培，他本人是本校的教师，他的夫人王纠思则是他的学生。在那个时代，人们普遍对老师极为尊重，按照通行的叫法，别的学生应该称她为黄师母，可她又是与大家坐在同一个教室里上课的学生。不仅如此，黄炎培的两个女儿也来上学了，而且还与母亲在同一个班级，这让大家很难找到一个合适的称呼。

在这里，李叔同的生活比较清闲，不过是照着课件讲义，普及些基础知识。而且学校里的一些人，杨白民、黄炎培等都是一些相交莫逆的好友，在这里可以说比较愉悦。

在城东女学校教学的同时，李叔同又应柳亚子、叶楚伧等好友的邀约，入盟《太平洋报》社。

此时民国已经建立，尽管北方还掌握在清廷手中，但南北正在和谈。在上海，政权掌握在革命党人陈其美等人手中。作为上海光复后的最高军政长官（沪军都督），陈其美很懂得舆论宣传的重要性。除了发挥已有报刊的作用外，他还创办了《太平洋报》以加强革命党人的舆论攻势。这份报纸的主要组成成员基本都是当时著名的革命党人，如社长姚雨平、总主笔叶楚伧、总经理朱少屏等。几位主编（在该报分管某一编辑业务者，均称之为主编）柳亚子、胡朴安、胡寄尘、苏曼殊等也都是当时倾向革命的著名文人，李叔同也被邀担任该报的主编，负责编辑副刊《太平洋画报》和整个报纸版面的美工、广告设计等工作。

那时候的革命党人基本还是一盘散沙，不管是同盟会还是光复会，基本没有什么强有力的组织纪律。大家虽然在报社工作，但很多将其当作副业，兴趣起时便写两笔字，填一首词，权当作附庸风雅的游戏。一旦心灰意懒，就会应付了事，甚至索性丢开不管。唯有李叔同，一贯坚持着自己从小就有的认真习惯，将这份报纸当作一方可以施展自己拳脚的领地，全神贯注投入其中。

微风斜过的午后，报社同仁时常聚在一起高谈阔论，除了政治、军事新闻之外，大家还赋诗填词、饮酒唱和。毕竟同为文人，从小学习诗词文章、八股制艺，这些雅事信手拈来，只是科举之后，中国人已经越来越少人能做这种雅事了。

每当此时，李叔同基本不参与大家的高谈阔论，做完自己的事情后，便悄然离场或是躲在阁楼里研究业务——报纸的美工和版面设计等问题。这种场景难免会让他想起城南草堂的旧时光，这种高谈阔论、诗词歌赋他实在太熟悉了。在外人看来，这或许是一种绝美的精神生活，但亲身经历过的李叔同知道，这只是一场无聊的梦幻，并无意义，唯有戒掉方能在余下的光阴中过得安然静好。历经了太多繁华与苍凉，他越来越波澜不惊，越来越沉稳有力。

心中的大观园已然坍塌，但人们还是会习惯性地去回忆它往日的风光。一日，《太平洋报》上刊出了李叔同自己所作的两首诗，忧伤的调子，描述的正是大观园中的景象。

收拾残红意自勤，携锄替筑百花坟。
玉钩斜畔隋家冢，一样千秋冷夕曛。

飘零何事怨春归，九十韶光花自飞。
寄语芳魂莫惆怅，美人香草好相依。

这两首《题丁慕琴绘黛玉葬花图》，不禁让人再次想起大观园，想起林黛玉的悲剧。那种惆怅，那种蹙着眉看漫天的花瓣几经飘零终落于污浊大地之上的悲哀，何尝不是李叔同与许幻园的自怜呢？

只是身为须眉男子，李叔同心中忧则忧矣，更带了几许清高。本质上，他是贾宝玉一类的人物，但与贾宝玉相比，他更多了一点俗世的责任感和文人治平天下的理想，但这些与柳亚子等人比起来，却又显得非常微弱。花开自有花落时，这是无情的客观规律，李叔同无力改变。他能做的只是让心间纷飞的花瓣纤尘不染。

做人莫学苏曼殊

李叔同已经从大观园的迷梦中醒悟，但仍有太多的人沉醉其中，浑然不知这只是幻梦一场，早晚必要醒来。

《太平洋报》的编辑部成员，大都为同盟会会员，还都是文学社团南社的社员。即便原来不是的，不久也都加入了这个团体，如李叔同就是在进入《太平洋报》社不久后入社的。这个时候的柳亚子既是南社的负责人，也是《太平洋报》的主编之一。因此也可以说，这个时期的《太平洋报》既是革命党人的舆论中心，也是南社的大本营。

南社 (1909—1923) 的发起人为柳亚子、高天梅（1877—1925，名旭，以字行世，今上海金山区人）和陈去病（1874—1933，原名庆林，江苏吴江人）。这是一个以反清复汉为宗旨的文学团体，之所以叫作“南社”，也是为了与“北廷”相对抗。这个文学组织从 1909 年 11 月间由少数文学青年在苏州虎丘张公祠初次集会成立，最终发展成为中国历史上最大的文学团体之一，在其极盛时期，社员多达千余人。可以说这是同盟会的一支文学部队，其成员大多是同盟会成员。在辛亥革命爆发和建立民国政府之前，成员之间目标相同，群策群力，称得上是热情高涨，不遗余力。但南京临时政府一成立，遇到的头等问题便是财政拮据，连中央政府部门的工资都发不出来，更别提与北军打仗时所需的物资了。最终辛亥革命以革命派妥协、袁世凯上台而告终。这对南社中那些主要从事政治活动的革命党人来说无疑是沉重的打击，他们很多人从此意志消沉，一蹶不振。

文人的心总是敏感而脆弱。

此时的李叔同已经尽去公子哥的习气，酒肆画舫，戏园茶楼，题诗品妓，这种沪上文人的风流雅事再也与他无缘。他喜欢离群索居，独处一隅。除了去城东女学教书，其余时间他大都一个人看书编稿子。对外界的关注淡了，自然要开始关注自己的内心世界，往昔想不通的事情，如今时常在夜色阑珊之际，盘旋在脑中，久久挥之不去。

过去的三十多年里，换过那么多的名字，从根本来看还是心意不定，不知道自己究竟是谁，也不知道自己究竟要成为一个怎样的人。现在，经历了家国巨变之后他才稍有体悟，但前方仍有雾霭缭绕。对一个大户人家的子弟，要彻底看破确实不容易，未来还有很长的路等待着他去摸索，去践行。

息交绝游，是李叔同此时的生活状态，但这在南社成员里并非主流。

南社的成立和运行本就借鉴了明末的复社、几社的经验，其成员更是以复社公子哥的行为标榜。他们关心时政，揭露现实的黑暗，提出一些慷慨激昂的口号和诗歌，虽然可以鼓舞国民的斗志，赢得爱国名声，但也并不忌讳题诗品妓，酒肉厮混，所作所为与侯方域之流几无差别。李叔同刚到上海的几年，过得就是这种生活，《太平洋报》社的一众编辑基本过的也是这种生活，当然报社较高的薪酬也为他们提供了客观条件。

作为《太平洋报》的主编之一，苏曼殊也是同样的风格。他很喜欢与一众文人朋友在歌场酒肆流连，但与众不同的是，他却穿着僧服，披着袈裟。

说起来，李叔同与苏曼殊并非初相识，他们早在日本的时候就已经听说过对方了。

早些年，李叔同在日本演出《生相怜》后，曾遭到一些观众的批评，苏曼殊即是其中之一。后来他还在《燕影剧谈》一文中，这样写道："前数年东京留学者创春柳社，以提倡新剧自命，曾演《黑奴吁天录》《茶花女遗事》《新蝶梦》《血蓑衣》《生相怜》诸剧，都属幼稚，无甚可观，兼时作粗劣语句，盖多浮躁少年羼入耳。"

对于这些琐事，若说李叔同完全不予计较，二十几岁的他恐怕还做不到。只是他天生不喜欢与人激烈对抗，而且兴趣多变，毕竟每个人都有自己的一条路，怎样走取决于自己，与旁人并无太大关联。那个时候的他也很洒脱，既然旁人对他所演的戏剧评价不高，那就索性不做了，干吗非要演戏呢？绘画、诗词、书法、音乐，任凭哪一领域，他都可以玩一玩。

在同一个报社，苏曼殊的艺术才华确实令李叔同赞叹不已。

有一天，叶楚伧因为急着做下一期报纸的版面，又恰好李叔同不在，便向苏曼殊索画，苏曼殊则搬出无画具，以及无清静画室的理由，予以拒绝。叶楚伧着急之下，强行将苏曼殊带到李叔同的房间里，让他即刻作画。苏曼殊不再拒绝，运笔如风，很快一幅《汾堤吊梦图》跃然纸上。

李叔同归来之后，作为一个书画的行家，对这幅画做出了很高的评价，决定将其铸版刊印在《太平洋画报》上，同时配上自己以隶书题写的“莎翁墓志”。李叔同的字，苏曼殊的画，两两相映，趣意横生，时人称这两件艺术作品为“双绝”。

除了在《太平洋画报》上发表苏曼殊的《汾堤吊梦图》，李叔同还发表了苏曼殊的小说《断鸿零雁记》，而且请陈师曾为其插画，这些都足以证明李叔同对苏曼殊艺术才华的重视。

但不可否认的是，尽管两人为一个报馆的同事，而且似乎都佛缘深厚，但工作之外两人却少有交集。李叔同是一个比较喜欢交朋友的人，在日本他能够邀请素不相识的陌生人到家里聊天即为明证，而苏曼殊也是一个交游广阔的人，在日本与孙中山等革命党人打得火热，之所以工作之外鲜有交集，这其中有着深刻的性格原因。

李叔同性格极为严谨，而且随着岁月的磨砺，逐渐将身上富家子弟的风流、叛逆习气荡涤一空，变得与父亲李筱楼一样，循礼而守节。而且，他不但对自己要求严格，对朋友、子弟也要求严格，中国人说“严以律己，宽以待人”，李叔同则是“严以律己，严以律人”。还是在日本留学的时候，一次他约春柳社的朋友欧阳予倩早上 8 点见。当时欧阳的住地离上野不忍池比较远，路上就耽搁了一会儿，没有准时赶到，等一到就立即将名片递了进去。不多时，李叔同开了楼上的窗户对着还在气喘的欧阳说：“我和你约的是早上 8 点钟，可已经过了 5 分钟，我现在没有工夫了，我们改天再约罢！”说完，他一点头便关了窗户，连口水也没让欧阳喝。这样的事情并不是第一次出现，也不是最后一次出现。

反观苏曼殊，其个性与李叔同恰恰相反。简单来说，他是一个极为散漫的人，生活无规律、无节制，一切讲究率性而为。但“率性而为”谈何容易？以孔子那么高的悟性，尚且需要数十年的磨砺，一直到70岁才敢说“随心所欲不逾矩”，一个年纪轻轻的人整天“率性而为”，其结果只能是一场灾难。他的情绪起伏不定，时而壮怀激烈，时而放浪不羁，在饮食上毫无规律，常一下子吃上三笼汤包、几大碗鲍鱼面，令人瞠目结舌。在日本期间，他常在编书之余不忘寻觅郊原的冰店——这并不是为了做酸梅汤之类的饮料，而是为了直接吃掉它。挚友柳亚子曾记下这么一段话："苏玄英（苏曼殊原名）体弱善病，而饮食亢进。尝在日本，一日饮冰五六斤……明日，复饮如故。"正因为这样，他经常腹泻，但仍然不能改掉这种生活习气。

长期暴饮暴食的生活使他得了严重的肠胃病，不得不住院治疗。据说，他住院期间，医生一再严加控制他的饮食，不准吸烟（他一天竟能吸大雪茄二三十支）、不准喝牛奶、咖啡，尤其不能吃糖。这几乎要了他的命，因为他嗜糖如命。几天下来，他难以忍受，终于逃出医院，再次在大街上过了一把嘴瘾，大吃年糕、八宝饭、栗子和冰激凌，结果肠胃病迅速加剧。1918年春，苏曼殊最终病死于上海宝隆医院，年仅35岁。在他死后，人们还在他的床下及枕旁找出不少糖果纸。这样一位多才多艺的诗画家竟然如此短寿，实在令人惋惜。可以说，他死就死在了对自己恶习的不加控制、任性而为上，可惜了他的大好才华！

两人截然相反的个性自然使得他们无法真正亲近并成为挚友。

现在人说起苏曼殊，绕不过去的还有他的身份——僧人，而且还总是拿他与李叔同进行比较。在不明真相的人看来，李叔同与苏曼殊可称为“南社二僧”，而且都是艺术家兼僧人，出家前都曾是风流才子。但实际上在佛教信仰上，两人差别甚大。

1911年的李叔同对佛法虽然有一定的了解，但这种了解只是一个中国传统文人的那种泛泛而谈，还说不上信仰。而此时的苏曼殊已经是一个穿着僧服的僧人了。

尽管穿着僧服，但苏曼殊并非一个纯粹的僧人。首先是他的僧籍来源存疑，按南怀瑾的说法，他并非正常出家，而是在某个寺庙捡到一个死去和尚的度牒，便用了那个人的身份；其次是他并没有深入学习佛家义理，过一种如法如律的僧人生活，简单来说就是不曾守戒。在他眼中，这身僧服几乎就是一个道具，自己该怎么做就怎么做，颇具当代的一些行为艺术家的风范。他穿着僧服吃肉喝酒，与多情少女发生轰轰烈烈的爱情，出入青楼妓馆，毫无出家人的风范。据后人计算，他短短三十五岁的时光里，用来嫖妓的资金达到 1877 元（苏有写日记的习惯，青楼女子的名字、场所及费用均有详细记录），而当时女仆的月工资仅 1 元。

这种出家生活在李叔同这种人看来恐怕就是一种罪孽，但也有一部分人认为这是一种思想的解放、行为的艺术。正因为如此，苏曼殊去世前后，国内掀起了一股“苏曼殊热”，其热度一直到现在也不曾减弱。

奉劝诸位，做人莫学苏曼殊！

第五章

执教杭州

西子湖畔寺两千

夏末秋初，枝叶间的蝉鸣渐渐稀落，风也日益凉爽，一如时局的变动。

经过激烈的南北和谈，中国终于再次统一起来，至少是表面上维持了统一。民国元年（1912年）二月十四，袁世凯登上总统宝座，革命党人一退再退，最终仅在责任内阁中占据了几个冷衙门。在地方上，革命党人也是一再失利。7月，陈其美被解除沪军都督的职务。

作为《太平洋报》的主要创办者和支持者，陈其美对这份报纸的重视可想而知。现在陈倒台离职，报馆随即因财政危机而被迫停刊。

春花秋月何时了，往事知多少。秋天就是这样冷肃，李叔同又成了一枚落叶，在风中独自飘飘荡荡，不知道何处才是真正的归处。

夜阑珊，风萧瑟，生命未了，路途从未有尽头。匆匆忙忙地赶路，是世人一贯的姿态。李叔同也不例外，他的下一站已经确定——杭州。

应浙江官立两级师范学堂校长经亨颐之邀，李叔同来校任音乐、图画教师。与城东女校相比，这是一个相当正规的官办学校，校长经亨颐社会关系广泛，与李叔同差不多时间留学日本，专业为教育，在浙江教育界享有盛誉。

提着略显沉重的行李，站在高高的砖墙外，李叔同抬头仰望，密集整齐的蓝灰色瓦片上方则是触摸不到的湛蓝的天空，无边无际。时光匆匆，岁月无情，尽管曾经怀着坚定的信念，想着怎么治平天下，但现在却惶惶然如丧家之犬，为了妻儿的衣食住行而四处奔波。

书画琴棋诗酒花，当年件件不离他。

而今七事都更变，柴米油盐酱醋茶。

这首七绝正是古代文人生活的真实写照。在少年之时，有家人的供养，与一众友人结社而游，琴棋书画诗酒花，何其美好！但岁月无情，仅仅几年之后，自己也要成家立业，担负起家庭的重任，于是生活彻底变更，由琴棋书画诗酒花变成了柴米油盐酱醋茶。这正是李叔同生活的最真实写照。

面对生活，面对逆境，已过而立之年的李叔同早已学会了顺从。命运的安排早有深意，随顺即可，又何必徒劳地更改造化冥冥中既定的轨迹呢？

这种生活态度正是那个时代知识分子的共同心路历程。早年，他们都或多或少地参加了立宪运动或革命运动，希望建立一个新生的中国。但没想到的是，新的中国是建立起来了，但自己的命运却是每况愈下。作为南社的成员，本来应该是革命积极分子，但袁世凯上台后经过一系列得力举措，已经慢慢地站稳了脚跟，大家都失去了继续革命下去的斗志，以为天下太平，开始为自己的妻儿老小而奔忙。这也是随后孙中山发动二次革命迅速失败的社会心理原因。

李叔同做事向来认真、严谨，学校本是九月初开学，但他为了提前准备好一切早到了10天。在这10天里，他收拾好宿舍，整理好心情，然后再好好观察下这个宁静、美丽的城市。即便心中满是荒凉无力之感，他也要打起精神，做个自己心目中的老师。做什么就要像什么，处在什么样的位置上就做好相应的事，这是李叔同一贯的理念。

杭州不比天津，纵然已经入秋，但仍然很热。即便是在流萤纷飞的晚上，庭树静立，依然会感到燥热难耐。幸然，刚刚结识的两个新同事——夏丏尊和姜丹书颇解风情，闲来无事大家便一起在西湖边散散心。这可以说是一种莫大的享受。

三人饮着鲜爽甘醇的龙井，尝着当地人在湖中采摘的菱角，各自说起从前的快意之事，时间过得飞快。当夕阳渐渐沉落，远山渐被披上一层紫色，游客就三三两两地散了，他们却没有动，继续在亭子里闲聊着。眼看着萤火虫从树丛中飞出来，而湖边的风，也比学校的风要清凉一些，透过薄衣衫拂在肌肤上，整个人感觉轻快了不少。

虽然旧事难提，但仍会在某个恰当的时刻被想起，这是人性的必然。沉醉在这般惬意的时光中，李叔同不由得提起了城南草堂。这美丽的景色比之城南草堂，肯定是有过之而无不及，一起游玩的友人也基本都是些文人朋友，与当年也很相似，只是大家都不再年轻。或许流逝的从来都不是时间，而是在熙熙攘攘的尘世中汲汲奔走的人。

夏丏尊对这位新来的同事感到好奇——这个人虽然是地地道道的北方人，但长相、气度却是南方人的做派。他便为李叔同满上一杯龙井茶，问他从前是否来过杭州。

“那都是十年前了，匆匆来匆匆去，还没来得及看过西湖的美景，只是在涌金门外吃过一回茶。”李叔同啜了一口茶，悠然说道。那时候，李叔同才二十二岁，还在南洋公学特班读书，遇上各省补行庚子辛丑并科乡试，他以浙江嘉兴府平湖县监生资格前去应试。虽然最终落第，但却认识了一些朋友，其中就包括南社的王海帆先生。

月亮升起，月华铺洒于湖面之上，明如宝镜，远处各个山峰上的灯火也若隐若现。慢慢地，盛着菱角的盘子空了，游人已经散尽。三人从湖心亭走出时，已是夜半，纵然聊天还未尽兴，但终究是该散了。乘月而归，边走边聊，心中满载星辰。

回到住所，万籁俱寂，余兴未尽。独坐案前，执笔而书，这一天的感受参差错落地排列其上。

壬子七月，予重来杭州，客师范学舍。残暑未歇，庭树肇秋。高楼当风，竟夕寂坐。越六日，偕姜夏二先生游西湖。

于时，晚晖落红，暮山被紫，游众星散，流萤出林。湖岸风来，轻裾致爽。乃入湖上某亭，命治茗具。又有菱芰，陈粲盈几。短童侍坐，狂客披襟，申眉高谈，乐说往事。庄谐杂作，继以长啸，林鸟惊飞，残灯不华。起视明湖，莹然一碧；远峰苍苍，若隐若现。颇涉遐想，因忆旧游。曩岁来杭，故旧交集，文子耀斋，田子毅侯，时相过从，辄饮湖上。岁月如流，倏逾九稔。生者流离，逝者不作，坠欢莫拾，酒痕在衣。刘孝标云："魂魄一去，将同秋草。"吾生渺茫，可唏然感矣！

漏下三箭，秉烛言归。星辰在天，万籁俱寂。野火暗暗，疑似青磷；垂杨沉沉，有如酣睡。归来篝灯，斗室无寐，秋声如雨，我劳何如？目瞑意倦，濡笔记之。

是为《西湖夜游记》，一篇类似于苏轼《前赤壁赋》的短篇游记。人生是什么？在悲观者看来，人生即是一个将从前所获之物，再一件件失去的过程，即是佛家所谓的无常，而无常即是苦。这个时期的李叔同对此显然已经有了一点体会。

"上有天堂，下有苏杭"，世人都知晓杭州的景致浓淡皆宜，可一到杭州真正来到西湖边走走逛逛，才晓得能与西子相媲美的地方有着什么样的风云。李叔同将心中那份无所皈依的惆怅，扬在风中，撒在天心，偶有停留，便拾得几笔佳句。

尤其令他印象深刻的是遍布西湖的大大小小的寺庙庵堂，几乎使得这个风景怡人的福地成为一个佛国。有时候走着走着，一抬头，即是一座不大不小的庙，里面环境清幽，犹如净土，住着几个女子，虽然不是比丘尼的模样，但却穿着素雅，在轻轻地绕塔念佛。据说，整个西湖边大大小小的寺庙有两千家，这让他甚为惊讶。

由于幸子还在上海，在教书之余，他时常独自一人到景春园楼上吃茶。景春园位置极佳，就在西湖边上，在楼上可一览胜景，他的住所则在钱塘门内，离西湖只两里路程。

在茶馆楼下吃茶的人，多半是些摇船抬轿的苦力，每日里你来我往，喧闹异常。李叔同穿过熙攘的人群，拾级而上，躲到清静的楼上。每次一来，店小二就识相地泡一壶上好的菊花茶送去，他临窗而坐，凭栏眺望，看湖水在明媚的阳光下泛起点点光泽，再经微风一吹，泛起层层涟漪。静静观赏之时，楼下的嘈杂之声总会隐隐地传上来，在十年前，还是李三公子的他可能会心生不快，但现在的李叔同心中却有另外一种滋味，似乎觉得楼下的嘈杂和湖上的明媚如出一辙，更无区别。

是的，这大千世界，人人都有自己的生存状态，他与他们又有何不同呢？

他们，干的是摇船抬轿的力气活，一个月只能挣到几块大洋，这点收入只是勉强糊口而已。而他，一个教书先生，一个月能挣到105块大洋，是那些人的10倍到20倍，这些收入要供养天津的一个家庭和上海的一个家庭。这与楼下的那些人本质上也没什么差别。

沙漏无声，不知不觉中一个下午就这样过去了。当夕阳染红了流云，李叔同便将茶水钱放在桌上，而后起身走出景春园。

青砖小径，蜿曲回环，李叔同慢慢开始走得很熟悉。这条路从哪里延伸而来，又通往何处？他只是个过客，走的只是这条路的一段。杭州风景独好，只可惜在这荒凉的时代里，也终究是个寂寞的港湾。

稍稍兴致好时，他也会同夏丏尊再次到湖心亭吃菱品茗。因心无寄托，又有诸多事放不下，李叔同总是郁郁寡欢。朝花不再于黄昏重拾，前尘之事泛起尘埃时，难免会迷了双眼。至于未来，就像夕阳落下后的那片远山，影影绰绰。两人能谈的唯有当下，可当下爱情已成镜中之花，艺术已是水中之月，境况如此凄然，又有什么好说。倒不如尝几片菱角，啜几口清茶，暂把光阴消磨。

“像我们这种人，出家做和尚倒是好的。”夏丏尊看着波光荡漾的湖面，有意无意地说。

恰在此时，不远处昭庆寺响起袅袅的梵音。李叔同猛地想起父亲去世时，那场静穆庄严的佛事。一切皆有深意。

温而厉的风格

作为师范学校，浙江官立两级师范学堂在全国颇具盛名，不但学校学科门类齐全，教师素质高，而且学生质量也高。

作为学校新聘请的图画、音乐课老师，李叔同的大名在他来到学校之前就已经传开了。大家都知道这位新老师出身富贵，留学东洋，是一位世家公子，据说传唱大江南北的《祖国歌》就是他作的。按照这些传闻和印象，大家心目中勾勒出一个穿西装、吃洋餐的时髦人物。再说，图画、音乐课程，一向不被重视，即便是李先生到此，就能改变这种状况吗？

戏剧性的一幕就此展开。上课铃响，学生们跟往常一样笑着、喊着、推搡着甚至夹杂着骂声走进教室，但一迈进门槛，所有的声音都在一瞬间消失。大家红着脸端坐到自己的位子上，继而偷偷仰起头来看那位已经端坐在讲台上的新老师。

跟传说中的完全不一样，他不是西装革履，而是灰色的粗布袍子、黑布马褂，布衣布鞋，最典型的教书先生的样子，再加上宽而广的前额，细而长的丹凤眼，笔挺隆正的鼻梁，上面架着一副黑色的钢丝边眼镜，显出一脸的威严。

跟以往的先生不同，这位新老师在课前已经明显做好了准备：两块黑板都已清楚地写好本堂课所讲内容，点名簿、讲义、粉笔、教课笔记簿也整齐地罗列在讲桌上。尤其令学生们兴奋的是，这间四面装有玻璃窗的音乐教室中，居中放置着两架钢琴，四周摆放着五十多架风琴。很明显，大家对这些新教具很感兴趣，也猜想这些东西与这位新老师有关系。

他们猜对了，这些新教具是李叔同力争而来的。在答应经亨颐担任此校教师之前，他对中国学校的艺术教育现状已有普遍了解，知道绝大部分学校不要说音乐教师，连最基本的教具都没有，故而他要求学校为每位学生配备一架风琴，绘画室的石膏头像、画架也要一应俱全。这对经亨颐而言，无疑是一个难题，毕竟这些东西少有存货，而且学校资金也并不是特别充裕。

“同学出去要教唱歌，不会弹琴不行。上课的时间有限，全靠学生课外练习，你难办到，我怕难以遵命。”李叔同认真的脾气上来，谁都拦不住。

照这样的逻辑，后来李叔同又向经亨颐校长要来了更多的东西，包括两艘能够在西湖上泛舟的划子。划子落成的那一天，同学们乐坏了，特地在湖上举行了盛大的聚餐。或许是太兴奋的缘故，夏丏尊先生下船时立脚不稳跌入水中，李叔同赶紧拉住他的一只脚，却忘了夏先生的上半身一直都在水里。

第一次上过李老师的课，学生们的印象只有四个字——严肃、新鲜，其风格可概括为“温而厉”。从此开始，全校都知道了李先生的脾气，以后每当上他的课，不等上课铃响，都已经早早地在座位上等候了，当然，这种课程很有意思也是真的。

作为老师，李叔同显得极为特别。

他非常认真。这是他几十年来一贯的习惯，也可以说是从小培养出来的李家家风。他上一小时的课，预备的时间恐怕要半天，这让其他老师对这个曾经的世家公子刮目相看。为了最经济有效地利用好每节课 50 分钟的时间，他一般都提前到场，将主要内容在黑板上写出来。在上课的时候，他还常常看表，严格控制时间，精密地按照预先定好的教案授课，一分一秒也不浪费。当然，也从不拖堂。

他“温而厉”的教育风格在这一时期已经显露无遗。与其他老师不一样，他教育学生，虽然说话非常温和，话语非常简短，只有两三句，但给人的感觉却是一种极为冷漠甚至严厉的感觉。久而久之，不但是学生们，就是同事们对他也是非常敬畏。

那个时候的学生跟现在的学生类似，也有人上课时不好好听讲，偷偷地看课外书；还有个学生，把痰吐在地上，他们以为李叔同不会看见。实际上，李叔同都知道，只是公开场合需要顾及他们的脸面，并不立即责备他们。下课后，他才用轻而严肃的声音郑重地说：“某某同学等一会。”于是这位某某同学，只好惴惴不安地等在那里。等其他同学都出去了，他又用严肃的声音向这位同学和气地说“下次上课时不要看别的书”或者“下次不要把痰吐在地板上”。说过之后，向他微微一鞠躬：“你出去吧！”

这是一种非常奇特的经历，凡是有过这种经历的学生，从教室中出来时，大都极为惭愧，脸色通红，露出难为情的神态，从此再也不犯同样的错误了。

有一次音乐课结束，最后出去的同学无心地把门一拉，由于用力过大，门重重地碰在门框上，发出巨响。这位同学走了几十步之后，听到李先生似乎在叫他。回头一看，李叔同正在门口满面和气地叫他回去。这位同学不得不重新回到教室。李叔同用轻而严肃的声音，和气地对他说：“下次走出教室，要轻轻地关门才好。”说完，对这位学生深鞠一躬，送他出门，自己轻轻地把门关好了才离开。

最令人难忘的是一次钢琴课。李叔同正在专心弹奏，十几个同学环立在钢琴边欣赏。不知道哪位同学放了一个屁，虽然没有声音，却是奇臭无比，大家都被包围在一股难闻的气体之中。同学们有的赶紧掩鼻，有的说着“讨厌”加以责备。李叔同虽然也皱了下眉头，但并没有吭声，而是继续弹琴。下课铃一响，他站起来一鞠躬，示意已经下课，大家可以散课了。当学生们正想往外走的时候，他又想起了什么，郑重地宣告说：“大家等一等再出去，我还有句话要讲。”大家不知道李先生想起了什么话，呆呆地肃立着。只听李叔同用严肃的声音，和气地说：“以后放屁，到门外去，不要放在教室里面。”接着又是一鞠躬，示意大家可以走了。未出室门，很多学生已经按捺不住笑声。一出门口，大家拔腿就跑，到了远一点的地方，才一个个捧腹大笑，直不起腰来。

学生李鸿梁少年气盛、敏感易怒。一次上写生课，李鸿梁没注意到李叔同正在后面为同学改画，径直走到石膏模型前面去看上面的说明卡，挡住了很多同学的视线。李叔同说了声“走开”，声音大了点。李叔同也许是无意的，但在众目睽睽之下说出，李鸿梁感觉自己的尊严受到了伤害，他回到自己座位上，把画板故意敲了一下，以示不快，接着很快又离开了教室。

吃过午饭，校工闻玉给李鸿梁送来一张纸条，说：“李先生请你过去一趟。”李鸿梁当即意识到，肯定是上午自己的不快和不告而别让李先生记住了，心里不免有些惴惴，但又不可不去。李鸿梁来到李叔同的门口，见他正在和夏丏尊闲谈。李叔同见李鸿梁来了，并没有改变常态，而是站起来把他引进里屋，还随手把门拉上了。李鸿梁原本以为可能会遭受一顿严厉的批评，没想到李叔同只是轻轻地对他说：“你上午有点不舒服吗？下次不舒服就请假吧。”说完，又很随意地把门拉开，说：“你去吧，没有别的事。”

李鸿梁听完李叔同的话，慢慢地走了出来，然后就一溜烟似的跑回了自修室。这短短几分钟的会面使他心情剧烈动荡，陷入了一种非常矛盾的状态：一方面，轻松愉快，如蒙大赦，李先生已经原谅了自己；另一方面，羞愧内疚，如同大石般压在心头。他虽然也拿了一本书在手里看，但看了半天，也不知道看了些什么。等到其他同学喊他去上课了，才醒悟过来。抬头一看，教室里其他人几乎都走光了。

这以后有好些天，李鸿梁都不敢和李叔同当面讲话。

李叔同这种“温而厉”的教育方式，在他自己来说完全是自然而然的行为，但在学生心灵上产生的震撼却是巨大的，往往使他们长久不忘甚至难以承受，从而不再重犯以往的过失，即便稍有反复，也能立即猛省。

有个最顽皮的学生说出了大家共同的心声：“我情愿被夏木瓜骂一顿也不愿被李先生说一句，李先生的开导真是吃不消，我真想哭出来。”在学生们心目中，夏丏尊先生虽然也受大家的崇敬，但他的脾气和对待学生的态度与李叔同不同。他心直口快却又随和，对学生们生活上大大小小的事情都要管一管，如同母亲一般地照料大家，因此学生们与夏先生的关系很投合。因为夏先生的头大而圆，大家给他取了个变相的爱称叫“夏木瓜”。他与李叔同的教育方式可谓差异甚大。

当然，李叔同这种“温而厉”的教育方式是建立在两个基础之上的。

首先，在李叔同的严厉态度中，饱含着他对学生的一片热忱和期待。他虽然很严厉，但这种严厉并非严酷无情，而是严格深切的企盼。他了解学生、关心学生、提携学生，是细致真切、不厌其烦的。

前面提过的学生李鸿梁，年轻气盛，生性憨直，敏感易怒，锋芒毕露，李叔同对他这种性格非常担忧。1915 年暑假，李鸿梁从学校毕业，李叔同正准备偕幸子去东京度假洗温泉，临行前专门给李鸿梁写了一封信，大意是教他处世要“圆通”些，否则不能与世水乳交融，很容易惹出事端。在信中李叔同还给他附去一副对联：“拔剑砍地，投石冲天。”横批则为“豪放”两个大字，旁系小字七绝一首，于赞扬中含有警诫，发人深省。

其次，李叔同的“温而厉”是建立在自己的人格力量之上的。这是一种奇特的不言之教，根源于他严格遵循一个老师所应该具有的师德、礼仪，再加上他的认真和多才多艺，最终形成了一种非常奇特的人格魅力。普通人面对这种人格力量，自然心悦诚服。

浙一师的学生们，过后曾反复表述过他们的这种体验。

在我们的教师中，李叔同先生最不会使我们忘记。他从来没有怒容，总是轻轻地像母亲一般吩咐我们。……他给每个人以深刻的影响。伺候他的茶房，先意承志，如奉慈亲。

——《李叔同先生》曹聚仁

弘一师的诲人，少说话，主行“不言之教”，凡受过他的教诲的人，大概都可以感到。虽然平时十分顽皮的，一见了他，或一入他的教室，便自然而然地会严肃恭敬起来。但他对待学生并不严厉，却是非常和蔼可亲，这真可以说是人格的感化了。

——《弘一法师和浙江的艺术教育》吴梦非

他的受人崇敬使人真正地折服，是另有背景的。背景是什么呢？就是他的人格。他的人格，值得我们崇敬的有两点：第一点是凡事认真……他对于一件事，不做则已，要做就非做得彻底不可……

李先生人格的第二特点是多才多艺。西洋的文艺批评家评价德国的歌剧大家瓦格纳有这样的话：“阿波罗右手持文才，左手持乐才，分赠给世间的文学家和音乐家。瓦格纳却兼得了他两手的赠物。”意思是说，瓦格纳能作曲，又能作歌，所以做了歌剧大家。拿这句话评价我们的李先生，实在还不够用。李先生不但能作曲，能作歌，又能作画、作文、吟诗、填词、写字、治金石、演剧。他对于艺术，差不多全般皆能，而且每种都很出色。专门一种的艺术家大都不及他，要向他学习。……他的教授图画音乐，有许多其他修养作背景，所以我们不得不崇敬他。借夏丏尊先生的话来讲：他做教师，有人格作背景，好比佛菩萨的有“后光”。所以他从不威胁学生，而学生见他自生畏敬，从不严责学生（反之，他自己常常请假）而学生自会用功。他是实行人格感化的一位大教育家。我敢说：自有学校以来，自有教师以来，未有盛于李先生者也。

——《为青年说弘一法师》丰子恺

从野外写生到裸体模特

生命中处处皆是难题，往往需要人们走万里路去寻求答案。但有了严谨、认真的态度，再加上时间，再大的难题终有被攻破的一天。

现在的李叔同，严谨、认真，在艺术教育的世界里，插着想象之羽，在彩云之上或是深海之中尽情遨游，开创了中国艺术教育的一系列先河。

他教授绘画，不主张让学生在室内临摹画帖，而是以室内与野外写生的方式，让学生直接与千变万化的自然实景接触，从中寻找灵感。

西子湖畔，春日既至，杂花生树，群英乱飞；杨柳袅袅，随风摇曳；梨花似雪，清淡飘香。远处，灵隐钟声阵阵，晚晖落红。学生们支起画架，凝视着眼前的风景，而后开始在画板上勾勒出自己心目中春天的样子。一只飞鸟，一朵似绽非绽的莲花，甚至湖中漾起的一圈圈波纹，都可以成为野外写生的对象。

学生们专心作画，李叔同便在画架之间踱步，仔细观察每幅画的进度，偶尔会给予某位不知该如何下手的学生一两句简单的指导，这种指导依然是极为简单的寥寥数句，却往往使人茅塞顿开。有时候，他自己也会用炭笔画几笔线条以作示范。

春风吹面薄于纱，春人妆束淡于画。游春人在画中行，万花飞舞春人下。

梨花淡白菜花黄，柳花委地芥花香。莺啼陌上人归去，花外疏钟送夕阳。

看着学生交上来的素描画，千姿百态，却都是春天的一种，李叔同文思泉涌，写下了这首《春游》词。稍后，他给这首《春游》词谱上曲子，在音乐课上，教学生唱诵。唱着唱着,几个聪慧的学生,看到老师的眼中似乎闪动着几星似泪的光。

这首歌意境恬淡，心态平和，少了《诗经》中的一点灵动和情态，反而更类似大程夫子“云淡风轻近午天，傍花随柳过前川”的从容和淡然。可以说，这个时候的李叔同，其修养已经与道学先生差不多了。

有趣的是，那个时候，人们还不知道野外写生是怎么回事，因此，浙一师学生到野外写生，常常会被误解干涉。虽然学校一早已经有公函通报了警察厅，学生是为学业到西湖写生的，并无其他目的，但警察可能太多，也可能是从未见过搭起三脚架画画的，以为这些人是间谍，是在私自测绘地貌画地图，这可是不被允许的。

有一次，李鸿梁和张联辉两个学生在运司河下写生。可能是附近有居民报告，不一会就来了个警察，先问张联辉：“你是哪里人？”张说是“东阳人”。警察大惊，立即如临大敌一般地询问：“你为什么到中国私自测绘地图？马上同我到局里去一趟。”这位警察的警惕性还是很高的，可是他把东阳人听成了“东洋人”，早就听说有东洋人在中国测绘地图的事情，现在居然在自己的地方发生了这种情况，这还了得？李鸿梁知道警察听岔了，急忙解释：“我们是浙一师的学生，出来写生的。学校已经有公函通报了警察厅。你们怎么还不知道？”那警察不懂什么叫写生，给他反复解释，仍坚持要两个人到局里走一趟。后来，幸而来了另一个警察，总算见识比较多一点，知道是怎么回事，对原先的警察说：“他们都是学生，是出来画风景的。”才算了事。由此可见，在民国初年，写生课在风气已开的浙江还是一件闻所未闻的新鲜事儿。李叔同在浙一师首开写生课的意义亦可见一斑。

除了野外写生，还有更加破天荒、更新鲜的事情在等着大家，这恐怕也是学生们那么喜欢李叔同书画、音乐课的原因之一。

又是一堂室内写生课，李叔同如往常一样，早早地端坐在讲台之上，画室内的每扇窗子，都用蓝色窗帘遮住，学生们等待着模特的到来。上课铃响时，从隔壁房间走进来一名身披薄棉被的中年男子。他望了一眼李叔同，略微犹豫之后，便揭下了身上的棉被。一缕阳光从窗帘的一角透进来，恰如新式舞台上的一束追光，聚集在这具肌肉发达的男子身躯上。学生们原本以为所谓的人体模特，只是裸露部分身躯，羞人之处必然要遮盖住，因此一旦看到眼前情景，难免惶悚，夹杂着不知所措的难为情。

这恐怕是李叔同在国内的第一堂人体写生课，也是中国历史上的第一次。

李叔同站在进门处左侧，没有丝毫的难为情，“这是美与力的结合体，你们的画笔应当记录下来。”在李叔同的带领下，学生们穿过世俗的见解，穿过人间的丛林与沼泽，有了一场场美的历程。

除此之外，学生们还曾在李叔同与夏丏尊的指导下编过一本《木版画集》，这本画集完全是浙一师的老师和学生们“自己刻、自己印、自己装订”出来的，其中收录李叔同的作品是一幅他模仿小孩画的人像。多年以后，美术家毕克官在谈及此事时，不无赞扬地说：“李叔同应是中国现代版画艺术最早的作者和倡导者。也就是说，我国早在 1912—1918 年就出现了研习现代版画技法的组织，并出有成果。这件事，在中国现代版画史上是不应该被疏漏的。”

就这样，水涨船高，学生们站在李叔同、夏丏尊的肩上，撑着一支长篙，向青草更青处漫溯，寻找彼岸的艺术之梦。而李叔同站在原地，耳听来自四面八方的风声，任凭心中的那朵花在岁月的光阴中茁壮成长。

认真、严谨、领风气之先，这样的人不可能不出名，李叔同教书的名声随着他的传奇事迹开始在外面传开来，他又接到了南京高等师范学校的邀请函，担任的也是图画与音乐教员。这封信笺对他来说并不能给精神生活带来多少改观，不过是增加些薪酬罢了，毕竟他现在的开支有点大。天津的俞氏与两个儿子，上海的幸子，每个月都需要寄去生活费，以维持生计。他内心藏着的那些梦想，也渐渐地被生活磨去了棱角。

慎得英才而教之

李叔同在浙一师任教，对改变浙江整个省中小学艺术教育的状况起到了立竿见影的作用。

浙一师图画音乐专修科的学生毕业后，通常被分配到浙江各地的中小学校任教。经过李叔同教导后的这群教员，很快就发挥了自己的价值，浙江各中小学校的艺术教育顿时有了革新的气象，引领了全国的潮流。原先学校根本没有的所谓写生、图案、五线谱、合唱、复音曲等，开始陆续出现在一般中小学校中。

任教期间，李叔同还培养出了众多的日后卓有成就的艺术家，如刘质平、丰子恺、潘天寿、吴梦非、曹聚仁等。刘质平、丰子恺等后来又在上海创办艺术专科学校，继承和发扬李叔同的教育精神和教育方法，培养了许多艺术教育人才和创作人才，如音乐家缪天瑞、王云阶、俞绂棠、钱仁康、江定仙等。可以说，20世纪二三十年代，江浙、上海一带的中小学校艺术课教师，相当部分都是李叔同的弟子或再传弟子。

刘质平和丰子恺，是李叔同在浙一师培养的两大高足，他们与李叔同之间的故事感人至深，可谓师生关系的典范。

刘质平 (1894—1978)，浙江海宁人。1912 年高中毕业后，以优异成绩考入浙一师。入学后，由于学业出众但家境贫寒，获准免交学杂、书、膳、宿各费，先读预科接读师范科，历时五年。恰好这一年，李叔同从上海来到杭州任教，可谓难得因缘。

从 1912 年 9 月开始，刘质平始从李叔同学习音乐，感受到一种前所未有的教风：一是李叔同严守师德师范，重视以身作则，人格第一。课前作好一切准备，端坐教具旁边恭候学生上课。两块活动黑板则写满讲课要点，乐谱端放钢琴盖，只等上课铃响便按预定教案授课；二是因地制宜，自编教材。当时所教的歌曲多选外国曲调，然后国人自己填词（当时的很多歌曲几乎都是这么来的），所授琴曲也多选外国名曲另配伴奏谱，结合讲课传授西洋和声作曲知识。刘质平由此对音乐产生了极大的兴趣，几乎将全部精力都放在这上面，以至于其他功课往往不能及格。

1912年冬天，杭州大雪弥漫，这在杭州是很少见的。刘质平经过反复揣摩，独自在琴房弹琴练习，终于写下了处女作。他难以抑制自己的喜悦，当下便持谱去李叔同宿舍求正。李叔同接过曲谱后审视良久，不发一语。刘质平唯恐老师责备自己急于求成，忐忑不安，“几置身于无地”，因为音乐课从未要求学生练习作曲。正当他不知如何是好的时候，忽闻李叔同宣布：“今晚八时三十五分到音乐教室，有话当面讲。”说完微微一鞠躬，送刘而去。

晚上狂风大雪，一师校园里一片银色世界，刘质平提前来到音乐教室，然教室门关，声息全无，乃伫立门外静候。约莫十几分钟之后，突然灯亮门启，李叔同持表出门，看着表针高兴地对他说：“时间无误，一分不差，你饱尝风雪之味，可以回去了。”

很明显，这是一次简单的测试，就像黄石公测试张良一般，测的就是学生能否守时，能否在艰难困苦面前不堕其志，刘质平显然合格了。

此时此刻，此情此景，刘质平还不知所以，只觉得心中有一股热浪在冲腾翻滚。殊不知仅此一曲一约，他已被李叔同认定是自己栽培的音乐人才。从此以后，两人的师生情谊更深一层。他常常对人说：“我与先生之间，名虽师生，情深父子。”而李叔同也专为他开了许多小灶：每周授乐理一小时、钢琴一小时，后来李叔同要到南京兼课，又安排他师从美国钢琴家鲍乃德夫人学钢琴，从而为刘质平日后的音乐事业打下了深厚的基础。

1916年夏天，刘质平于浙一师毕业后没有直接就业，而是留学日本，专攻音乐。李叔同依然关心着这位高足的修身与学业。他在信中循循善诱，反复地开导刘质平，为了将来“为吾国人吐一口气”，现在务必注意“三宜二勿”：（一）宜重卫生，避免中途辍学；（二）宜慎出场演奏，免受人忌妒；（三）宜慎交友，免生无谓之是非；

（四）勿躐等急进，循序而行才是正道；（五）勿心浮气躁。还特别嘱咐说，人固然不能没有志气，但“志气太高”“好名太甚”，一旦遇到挫折，容易生起厌烦之心和悲观失望的情绪；最好是“务实循序”，这样经过长时间的积累自然会有适当的成绩。

在日本留学的第二年（1917 年），刘质平经济上遇到困难，家中贫困难以解决，忧虑重重，心神不定。此时的李叔同正准备入山修道，但他为了帮助刘质平克服眼下的难处，推迟了自己的出家步伐。他一方面劝告刘质平“君春秋尚盛”，不应灰心丧气，否则，恐将“神经混杂，得不治之症”，“学而无成，反致恶果”；另一方面则多方奔走，疏通关系，希望能为刘争取到一些官方的资助，但结果却是一无所获。没办法，袁世凯死后，军阀混战不断加剧，军焰熏天，各省的财政几乎全都被充了军费，对教育的投入连清朝末期都不如。

当时，刘质平需要的费用并不是很多。放在十年前，对家财万贯的李叔同来说，并算不得什么，但现在，他也是个靠工资维持生计的教员。虽然当教师的收入高，但他有两个家庭要养，尽管有心资助刘质平，却无力一次性拿出这么多钱来。

最终，实在没办法，李叔同决定从自己工资中省下一部分，按月寄往刘处，以帮助他渡过难关。

1917 年冬天，李叔同给刘质平写信，详细叙述了自己的收支情况和资助打算：

不佞现每月收入薪水百零五元。

出款：

上海家用四十元，年节另加。天津家用二十五元，年节另加。自己食用十元。自己零用五元。自己应酬费买物添衣费五元。

如以是正确计算，严守此数，不再多用，每月可余二十元，此二十元即可以作君学费用。

将来不佞之薪水，大约有减无增。但再减去五元，仍无大妨碍（自己用之数内，可以再加节省）。如再多减，则觉困难矣！

又不佞家无恒产，专恃薪水养家，如犯大病不能任职，或由学校辞职或因时局不能发薪水，倘有此种变故，即无法可设也。

接着，李叔同对刘质平说：

倘以后由不佞助君学费，有下列数条必须由君承认乃可实行：

（一）此款系以我辈之交谊，赠君用之，并非借贷与君。因不佞向不喜与人通借贷也。故此款君受之，将来不必偿还。

（二）赠款事只有你吾二人知，不可与第三人谈及。家庭如追问，可云有人如此而已，万不可提出姓名。

（三）赠款期限，从君之家族不给学费时起至毕业时止。但如有前述之变故，则不能赠款（如减薪水太多，则赠款亦须减少）。

（四）君须听从不佞之意见，不可违背。不佞无他意，但愿君按部就班用功，无太过不及。

靠着李叔同每月的20元寄款，刘质平的后顾之忧才解除掉。

1918年春天，各种因缘逐渐成熟，李叔同也加快了入山修道的步伐。此时刘质平还有半年即可毕业。他给刘质平写信说：

君所需至毕业为止之学费，约日金千余元，顷已设法借华金千元，以供此费。余虽修道念切，然决不忍置君事于度外，此款倘可借到，余再入山。如不能借到，余仍就职至君毕业时止。君以后可以安心求学，勿再过虑……

最终，李叔同完全履行了自己的诺言，直到刘质平顺利毕业回国，才出家为僧。

在正常人心目中，李叔同的恩情无疑与亲生父母无二。刘质平也是性情中人，他没有忘记李叔同的恩德。李叔同出家后，二十多年他都承担了对恩师的供养。李叔同在浙东云游期间，每一次改变驻锡地，通常都是他去护送安顿。他还时刻关心着恩师的健康，一旦李叔同患了病，必想方设法予以医治，还经常地寄些补品。

1932 年夏天，李叔同在上虞法界寺生了一场大病，差点就此圆寂，最终虽然病愈，但身体却非常虚弱。不久，宁波白衣寺住持兼孤儿院院长安心头陀来寺找他，约他一同前往西安，以筹济陕西灾荒。弘一法师身体虚弱，原本不能远行，但安心头陀伏地恳请，痛哭不止，难以推辞，只好给刘质平留下遗嘱，与安心头陀一同上路。

刘质平得此消息后，知道恩师病后虚弱，难胜长途跋涉之苦，急忙追到宁波码头劝阻。当他赶到码头时，旅客们大都进入了各自的舱位，送行的人已经回到岸上，船员们正准备抽去舷梯。刘质平不管这些，火速奔向舷梯，登上甲板，沿着扶梯冲向三层舱位，入舱找到了恩师。他劝说先生大病初愈不宜远行，但一向重视践诺的李叔同无意改变入陕的决定。刘质平无奈之下，自作主张，背起李先生就走。他小心谨慎地将李叔同背到岸边，未及站稳，两个人便抱头痛哭起来。一僧一俗在岸边的痛哭让船上岸上的人诧异，究竟发生了什么事，大家都屏息凝神地观望……

师生两人还有更令人感动的嘉行懿德。李叔同每次接受刘质平的供养，通常都要给他寄些字幅或佛经作为馈赠。他对刘说："自我入山以来，承你供养，从不间断。我知你教书为生，没有多少积蓄，这批字件，将来信佛居士们中间必有有缘人出资收藏，你可以将此留作养老及子女留学费用。"李叔同先后送给刘的书件数量非常多，装了整整 12 口字画箱子，其中包括许多书法精品。抗战时期，刘质平雇船将这批字画秘密运出上海。日寇侦知，立即派车追踪搜寻，虽经抢劫，所幸大部分艺术精品还是被掩护保存了下来。刘质平为了保护这批书法精品，不能远出任职，一家人一度绝粮于浙西兰溪乡间。但即便如此困厄，刘也没有出售过恩师的一件作品。孔祥熙曾托人为美国博物馆收买李叔同所书《佛说阿弥陀经》一大堂，出资五百两黄金，也遭到刘的拒绝。

刘质平的可贵，除了表现在终生不忘李叔同的栽培与养育之恩外，更主要的是，作为艺术大师的传人，他深知恩师作品的价值所在。

"文化大革命"中，他已七旬高龄，造反派逼迫他交出李叔同的作品，他冒着被批死、被打死的危险，义正词严地对他们说："中国有七亿人口，死我一人，不过黄河一粒沙子，而这批遗墨是我国艺术至宝，历史书法中之逸品，若有损失，无法复原，那才是真正有罪！"他是完全拼着性命，保存了李叔同的墨宝。

丰子恺(1898—1975)，原名丰润，又名丰仁，浙江崇德县人。他与李叔同的缘分始于《祖国歌》，当时他还在家乡石门湾小镇上，为了"抵制美货""抵制日货"和众人一起排队游行时唱过那首歌。当时丰子恺还不知道这首歌的作者是谁，但那昂扬的旋律，充满豪情的歌词，给他留下了难以磨灭的印象。

1914年，丰子恺考入浙一师后才知道《祖国歌》的作者原来就在一师，就是将要教授自己音乐图画课的李叔同先生。丰子恺入学后，从刘质平等高年级同学口中已经听过不少关于李叔同先生道德文章的奇闻轶事，知道了他是那个时代成就斐然的艺术大师。现在又看到曾经西装革履的豪门公子，竟是一身布衣布鞋的打扮，确实心有戚戚焉。

丰子恺对图画很有天分，李叔同很快就注意到了这个学生的颖悟。一个夏天的傍晚，他来到李叔同的房间报告办理的公事。报告完毕，他准备回宿舍。刚走到门口，听见李先生喊他。他转过身来，听李先生用他那一贯的"很轻而严肃的声音""和气的口吻"说："你的图画进步很快，我在南京和杭州两处教课，没有见过像你这样进步快速的学生。你以后可以……"

李叔同没有紧接着说下去，他可能是想逗一下这个敏捷、活泼的学生，也是想观察下他的反应。此时的丰子恺，怀赤子之心，不只为老师的奖赞感到欢欣鼓舞，更意识到老师没说出的话语中的殷切期望。于是他说："谢谢！谢谢李先生！我一定不辜负先生的期望！"

这天晚上，李叔同对丰子恺的几句激励之辞，使他走上了一条艺术之路。后来他说："当晚李先生的几句话，确定了我的一生。……这一晚，是我一生中一个重要关口，因为从这晚起，我打定主意，专门学画，把一生奉献给艺术。几十年来一直没有变。"

浙一师有一位姓杨的训育主任，作风简单粗暴，学生们对他都有点意见。有一次，为一件小事，丰子恺同杨先生发生口角，两人还动了手。丰子恺年轻力壮，杨先生一时吃了点小亏，非常生气，要求校方立即召开全校师生紧急会议，处理丰子恺打人事件。

会议在大礼堂召开，杨先生介绍了丰子恺打他的经过，要求学校将这一事件上报省教育厅并开除丰子恺的学籍。杨先生讲完后，十多分钟没人吭声，会议气氛非常紧张，谁也不愿带头表示可否。大家直觉处置过重，但说出来又会得罪人。一时之间会场陷入沉静。最后还是李叔同站了起来，说："学生打先生，学生肯定是有错的；但做老师的也有责任，说明平时没把学生教育好。不过，丰子恺同学平时尚能遵守学校纪律，也没犯过什么大错。现在就因这件事开除他的学籍，我看处理得太重了。综合各种表现来看，丰子恺这个学生还是个人才，将来大有前途。如果开除他的学籍，那不是葬送了他的前途吗？这样毁灭人才，也是我们国家的损失啊！"

李叔同环视了一下会场四周，接着又说："我的意见是，这次的事情就宽恕他一次，记他大过一次，不开除他的学籍，他已经知错了，我带他一道去向杨老师道歉。这个解决办法，不知诸位以为如何？"

李叔同说出了大家的共同看法，话音一落，全场响起了"同意，同意！""好！好！"的回应，众人一致赞成他的主张。杨先生也没话好说了。

李叔同在关键时刻的几句话，再次决定了丰子恺一生的前途走向。从此，他对李叔同更为敬爱，师生间建立了一种特殊的亲密关系。他常对人说："李叔同先生是我一生最钦佩的人，也是我一生最崇拜的人！"

但经此一事，李叔同也明白，丰子恺这个学生虽然颇有才气，但性格太躁，容易情绪化，不像刘质平那样沉稳、内敛。李叔同爱惜丰子恺这个人才，自然要在品格方面对他加以磨砺。此后，他经常叫丰子恺等几个学生到他房间去谈话。丰子恺看见李先生书桌上经常放着一本名为《人谱》（明，刘宗周）的书，书的封面上有他手书的"身体力行"四个字，而且每个字旁都加了红圈。

几个学生都觉得奇怪：李先生对西洋艺术如此专精，为什么还看这些陈芝麻烂谷子，而且还把它放在座右？看到大家疑惑，李叔同便翻开这册《人谱》，指着一条让丰子恺念给众人听：

唐初，王（勃）、杨（炯）、卢（照邻）、骆（宾王）皆以文章有盛名，人皆期许其贵显。裴行俭见之，曰：士之致远者，当先器识而后文艺。勃等虽有文章，而浮躁浅露，岂享爵禄之器耶？……

丰子恺念完后，李叔同便解释给大家听：《人谱》中的这一条，是从《唐书·裴行俭传》中节录出来的。其中重要的是“先器识而后文艺”这句话。这里的“贵显”和“享爵禄”，代表着当时普通人的看法和倾向，文章做得好便可获取富贵。但裴行俭的眼光很长远，他认为“先器识而后文艺”，译为现代话，大约是“首重人格修养，次重文艺学习”。更具体来说的话，就是要做一个好的文艺家，必须先做一个好人。一个文艺家如果没有这种“器识”，即便他的技术再精通熟练，也不足为道。这个道理类似于艺以人传，不可人以文艺传。

丰子恺和几位同学平日里对李叔同先生在致力于音乐、绘画、戏剧、文学等文艺修养的同时，更致力于自身师德修养的行为方式非常钦佩，但并不知其所以然。现在聆听了他这番话，便知道了李先生平日里的威望是从何而来了。想想也是，一个人既有高深的专业素质，再加上话少，道德修养极高，想不令人畏服都不行。大家很快意识到：李先生是在希望他们和他一起去践行啊。丰子恺后来回忆说：“听了李先生的话，心里好比新开了一个明窗，真是：当晚一席谈，胜读十年书。我那时正热衷于油画和钢琴技术，道德和人品的修养，虽说不是不重视，但重视得还很不够。李先生那天晚上叫我和同学们去他房间，专门说了那样一番话，实在是在提醒我和其他同学啊！我时刻牢记着李先生的话，并努力实行之。”后来，在出家前夕，李叔同把那本《人谱》送给了丰子恺，勉励他努力调伏自己的情绪。丰子恺一直把该书保存在缘缘堂中，时不时地拿来翻读几段，直到抗战时被炮火所毁。避难入川后，在成都又买了一本。

1917 年后，李叔同关心着丰子恺往后的发展，又劝他多读一些日本的艺术理论书籍，并亲自教他日语。1918 年春天，李叔同留日时的日本同学，画家大野隆德、河合新藏、三宅克己、黑田清辉等人到西湖写生。李叔同因有事无法陪同，便由丰子恺代自己作陪，为几位日本画家当了三天导游。丰子恺心领神会，这样一来既可以一边向他们学画，一边又练习了日语，可谓一举两得。

就这样，在学画、学习日语的过程中，丰子恺一次次被李叔同无微不至的关怀和无时无刻的提携感动。遗憾的是，就在陪伴日本画家时候，丰子恺听说了李先生入山剃度的意向……

李叔同出家后八九年间到处云游，这一时期，丰子恺也跟刘质平一样赴日本留学，回国后在上海等地从事教育工作，师生间书信往来不断，只是没有相聚的机会。直到1926年夏天，李叔同云游杭州，两人久别重逢，畅叙昔日之情。这年夏天和第二年秋天，两人在丰子恺家中商定了两项计划：一是确定了由丰子恺、裘梦痕编选的《中文名歌五十曲》中所收李的曲目；二是编绘一本宣传佛教护生戒杀的画集——《护生画集》，由李叔同撰写文字说明，丰子恺绘制图画。

之后的岁月里，丰子恺始终牢记着老师的嘱托，即使在极端困难的处境中，他也在为实现老师的宏愿而努力。丰子恺随着浙江大学辗转浙、赣、桂东各地逃难的生涯中，也不曾间断《护生画集》的绘制。1942年秋，他正打算前去重庆，突然得知恩师在泉州圆寂的消息，在感伤悲痛中订下一个计划：为李师画像一百帧，分寄各省敬仰李师的人。一到重庆，他就画出了第一帧。

尤为感人的是，在“文革”中，丰子恺本人的安危虽时刻受到严重威胁，但他仍没有放弃《护生画集》的删订工作，他在离开人世的前两年（1973年），还秘密地完成了《护生画集》第六集百帧图画和说明文字的绘写工作。综合算起来，六集《护生画集》的绘制前后长达半世纪，如此宏大的工程，完全是丰子恺为兑现恩师的嘱托和自己的诺言所做的努力。

从刘质平、丰子恺这两个学生的表现中，实际上也体现了李叔同教育精神、教育方法和人格力量的巨大影响。这个时候的他，已经具备了相当的圣贤气质。

第六章

遁入空门

虎跑寺断食

如果有些东西是属于你的，不必心焦，它终会穿过朦胧的雾霭与曲折的山路，与你久别重逢，你要做的便是耐心等待。

身心之苦聚集在心中已久，李叔同在教书之余便追索消除痛苦的办法。

此时已经是 1915 年夏秋之交，李叔同与幸子一起趁着暑假的间隙到东京游玩，过完暑假后绕道上海，将幸子安置停当后，独自返回杭州，继续在浙一师任教，并兼任南京高等师范学校的艺术课程。

此时的中国，风雨飘摇，民国建立几年来，几乎无一日安宁。这年上半年，全国商界、学界为二十一条四处请愿，整个中国弥漫着一股悲愤的气息，革命党人一败再败。夏秋之际，听说袁世凯要称帝，各省众多的社会名流组成请愿团，要求实行帝制。

面对这些混乱局面，作为一个要养活两个家庭的高校老师，李叔同尽管痛心却无能为力，他的话越来越少，专注于教学。数年过去，尽管教学成绩有目共睹，但心仍是不得安宁，最终走上了一条迥然于大多数人的路，开始越来越具有导儒归佛的迹象。

李叔同原本就爱好并擅长金石、书画，到南京高等师范学校兼职之后，还和一些人成立了一个金石书画界的组织——宁社。这个社团与其他艺术社团本身并没有太大的差别，只是社员们每有新作，李叔同转借佛寺陈列展览；与社员们聚餐时，他也只吃蔬果，不沾荤腥，言谈中还时不时地蹦出几句禅语。

正在这个时候，夏丏尊从一本日本杂志上看到一篇关于断食以更新身心的修养方法，还说自古宗教上的伟人，如释迦牟尼、耶稣等都曾断食过，文章中还列举了断食的方法和应该注意的事项。李叔同听闻之后，产生了浓厚的兴趣，一番研究后，觉得颇为可行，决心一试。

学校已放冬假，平日里热闹的校园瞬时便静了下来，学生与教员相继离校。李叔同坐在居所窗前，愣愣地出神。桌上放置着幸子寄来的书信，里面满是浓浓的期待，问他何时回去。他回信极为简短，并未告知回程日期，只是说暂时回不去了，请她不必挂怀而已。

现在的李叔同与幸子，每个月见一次到两次面，其他的消息只能靠信笺传递，但仅靠鸿雁传书来维持的爱情，能否长久？幸子坐在梳妆台前，默默地看着镜中的自己，一滴眼泪轻轻地落下。曾经的红颜不知何时有了些许细微褶皱，从前清亮的双眸中如今满是落寞的深情。把自己托付给一个遥远得见不到面的男子，花样年华抵押给冷寂的深闺，令她心痛。

爱是什么？幸子问自己。答案却是一早就有了的，爱是心甘情愿忍受疼痛。在这一点上，东瀛女子与中国女子并没有太大的差别，俞氏何尝不是如此？

民国五年（1916年）十一月三十，李叔同终于开始了自己期盼已久的断食试验。他携带日常用具，笔墨纸张，以及灰色棉袍、布棉鞋等，来到虎跑寺暂住。与之同往的还有校工闻玉，在学校里一向就是他照料李叔同的饮食起居。

虎跑寺位于西湖附近，历史悠久，寺院与虎跑泉之间有一条弯曲的石板路相连，路程仅有大约二里。小径两侧，山林茂密，行人到此清凉之感扑面而来。一条溪流从山上蜿蜒而下，潺潺而走，越近寺院，水声越响。听着激越的水声，赏着郁郁葱葱的山林，一路走过石板路，一座四方凉亭迎面而来，墙上刻着三个大字：虎跑泉。

此地幽静异常，深秋时节默默驻足，甚至能听到叶子落地之声。虎跑寺中僧人很少，方丈楼上只住着一位出家人，此外并无他人居住，寺中房间很多，平日里都关着。游客来访，不能进入，可以说是一个非常清净的所在，正是修行人用功办道的地方。

人与物的缘分，总是这么奇妙。这样一所清幽静谧的寺院，无数岁月中迎来送往了众多的修行者，现在却基本空闲，好似冥冥之中在等一位有缘人，等他在懵懂迷茫中到来，而后于此清修，打坐参禅，释然往事，洞悉未来，顿悟人生妙谛，洗净心之尘埃，直至渡到彼岸，进入永生。

在启程之前，李叔同已做了详细的断食计划。全程共三个星期：第一个星期逐渐减食，直至完全不食；第二个星期，除饮水外，完全不食；第三个星期，由汤粥开始，逐渐增加至常量。同时，嘱托闻玉：断食时，不会任何亲友，不拆任何函件，不问任何事务。家中有事，由闻玉答复，处理完毕，待断食期满，告诉我。断食中尽量谢绝一切谈话。

闻玉一直是他的虔诚护法，对李叔同很信服。只是，他也是人，并未完全按照李叔同的嘱托行事，因为他觉得有些事不能只顾理而不顾情。

李叔同入山，人声渐渐疏落，心也随之慢慢静下来。对他来说，冥冥之中似有一种新的生活在等着自己，但一时又没有头绪，断食与新生之间是否有着必然的联系，一定要自己亲自求证才好。于是，他的棉布鞋踏在青石板上，开启了一段通往崭新世界的奇妙旅途。

李叔同的房间正朝南，正好位于客堂楼下，闻玉则住在后面一间小室内，两室之间仅仅隔着一块板壁，方便两人呼应。清晨之时，曙光会透过窗子渗进来。

当晚李叔同吃了几个素菜，精神很好。饭后，点灯写字，作楷书八十四字。尽管有些微微咳嗽，喉紧声哑，倒并不觉得碍事。写完字后，静坐片刻，就早早就寝了，只是楼上方丈可能一直在经行念佛，脚步声让他入睡有些慢。

这是一场灵魂的净化之旅。生命，本如镜花水月，但万丈红尘中的追逐早已认假为真，失去生命原本的纯真和美好，幸运的是，这种纯真和美好一直存在内心一隅，并未有丝毫的缺失，唯有将俗务清除干净，它方能显现。故而从某种程度上讲，这次断食更像是佛门的一次短期方便闭关，在灵修锻炼中，磨炼心智，控制食欲，以此找到一条心灵的解脱之路，就像凤凰那样，经浴火焚烧之后，涅槃新生。

痛苦总是与某种欲望毗邻而居，是以要想灭除痛苦，只有调伏欲望才是究竟之路，欲望减轻，痛楚自然也会减轻。但世间大部分人并不这么认为，大家认为痛苦是因为某种欲望没有满足，要想解除痛苦，就只有不断追逐，将这个欲望满足，这就陷入了一个无穷的循环，永无出期。

断食期间，李叔同和闻玉所吃的东西，严格按照预先的断食计划预定。所食之物，都是些清淡的素菜，紫苏叶、白豆腐之类，以及颗粒有限的白米，不沾丁点腥荤，饮品多半是清冷水、梨汁，有时混点杏仁露，还有的时候里面会放几枚梅干，几枚小橘或是半根香蕉。

李叔同的生活逐步规律起来，午后独自散步，常常是走到山门而归，归来时若略微疲惫，便会稍作歇息。每隔一段时间他会上楼找方丈，向其借几部经书来读。静坐与写字是他每日必修的两个课程。他通常静坐半小时左右，当然精神好时便会延长静坐时间。他所写的字，大多是楷书，其次便是篆字、隶书，也有魏碑，纵然体力时有不支，但笔力与往日相较，依然遒劲有力，并不减弱。

断食期间，闻玉收到了幸子的信，他违背嘱托，拿了信给李先生看，很显然，在闻玉看来，自己虽然理解不了断食，既然李先生认为重要那应该是很重要了，但再重要恐怕也不能不管家里人。李先生蹙了一下眉，摇了摇头，并不拆开，而后在纸笺上写下："情"诚可畏也。很显然，三十七岁的他心灵已经起了巨大的变化，从前游戏风月、走马章台、遨游情场、乐此不疲。如今，只觉情爱是种牵绊。

断食期间，每一天快要结束时，李叔同总要记录下当天的详细资料，包括当日的时间、气候、饮食、起居行止，以及心理状态、生理反应，等等，极为周详，毫不遗落。

第六日，断食正期第一日。李叔同三点醒来，心跳胸闷，饮冷水橘汁及梅茶一杯。八点起床，手足略感乏力，头微微有点晕，执笔写字颇感不便，写日记时甚至出现几笔误字。八点半饮梅茶一杯，到九点半之后精神稍好，十点左右精神变好，口渴已愈，几天来喉咙肿痛也痊愈。之后，他饮梨汁一个，橘汁两个。早早入睡后，竟梦见自己变为少年，眉目清秀，穿着年轻时的素色锦缎衣袍。他认为这是断食的功效，欣喜异常。

食与色，乃人生两大烦恼，也是两条绳索，几乎所有的人终生都被这两条绳索束缚，至死方休。现在，李叔同体会到了一点宗教所说的清净、无为的感觉。远离尘嚣，食物断了，色欲断了，心也就轻了。自此之后，他入睡无梦，心清意净，暂时孤寡无碍。打坐的时候，耳根灵明，过去听不到的现在似也能听到了，觉大地间到处都是不息之声。断食正期第四日，他一时难抑兴奋之情，做印一方，是为“不食人间烟火”，并于当天的日记中写道：空空洞洞，既悲而欣。算是初尝法味了，之后他继续坚持，一直坚持到十八日断食结束。

放下，有的人很害怕这两个字眼，他不知道的是放下之后将会有另一种巨大的收获。唯有秋天，花树方能结果。置身烟火俗世，不管是家国还是天下，没有什么是不可放下的，所能留下的，只是内心的一片清澈湖泊。空中浮云，寺中竹林，书中文字，都是一种生命的召唤，他恍然听到前方有声音传来，生命的路越发清晰。

断食后几天，他开始慢慢恢复进食。最朴素平常的青菜、豆腐，如今尝来竟觉是人间美味。他的精神大增，足力极健，午后常于山中散步，采撷花草或是松子。一旦闲下来，就诵日本天理教《神乐歌序章》，或是抄写《神乐歌》。

十二月十八日，断食结束。第二天，李叔同与闻玉走出虎跑寺，再回红尘，回头再看一眼那扇赭红色的大门，门内门外简直是两个世界。微雨轻洒，犹如天降甘露，他觉得自己还会再回来的。

佛意渐盛欲归去

世界上最率性的生活方式无疑是随心而动，犹如清风。风无定向，随缘而动，心有所倾，即便行之。

断食之后，李叔同如同重生，那种内心的清澈干净难为外人道。此刻，于他而言，朴素方是人间至美。往日的繁华已经彻底退尽，留下的只是平和安详，眼中所见也只是划过天空的一缕云彩或一只飞鸟，除此之外，别无其他。

在世间，李叔同的职业是艺术教师，艺术的极致是返璞归真，但做人又何尝不是如此呢？试看千宗万论，不管是天理教还是道教、佛教，基本都有此教义，是以他为自己取别名：李婴。然而，一个“婴”尚不足以表达其愉悦之意，因此几天后，他又在日记本里写下“李欣”二字。刘质平曾经搜集过李叔同的曾用名，超过二百之多，这一路走来，名字实际上随着他心境而不断改变，他的名字往往喻示着他当下是怎样的状态，愿成为怎样的人。

返校之后，气温骤降，很快落雪纷飞。他站在空旷的学校里，双手背后，微微抬头，任凭雪花铺满肩头，也不愿意去拂掉它。现在他的心里不再下雪，这不是遮掩，而是清洗。恍然间他明白了自然界隐藏的深意。

慢慢地回到居所，他借着天光将断食时的留影作为明信片，明信片的上端则有闻玉的题字：“李息翁先生断食之像，侍子闻玉提。”下端则由李叔同亲自题写，只是署名又变成：欣欣道人。

大家收到这张奇特的明信片之后，无不为他奇异的行为而震惊。但惊讶之后细想一想也很正常，倒也在情理之中，谁叫他是李叔同呢？而李叔同，向来是和旁人不一样的，这几十年一向如此。

他还是忘不了几百里以外翘首期待的女子，简单收拾了行李，启程返回上海。

幸子仍穿着初来上海时那件羊毛呢长大衣，一只脚迈出门槛，却又中途停下，不敢相信地望着他，一时之间竟不知该怎样迎接他。她眼中盈满泪，却不知道这泪水是怎么落下来的。不见他时，她独自面对这满墙的绘画，心不知道该怎么安放；如今他就在眼前，却有一种难以言说的疼痛之感。

在家里，他的话也越来越少，只答不问。更多的时间，他都在读《庄子》《道德经》《人谱》等圣贤书，只留给她一个决绝的背影。这种状态曾经出现在他的父亲李筱楼身上，只是李叔同还没懂事的时候父亲已经离开了他。但他似乎天生就继承了李筱楼那种认真、克己复礼的品质，只是更为叛逆，当然他也不如父亲那样对家人富有温情，也正因为这样，他能够最终出家为僧，而不是像父亲那样做一个在家居士，尽着世间的义务，养活桐达李家一大家子人。

身在此，心已在彼处，他的心已经很难在任何人身上长久停留。春节刚过，李叔同便收拾行李要走。幸子知道留不住他，只好替他穿好夹棉的大衣，将行李箱递给他，就连什么时候再回，她都没有问。实际上她也很清楚，他的心似乎正在发生巨变，他愿意回来时，自然会回来；若不愿意回来，即便一封信接一封信地催促，恐怕也是徒劳。

其实返校只是个幌子，学校开学没那么早，他是要去虎跑寺静修而已。

命运的齿轮一旦悄然间转动，就再也停不下来，开始绽出它应有的光芒。因为贪恋、放不下，故而心生诸多烦恼。万丈红尘，无量孽缘，喧嚣熙攘，放下方可真正解脱。但放下谈何容易呢？从前，一切言行都着眼于获取，如今却要让自己一件件放下，势必产生难以割舍的情绪。失去的过程，内心并不是一个轻盈无比的过程，而是一个纠结、痛苦的过程，失去之后的新境界方是人生的真正归处，但这都需要时间，需要一个增上环境。

“鄙人拟于数年之内，入山为佛弟子。现在已陆续结束一切。”民国六年（1917年）的国家一团糟，整个中国陷入几大军阀割据的局面。李叔同不管这些，他在一个苍茫的午后，看着雾霭中半遮半开的远山，听着寺外潺潺的溪流，基本确定了后半生的灵魂归属，尽管这种归属还是隐隐约约的。取一张素色纸笺，李叔同蘸淡墨给自己在日本留学的学生刘质平写下这封心意明朗的信。

在虎跑寺静留一段时间之后，他再次返校。他开始越来越关注自己的内心，与外界的交往愈来愈少，该推辞的课一概推辞，该辞掉的公职一概辞掉。课外教授丰子恺日文的工作，也已经安排给了夏丏尊，平日的应酬也渐渐终止。必要的授课之余，他便躲在自己的居所写字，研读内典，或是步行至寺外听禅师说法。

九月，落叶开始铺径，通往虎跑寺、灵隐寺等名刹的弯曲小路，因为有了李叔同的足迹变得更为清幽。布鞋踩在落叶上，吱吱作响，内心深处恍然觉醒，尤其是在虎跑寺，听法轮禅师讲法，犹如一股甘洌的泉水浇遍全身，透心的清凉。回去之后，他便虔诚地净手、焚香，书写一对联语：“永日视内典，深山多大年。”题记：“余于观音诞后一日，生于章武李善人家，丁巳卅八。是日入大慈山，谒法轮禅师，说法竟夕，颇有所悟。”以“婴居士”落款。而后，他将这幅作品赠送给了法轮长老。

虽然还没有皈依，但他已经有了一个虔诚佛弟子的样子。他的居所已经完全变了样，四壁的绘画揭了下来，桌上原先放置的教书讲义与点名簿，换成了《普贤行愿品》《楞严经》《大乘起信论》等佛书经典。不仅如此，他还在屋里供奉了地藏菩萨和观世音菩萨像，每日他都要烧香礼佛，也无所求，只是自然而然地愿意这样。

前方仍有雾霭，但经过一段时间的修持，平静的感觉越来越强烈，焦虑与烦忧渐渐散去，一条新的人生路径逐渐显现，出家便是顺理成章。

一缕黄须情缘断

又是一年落雪时。这个时刻被中国人称为“年关”，是一个了结债务、开创未来的时刻，不管是个人还是集体，每到这个时段都要发生一些变化。

学校放年假，师生们纷纷离校，往日热闹的校园顿时寂静下来，只剩下寥寥数人。李叔同的行李已经收拾好，但并非回上海过春节，而是独身前往虎跑寺与道友们共同练习禅法，再次住在了方丈楼下。很显然，船已停在岸边，彼岸已不是虚无缥缈的意念，而是一个需要躬身实践的过程。

或许冥冥中真有天意，在大年除夕前日，李叔同忽然接到好友马一浮的一封信：

故人彭君逊之，耽玩羲《易》有年，今初发心修习禅观。已为请于法轮长老，蒙假闲寮，将以明日移入。他日得与仁者并成法侣，亦一段因缘耳。

能够成为马一浮的朋友，自然不是等闲之辈。李叔同对由马一浮介绍来虎跑寺的彭逊之当然表示了欢迎。可是在寺中没过几天，彭逊之忽然发心，当即恳求在虎跑寺出家。

原本李叔同认为自己崇佛的信念已经够坚定了，没想到这世上居然还有像彭逊之这样的人，一点都不拖泥带水，即修即悟，实在是善根深厚。

李叔同与马一浮一起观礼了彭逊之剃度为僧的全过程，心中受到巨大的触动。当住持和尚唱出“金刀剃除娘生发，除却尘劳不净身，圆顶方袍僧相现，法王座下又添孙”的那一刻，他恍恍惚惚的，忽然觉得正在剃度的似乎不是彭逊之而是自己，浑身颤抖，激动得说不出话来。但李叔同不知道的是，这庄严的仪式固然令人感动，但更重要的是出家的发心要正，而且要发长远心，否则这条路恐怕很难走得远，而彭逊之出家的因缘却是颇为复杂。

作为彭的好友，马一浮对彭逊之的这种举动不以为然。他认为彭的“即修即悟”，虽然也是难得善根，但对佛教的根本义理了解并不多，对这条路最终的归处也并不理解，而且其出家并非崇拜佛教所致。因为彭深信命理，推算自己将会有一场大灾，必须出家方可免于忧患。马一浮对李叔同说，出家是大丈夫事，如果没有坚定的信仰和长远的发心，是坚持不下来的，彭逊之果然不久就还了俗。

不能再等了，时机已到，缘分早定，李叔同回望这茫茫尘寰，转身登上那艘已经等待他多时的法船。他叩开楼上弘祥法师的门，表示愿发心拜师，皈依佛门。此时的李叔同已经是国内文化界的名人，弘祥法师自觉资质不够，不敢贸然应允做他的师父，便去松木场护国寺将自己的师父了悟禅师请来。于是，在民国七年（1918 年）的正月十五，李叔同拜了悟禅师为师，正式皈依三宝，成了一名佛教居士，法名演音，号弘一。

那些忙不完的琐事，那些放不下的执念，就暂且抛散在风中吧。李叔同已死，眼前的弘一居士，虽然还没有正式出家，但已经无悲无喜。

二月初五，是母亲的忌日，这是李叔同每年默哀的日子，这次他换上布鞋，穿着前不久请人做的海青，去虎跑寺诵了三天《地藏经》，再加上早晚两堂功课，回向母亲早生极乐世界。经文中的深意，在匀称的声音中渐渐浮出水面。密密麻麻的字迹，说的都是众生的痛苦、寿命的无常、因果的无情和圣人的慈悲。对于此，尽管他已经稍有领悟，但每一次诵读似乎都有不同的体会，都会加深对这个污浊恶世的深深厌离。

红尘太深，欲望太重，再待下去虽然不能说毫无意义，但和生死大事比起来，只是微末一尘，他已决定全身而退，彻底断绝世缘，入寺修行。再眷恋下去，只会辜负这勉强尚可的一二十年光阴（此时的弘一法师已经三十八岁），以及那颗向往解脱的心。

刘质平还有半年才毕业，但他已经等不及，“不佞自知世寿不永，又无从始以来，罪业至深，故不得不赶紧发心修行”。信寄刘质平之后，随后便向学校递交了辞呈。他心意已决，不愿再耽搁下去。

纵然心已趋往光明之地，但世间的俗事终归要安排妥帖，以免节外生枝，心中不安，这是他一贯的风格。最终，他将自己所有的美术作品，送给北京国立美术专科学校；所刻所藏的印章，送给西泠印社，该社主事者是李叔同的好朋友，也知道这批印章的价值，便将其封存于石壁之中，名为“印藏”；所藏的笔砚碑帖，送给金石书画家周承德；所作所藏的字幅、折扇、金表，送给夏丏尊，尤其是往日朱慧百、李苹香两位女子所赠的诗画扇页，以及赠歌郎金娃娃的诗词横幅，都装成卷轴，自题《前尘影事》，一并交与夏丏尊妥存。

先前预存的三个月薪水，他将其分为三份：一份连同剪下的一缕黄须，用纸包好，寄给昔日好友杨白民先生，让他在自己入山之后转交给幸子，告诉她实情，让她回日本吧；一份连同呈文交给浙江省政府转北京内务部，作为开脱俗籍的印花费及手续费；一份留作入山寺受戒时的用资。

一切都已经准备就绪，就等着入山，但最难的却是告别。由于亲人基本不在杭州，身边告别的实际上只有自己的朋友和学生，但即便如此，气氛仍然凝重，一股浓浓的哀愁笼罩在大家的心头。

“我明天入山，相聚今夕，实在难得。希望你们各自珍惜。”李叔同略有不舍，与丰子恺、叶天瑞、李增庸几位学生话别。

“老师何所为而出家乎？”学生不解，尽管李先生深受大家的敬重，但出家在中国人看来毕竟是一件不幸的事情，在大家的心目中，出家一般都是经历了巨大挫折之后的消极行为。现在李先生工作顺利，家小俱全，选择出家实令人不解。

“无所为。”他只能如此回答。

“君固多情者，忍抛骨肉耶？”学生不甘，抛出这个最令人放不下的问题。确实，对李准、李端两个儿子，他确实有欠关怀，心存愧疚。

“人事无常，如暴病而死，欲不抛又安可得？”他已看破世间的无常本性，决然前行。

作为浙一师交往最密切的朋友，夏丏尊对李叔同的出家始终不忍，执意要送他一程，但李叔同只是摇头，既然终须要分别，送与不送又有什么差别，更何况夏丏尊工作繁忙。

最终，是丰子恺等几个学生以及闻玉，陪着他走出熟悉的校门，走过涌金门，路过净慈寺，最终到了虎跑寺。一路上，西湖风景还依旧，小径仍清幽，鸟鸣时盈耳，但众人的心再也不复往日春季写生时的那种欢快和无忧，而是无比凝重和牵挂。

虎跑寺终于还是出现在眼前，李叔同站定，从闻玉手里接过行李，换上草鞋、僧衣，独自走入山门，从此世间的一切虽有来往，但再无牵挂。闻玉和丰子恺等人看着他翩然而去的背影，沉默不语，相对无言。

世间已无李叔同

转眼已经立秋。

立志修行的出家之人就如同天上的云，虽然千变万化，没有固定的形状，也没有特定的居所，而是岁顺逆世缘，风起时，它们就换一种姿态，也可能会换一下位置。现在的李叔同就处于这种状态，黄昏时候，做过晚课，走出禅房，仰望空中飘浮的云层，立志要在接下来的岁月里彻证生命的真相。

夏丏尊要回老家照料生病的父亲，临行前特地到虎跑寺与他话别。

对他的突然辞职、入山修行，夏丏尊始终觉得有点遗憾、浪费，期待着他能够“迷途知返”。再见到他时，往日那个庄重、儒雅的李先生已经不见。只见他穿着那袭深灰色的海青，头发许久不剪，已稍长，胡子也是许久未刮，显得拉里拉碴，只有双眼中散发着耀人的光彩。

夏丏尊看着他脸上那种不动声色、自然而然的神情，心中异常难受，问他接下来的修行打算。

“先做一年居士，转年再行剃度。”这并非一种安慰、一种托词，而是佛门一种通行的做法，主要是为了让立志出家者有一个缓冲期，再一次审视自己，到底适不适合出家，同时寺院在这个阶段也要观察下准备出家的人，看其是否能够适应出家人的孤寂生活，是否吃苦耐劳等。这种人在寺庙通常叫“净人”。

出家，固然是内心真切想法。但有些事急不得，时机到了，自然就能成行。

“这样做居士，究竟不彻底，索性做了和尚，倒爽快。”夏丏尊嘴里突然蹦出这么一句，说完连自己都愣住了。他之所以这么说，恐怕只是想让李叔同回头。但射出去的箭岂能回头？船已起航，缆绳已解开，彼岸呼唤之声时时传来，又怎么回得了头?

听完老友略带情绪化的话,李叔同只是笑笑,并没有争辩。送走夏丏尊后,暮色四合。远山片片云雾升腾,缭绕弥漫。他站在原地,久久地看着,心中又响起夏丏尊的那句话:“这样做居士,究竟不彻底,索性做了和尚,倒爽快。”他的话何尝没有道理呢?非常之人自然当行非常之事,一个念头如胶片显影般愈来愈清晰。

他决定不等了,现在就披剃,正式出家。

旧历七月十三,大势至菩萨生日,每逢这些佛教节日,寺里总会举行皈依、剃度法会,李叔同的披剃典礼就在这一天举行。

僧人整齐地排列在寺庙正殿两侧,庄严肃穆。钟声开始响起,鼓声继之,然后香火升腾,剃度师了悟和尚步入殿内,端坐佛像前的座位。引请师引李叔同入殿,在世尊佛像前及了悟和尚座前行礼。然后仪式正式开始。

了悟和尚迎请诸佛菩萨光临道场加持,勉励剃度者不忘菩提心,勇猛修行,自度度他,众僧和李叔同的一些朋友一起唱诵偈语,感人至深。

为避免节外生枝,他并未将出家之事告知亲友。是以最为惹人泪下的辞亲仪规,便从略了。

发丝,纷纷扬扬落下。他缓缓闭上双眼,放空心中杂念。

再睁眼时,红尘不到,袈裟披肩,世间再无李叔同,只有弘一法师。

纸包不住火,李叔同这样的名人竟然出家了!?这个消息迅速传播到上海,又通过报纸迅速被传播到整个中国,甚至日本、东南亚很多地方的人都知道了。

在天津老家,文熙盯着报纸看了半天,弟弟从小到大的一点一滴涌上心头,最终只得长叹一声“天意!”,便亲自将报纸递给俞氏,劝她有空带着两个孩子去一趟杭州,找找他,让他迷途知返。俞氏太了解李叔同了,她知道一旦他决意要做的事,谁也拦不住,文熙的劝告自是无用。就当他提着行李迈出李家大门的时候就已经不在了吧,她心想。

但她做不到,三年后她终于忍受不了相思之苦,便独自一人来到上海,央求昔日好友杨白民夫人詹练一和黄炎培夫人王纠思,陪她到杭州寻访李叔同。三位女眷费了好大劲，走访了多所寺庙，最终在玉泉寺找到了弘一法师，要求他到岳庙前临湖的一家素食店吃一顿便饭，说说话。李叔同只好跟着她们来到说话的地点。

四个人一边吃饭，一边说话。李叔同很少有话，三人有问，才答上三言两语。直到吃完了饭，他都没有抬起头来向三位女士正看一眼。吃过饭，他便告辞归山，仍旧是一言不发。

三人送他到岸边，李叔同雇了一叶扁舟，他一个人默默地上了船。船划动了，他竟没有回过一次头。

这样的结局俞氏并不感到奇怪，根据她对李叔同的了解，来的时候可能就已经预料到了是这种情形，但泪水还是无声地落下，三个女人便惆怅茫然地站立湖畔，望着李叔同的小舟一桨一桨地荡向湖心，直到连人带船消失在湖心……俞氏在岸边越哭越伤心，另外两人便在身边劝慰。

在上海，杨白民将一个铜盒与一个信封，交到幸子手中。幸子已经听说了自己丈夫要出家的消息，含泪打开，铜盒中是一缕黄须，而信封中竟然没有一句话，只有一些生活费。一瞬间，她感觉天要塌了，她不相信十二年的情缘，抵不过一个信仰，也不理解这种惨痛的出家修行方式。于是，她苦苦央请杨白民带她去杭州。红尘中还有她，他怎么舍得放下呢？

西湖畔，天气阴沉，似要下雨，两船缓慢相向而行。

“叔同——”幸子未语泪先流。

“世间再无李叔同，请叫我弘一法师。”他淡然而答。

自始至终，他始终没有正看她一眼，更没有与她对视。他已经下定决心走彼岸，情波欲海里的一个个波浪，他只有一个方略——逃。这样做，尽管她们会疼，但创伤终究会被时间慢慢抚平。最终，他掉转船头，缓缓划去。而她站在原地，静静看他消失在雾中，任泪水在风雨中肆虐。

先前的路，悄然隐去。既入佛门，眼下修行的路，徐徐展开。纵然一时还看不到方向，但终归有方向可循。在佛门内部，最简易也最重要的方向即是戒律。虽然李叔同现在已经剃发、染衣，但他还需要受戒，方能算得上正式的僧人。可以说，按照佛门内部的标准，他的修行路才刚刚开始，但他欣喜默然。

不久之后，灵隐寺有受戒法会，他便身披袈裟，带少许行李，于结霜的清晨，步行前往受戒。

西湖边上，灵隐寺可谓巨刹，两峰挟峙，林木耸秀，鸟鸣而幽，云烟万状，可谓庄严。第一次踏入这座寺庙，李叔同便有一种似曾相识的感觉。由于李是名人出家，寺院方丈便对他格外客气，将其住所特别安排在客堂后面的芸香楼里。

受戒法会耗时长久，静坐之余，他喜欢在灵隐寺迂回蜿蜒的小径里散步，步伐平和淡然，缓慢而坚定。一天，恰好碰见为他授戒、教戒的慧明法师。慧明法师僧衣上全是补丁，穿着极不考究，却是世人尊敬的大师。当他知道李叔同前来受戒但又没和其他戒子住在一起，而是住在芸香楼中后，脸上的笑容瞬间转换为严厉的神情。

"既是来受戒的，为何不进戒堂？虽然你在家时是读书人，但读书人就能这样随便吗？就是在家是一个皇帝，我也一样看待。"慧明法师说话一向很直接，从不拐弯抹角，但往往点化得恰到好处。

这可算得上是受戒的第一张试卷，可能他表现得并不特别圆满，但从中悟到了事无特殊的道理，对佛门内部一些规矩有了更为直接、系统的认识。修行之路，远且艰，宛如一艘行在水中央的船，风浪总是会有的，但初心不改，终能达到彼岸。

一个月后，慧明法师对他的表现很满意，终肯为他开堂授具足戒。戒规严密烦琐，达到数百条之多，一条也不容许犯。烦恼由此慢慢减轻，心魔由此得到压制，他成了一名真正的比丘僧。

马一浮作为杭州知识分子圈中的佛学权威，知道好友弘一法师于灵隐寺受戒，特地赶来参加他的受戒仪式，并给他两本书：明代藕益大师的《灵峰毗尼事义集要》，以及清初见月律师的《宝华传戒正范》。他如获至宝，感觉非常契合自己的根性，再次精心研习一番后，便萌生了严守戒律与弘扬戒律的念头，且立下四不誓愿：不当住持、不为他人剃度、不做依正师、不收入室弟子。

第七章

云水生涯

云水飘零一孤僧

佛门清净地，花开不喜，花落不悲；丛林茂盛，过去可能心生欣悦，但现在万木凋零跟丛林茂盛的区别虽然仍有，但也不会再心灰意懒。群鸟飞向远处的黛色山岩，夕阳隐入清澈的湖心，万物都有自己的归宿，一切都有自己的轨迹。只要在繁华中心留一片真淳之地，于纷芜中安然自处，即是道法自然，即能如虎跑寺外的那棵参天大树，触着流云和微风，每一天都在隐秘生长。

在智者看来，修行犹如作战，而且是一场持久战，必须慢慢打磨，方可逐渐契入法性，妄图短时间内证入佛地，得成正果和认为自己根器下劣，无法此生解脱都是错误的思想。这个过程中，需要种种善巧方便。

李叔同初出家，马上就面临着一场考验。由于艺术家的名声过于响亮，38 岁断然出家更是为他增添了不少传奇色彩，所以很多人前来拜会求字，可谓俗缘不断。本来出家是为了求清净，在一个悠然的环境中精进办道，但没想到出家之后事更多；自己在世间的种种特长，如书法、绘画、音乐，原本想全然舍弃，但没想到在寺庙里反而需求量更大了。这令他哭笑不得。

在受戒之后，弘一法师应嘉兴佛学会会长范古农邀请，赴嘉兴精严寺。在藏经阁内，他披览经卷，第一次在毫无边际的佛学世界中遨游，一面感到佛学的深微精妙，一面又生不少疑团。

“旧业可否重拾？”弘一法师问范古农。

“若能以佛语书写，令人喜见，以种净因，这也是佛事，又有何妨？”范古农作为旁观者，看得毕竟更透脱一点。

这时候的弘一法师犹如在茫茫海中航行，猛然间像是看见远处的灯塔一般。前方的呼唤声，比之前更清晰了一些。折断的毫笔，仍可再续，那么其他所谓绘画、音乐也仍可以再次拿起，只不过立意有了变化。于是，他研墨展纸，提笔写下："佛即是心，心即是佛，人能弘道，非道弘人。"

时光匆匆，即便只是翻阅经卷也是一晃而过，不留一丝痕迹。两个多月之后，已经到了岁暮，有聚即有散，聚时自当珍惜，散时不必挂念。弘一法师便提着行李，离开精严寺，走进了玉泉寺，其好友程中和，以及玉泉寺居士吴建东也都在这里停留。

玉泉寺内一个亩许大的水池，里面养了不少鱼，当然也有不少是居士们放生的，这是中国佛寺的一大传统——放生池。弘一法师在写经念佛之余，常来此处观景。池中的鱼，还算自由自在，虽然游不出这亩方塘，但毕竟在三宝地栖身，每天都在佛法声中熏习，不断增进善根。而自己何尝不是一条池中之鱼呢？虽然暂时栖身佛寺，相对自由自在，天天熏习佛法，但时光毕竟有限，若不能精进修持，恐怕也会像这池中之鱼一般。

在寺中他严格按照清规戒律的要求起居。早食粥，午食斋，过午则不食。他将自己埋在经卷之中，潜心闻思，随缘见客。即便是见昔日友人，也是句句不离佛语；如果是练字，则是笔笔不离佛书。这种清规戒律控制下的生活，很多初出家的人都受不了，都要有一个慢慢的适应期，但他并不觉枯燥，反倒觉得内心一日日清明起来，似乎还有一种甘之如饴的快乐，此前的尘埃渐渐被拂拭掉，心中越发平静。

残冬岁末，老友杨白民来玉泉寺探望他。一进屋内，里面陈设简单至极，只有一张破旧的方桌和窄窄的床榻。方桌上整齐堆放着最近诵读的经书，以及写下的佛联。床榻位于屋子的西北角，床上只是一条薄被，连个枕头都没有，放置床头的衣服卷起来即是。

杨白民看着心酸，想起昔日上海的繁华岁月，几乎说不出话来，双手捂着茶杯取暖。之后缓缓地跟他说起幸子的情况，弘一法师虽然在听，却是不动声色，仿佛在听旁人的故事一样。若不是早就认识，恐怕连杨白民也会觉得他太过无情，但弘一法师却反过来劝杨白民，不可沉溺红尘过甚。

> 古人以除夕当死日。盖一岁尽处，犹一生尽处。昔黄檗禅师云：豫先若不打彻，腊月三十日到来，管取你脚忙手乱。然则正月初一便理会除夕事不为早；初识人事时便理会死日事不为早。那堪荏荏苒苒，悠悠扬扬，不觉少而壮，壮而老，老而死。况更有不及壮且老者，岂不重可哀哉！故须将除夕无常，时时警惕。自誓自要，不可依旧蹉跎去也。
>
> 余与白民交垂二十年，今岁余出家修梵行，白民犹沉溺尘网。岁将暮，白民来杭州，访余于玉泉寄庐，话旧至欢。为书训言二纸贻之，余愿与白民共勉之也。戊午除夕雪窗大慈演音。

除夕之夜，窗外大雪纷纷，弘一法师研墨，借着雪光和灯光，写下这段勉励文字。如是字句，是双脚踏入空门之人的必修课，所谓“念死无常”是也，必须经过这一训练，道心才会逐步增上，不敢不珍惜岁月，猛力修持。从前那个李叔同，渐渐隐退在雾中，不见踪影，道心坚固的弘一法师逐步显现。

春节过后，天气一天天暖起来，西湖已经碧波荡漾，小河中薄薄的冰，已经渐渐融化。野鸭在小池子里轻游觅食，划出层层涟漪。时间，终能让一个人的情绪平复下来，如海水能够覆盖所有的凹陷，只要耐心等待。现在的弘一法师，出家不及一年，但亲朋好友的失落情绪已经让时间冲淡了不少。

三月杭州，柳暗花明春事深，正是结伴出游的大好时机。昔日在上海，每逢这个季节，城南草堂的一干年轻人便结伴踏青，感受春天的气息。如今，又是春天，物是人非事事休，弘一法师在那所会见杨白民的简陋居室内，又见到了曾经的金兰之交，天涯五友之一的袁希濂，他即将调职武昌，听说自己的金兰之交竟然出了家，便赶来话别。

曾经的天涯之友，如今四散零落，两人再次聚首，也全然没了往昔那份纯粹如水的心境。两人一人官服，一人僧衣，中间隔着破旧的木桌，相对而坐，一时无言。

袁希濂话语并不多，不过是几声叹息，弘一法师便已经明白他的意思。说到底，在义结金兰的五个人中，袁希濂的悟性无疑是非常高的，最令人叹服的则是他的果断和勇猛心，一旦选择了去做某件事，往往不达目的不罢休，这种果决和勇猛连弘一法师都自叹不如。他能够在战乱频仍的中国四处做官，也是一件难得的奇事。

聪明人说话往往很少，两个聪明人在一起更是无话可说，弘一法师静静看着茶叶在杯中展开、回旋。房门开着，回廊上不时有游人从门前走过，弘一法师始终不看一眼。许久，等全然展开的茶叶沉在杯底，弘一法师才端起茶杯啜了一口，颇有昔日上海滩上李三公子的风采。

“你前生也是一个和尚，希望你能在朝夕之间多念经读佛。”弘一法师劝袁希濂，听口气并不是开玩笑。临别之时，他还向袁希濂推荐印光大师刻印的《安士全书》，这是一个清朝人所作的劝善之书，虽非佛经，但佛理阐释得极为精准彻底。对袁希濂这样的人来说，是最好的入门读物。

在修行人看来，自己脱离了尘网，往日的有缘之人便是首要的度化对象，劝他们也尽早觉悟，以免误入歧途，寻找渡到彼岸的路径，乃是天经地义的义务。然而，两人毕竟已是不同世界的人，乍然之间让一个身在仕途的中年男子修行，无疑是一件极难的事情，自古皆然。入世已深，贪恋红尘已久，怎能说放下就放下？旁人的劝告终究隔了一层，唯有自己领悟，方可看清这混沌的人间终究是虚幻。

袁希濂走出玉泉寺时，颇为惆怅，昔日好友出家修行令他既感且佩，虽然自己对佛法并不排斥，但也没什么特别的信仰。既然弘一法师说自己与佛有缘，还推荐那本《安士全书》，那就等个时机看看吧。

多年之后，袁希濂任职丹阳县，偶得此书，想起当年弘一法师的嘱托，如获至宝。读罢，恍然有悟，了解到佛法之圆融，佛力之宏大，觉得学佛之事再也不能耽搁，于是在自己的公署内设立佛堂，每日清晨念佛，跪诵大悲忏，顶礼诸佛菩萨。一段时间后，颇觉心安，更加精进。又购得一本《大悲心陀罗尼经》，见里面有种种灵验方法，感观音菩萨之广大愿力，开始专修大悲咒。

1926 年 3 月，丹阳城内大火。作为地方父母官，袁希濂在火起的时候亲自到现场指挥救火。但当时大旱，井河都干涸了，城内甚至连一桶水都不容易找到。救火会命水夫至城外运河取水，但毕竟远水救不了近火。袁希濂想起大悲咒，默祈观音大士，对着火焰持诵大悲咒，以求火熄。约一刻钟，有楼房坍下，火焰遂息。经此一事，袁希濂对密法咒语和佛菩萨愿力生起极大信心。

1927 年，国民革命军北伐至丹阳。当时兵荒马乱，盗贼四起，沪宁路上的各县知事基本都已经逃走。袁希濂恃有大悲咒一点也不害怕，就他一个人没有逃走，被革命军改任为代理县长，他因为不想加入国民党，便上书当局请求辞职，得批准后返回原籍上海，正好印光大师在新闸路陈家浜太平寺，便皈依了印光大师。

印光大师教人持名念佛以生净土，但袁希濂对密法的信心更大。1927 年腊月二十日起，他又从密宗上师持松阿阇黎学习密宗十八道加行暨十八道正行，以及施食灵供等法。到第二年（1928 年）二月初八日圆满。之后，猛力修持，灵感不断，颇有威德，成为沪上有名的大瑜伽士。日本人占领上海后，仰其德望，请他出来担任上海市市长，但袁希濂断然拒绝，两袖清风，卖字为生，虽一家人衣食不继，仍然不改初衷。

在玉泉寺，虽然风景不错，但游人过多，犹如闹市。对修行功夫不错的人来说，正好拿来历事炼心，但对初出家的人来说，恐怕并非一个好的修行场所。因此，到 1919 年 4 月，弘一法师收拾行李，决定回虎跑寺过出家之后的第一个结夏安居。这是从释迦牟尼佛时代就传下来的规矩，每年四月十五至七月十五（旧历），僧人不可云游，只可在禅寺之内静心修行。

数量众多的僧人一起修学三个月，形成一个庞大的气场。弘一法师很快就在这种气场中领略到了澡雪精神的意味，尤其是唱赞颂。这是结夏期中的日课，在华德禅师那里，每当和大众一起唱起赞颂，他便恍然记起了父亲去世时，屋内响起的那种梵音，空明、洞彻、流畅，既是一场灵魂的洗礼，也是对精神的一次无形的按摩。弘一法师再次领略了佛教音乐的美好。此前他认为书法可以陶冶情操，劝化世人，如今唱响那缥缈的赞颂时，他明白有声的音乐更可以净化心灵。于是，弘一法师在唱诵之余，着手将众僧手录的音韵偈赞，加以整理完备，剪辑装订成一册《赞颂辑要》。并总结了歌唱佛法赞颂的殊胜利益："歌唱颂歌，其利益甚多：一能知佛德深远，二体制文之次第，三令舌根清净，四得胸藏开通，五则处众不惶，六乃长命无病。"

在集体诵经与唱诵中，过去难以理解的经书要义渐渐浮出水面。听着愈来愈响的蝉鸣，他会突然悟出《首楞严经》的某句妙谛；看着变幻出千万种姿态的流云，他会突然想起《金刚经》中世尊的开示，静静沉思，仿佛正走入忘我的空明之境。

将妄心舍去，使真心常住，是为修行之法。说起来容易，做起来万分困难，难在无边无际的业障种子需要清洗。这是一场震动三界的身心大彻换，为天下第一难事。

结夏安居在一个无风的黄昏结束。弘一法师没有在虎跑寺再住下去，他收拾行李，还是要去寻一个适合自己的安静住处，潜心修行。不久之后，他又移居灵隐寺。虽然居无定所，好在心有所依。

旧历十二月八日，是释迦世尊成道之日，弘一法师与程中和、吴建东居士共燃臂香，按照天亲菩萨《发菩提心论》所言发十大正愿。在佛教徒看来，愿不可轻发，发则有验。一旦佛前发愿，早晚要猛力修持以行愿、满愿，最终"障尽愿满，便登解脱清净法殿，住大圆觉妙庄严域"。弘一法师，这一次表明自己潜心修行之决心。血肉之躯在燃烧中，散发着疼痛。在疼痛之中，发愿者的心意也更为坚定。他知道，这条路不但苦，而且跟红尘之路一样也是山重水复，远非想象中那么平坦，而他甘愿承受一切苦楚。

贝山之行

刚出家的一年多里，弘一法师基本处于云水飘零的状态，在杭州附近的几大寺庙里随缘安居。但他觉得这不是长远之计，"杭地多故旧酬酢"，干扰太多，不能息心办道，虽然以佛法结缘大众也是功德，但毕竟自己出家时日尚短，定力有限，面对红尘还不能如如不动，不能度人反而让众人把自己给度了去。因此，还是要寻觅一处适宜常住精心修持的所在。

冬季过后，浙江一师的学生楼秋宾来访。故人来访，弘一法师拿出去年剩下的陈茶，为学生沏好，自己则饮一杯清水即可。楼秋宾老家在浙江新城（又称新登，今属于浙江富阳县），位于富春江畔，是东汉著名隐士严子陵隐居的地方，境内有贝山。此山风景绝佳，在山上可眺望汹涌澎湃的钱塘江，山下则是深不见底的幽谷。山腰潺潺清泉流淌，水香而醴。每年八月至翌年四月，山顶积雪盈尺，久不融解。正可谓修行办道的好地方。

“贝山清幽绝佳，可开辟出一块山地，供老师筑室掩关。”楼秋宾很想为老师做一点事情，发心倒是不错。

假如果真如楼秋宾所言，倒真是个绝佳之地，弘一法师不禁心生向往，能与千古隐士严子陵同隐一地，也是难得缘分。只是身边还有事情，无法立刻动身。

直到 1920 年七月，弘一法师才决定赴贝山静休。杭州师友听说，便于虎跑寺下院接引庵中治面设斋，为弘一法师饯行。马一浮赋诗七律两首，题为《弘一上座将掩室新登贝山敻绝处，以此赠别，且申赞喜》，并题写“旭光室”一额。

屈指一算，从民国元年来杭州任教，弘一法师在杭州已经有九年之久，现在一别，不知何年才能再见。尤其是夏丏尊，与弘一法师业缘最深，弘一法师手书“珍重”二字相赠，题记曰：“余居杭九年，与夏子丏尊交最笃。今将如新城掩关，来日茫茫，未知何时再面？书是以贻，感慨系之矣。庚申夏弘一演音记。”

临行之时，程中和居士决心同往，发愿以后跟随法师一同修行，护持闭关。于是，他也皈依于了悟和尚门下，法名演义，号弘伞，而介绍人正是弘一法师。

到达贝山后，弘一大师先暂住楼家。在楼家，他的起居时间并没有随着居所而改变，仍旧是早餐食粥，午食一碗米饭，少许青菜或豆腐，不含丁点荤腥。在这里，弘一大师觅得《弘教律藏》三帙，又求南山《戒疏》《羯磨疏》《行事钞》等律学著作，苦心钻研。这是马一浮的建议，也是他本人的志趣所在。

楼秋宾正在积极地聚集工匠，伐木筑室。在外人看来，这是一件很普通的事情，但按照佛门内部筑造精舍的规矩，伐木、筑地基之前，必须知会一下本山的生灵，说明自己的本意，以和睦众生，因此农历七月初二日，弘一大师诵《无常经》一部，并撰长序《佛说无常经序》二千余言，末尾有言："是岁七月初二日，大慈弘一沙门演音，撰于新城贝多山中。时将筑室掩关，鸠工伐木。先夕诵无常经，是日草此叙文，求消罪业。"

尽管伐木筑房时已经做了一定的准备，但不知道怎么回事，房子刚盖好，弘一法师与弘伞法师入住不久，就接连发生各种逆缘。先是护关的弘伞法师母亲突然去世，家人急着让他回去奔丧，弘一法师不得不一个人住山。之后，某天傍晚，忽然狂风骤雨袭来，其势如排山倒海，刚盖好不久的房子瓦片如飞，等到风停雨住，经舍已经不能住人。

弘一法师突然遭遇这等境界，惊惜不已，第二天只得下山，再次开始云游生涯。他先往巨州（今衢州）莲花寺挂单，想等弘伞法师回来后，常住贝山灵济寺。但由于种种原因，此愿无法达成，而弘一法师也被其他寺院留住，只好暂别贝山。

这就是缘分，人与人的缘分如此，人与山的缘分也如此。

人间知己吾与汝

在李叔同出家前后的生活中，不可不提一个人——马一浮。从某种程度上可以说，李的出家和云游，李开始研究佛教律宗，马一浮的影响都不可忽视。

马一浮跟李叔同是同时代人，比李叔同小三岁，籍贯是浙江绍兴，1883 年生于四川成都。父亲马廷培当时任四川仁寿县知县。母亲何定珠，出身于名门望族，颇富文采。马一浮出生之前，何定珠已经生了三个女儿，均识字读书。马一浮出生后，深得父母和姐姐的疼爱。

马一浮自幼聪明伶俐，受到父母严格教育。马廷培对儿子的教育很严，且教育方法独特。他告诉儿子，不要只学四书章句，还要读史。曰："不读史，无以见事变之凡，立身之鹄也。"他还经常教育儿子对朱熹学说要加以深究。戒之曰："立身制行之道，约之以不苟二字。不苟，即主敬也，事事不苟，然后能事事体察，以深其条理。主敬穷理，一以贯之，非有二也。"这些庭训跟桐达李家的庭训非常相似，对马一浮今后立志研究理学是一个重要的铺垫。

马一浮的母亲何定珠性格温柔坚强，是一位典型的贤妻良母。她对长辈孝敬尊重，对丈夫关心体贴，对子女爱中有严。她常常给幼年马一浮讲一些古来豪杰义士的故事，期望儿子能够自拔于流俗。马一浮稍懂事的时候，母亲就告以"某人富贵勿羡，某人行谊贤者，汝学焉"。这种教育方法可谓难能可贵。

在家人的悉心教导下，马一浮八岁初学作诗，九岁即能诵《文选》《楚辞》，十岁那年，母亲患病，自知即将不治，但放心不下年幼的儿子，为了衡量自己教育的成效，并考考儿子的志向，一天，她指着庭前的菊花，要儿子作五言律诗一首，并限"麻"字韵。

马一浮听后，应声而就，诗云：

我爱陶元亮，东篱采菊花。
枝枝傲霜雪，瓣瓣生云霞。
本是仙人种，移来处士家。
晨餐秋更洁，不必羡胡麻。

这首诗就是当时盛传的"神童诗""菊花诗"。母亲听了之后，长时间沉默不语，最终才说道："吾儿长大当能诗。此诗颇似不食烟火语。汝将来或不患无文，但少福泽耳。"这句话基本概括了马一浮的一生特点，真可谓"诗言志"，"知子莫若母"。夜半，母亲痼疾发作，不久去世。从此以后，少年马一浮就失去了母爱，依靠父亲的教育和姑母的照顾长大成人。

母亲的话一步步应验了。马一浮才华横溢，1898 年不到十六岁第一次在县城参加科举考试，一鸣惊人，高中秀才榜首，人人惊叹。鲁迅兄弟也参加了这次考试，周作人名列第三十四,周豫才（即鲁迅）名列第三十七。之后,马一浮到上海游学,于西学有深入研究。但跟其他人不同的是,他越深入越觉得西学不足为中国所效法,便再次转入中国传统学术上来。

后来，为了专心研究学问，马一浮经湖墅香积寺住持肇安法师介绍，寄居在西湖广化寺的一间禅房里，苦心钻研传统学术（主要是佛家和儒家），足足住了三年之久。

禅房条件非常简陋，晚上没有电灯，门窗又漏风，但马一浮全然不顾，不管是大雪纷飞还是凄风冷雨，始终伴着青灯古佛手不释卷。就是在这种条件下他几乎读完了“文澜阁”的《四库全书》，并伴随着写了不少读书札记，还创作了不少诗文。这样一来，他知识的渊博可想而知。丰子恺先生曾说：“弘一法师有天对我说，马先生是生而知之的。假定有一个人，生出来就读书，而且每天读两本，而且读了就会背诵，读到马先生的年纪，所读的还不及马先生之多。”苏曼殊有一次在拜访马一浮后也得出结论：“马先生是无书不读。”

马一浮读书、治学闻名天下,但绝意仕途,不趋利禄,志节高尚。他一生有三好：一好读书,二好友朋,三好山水。马先生一生交友无数,而且所交往的都是一时俊杰,如谢无量、熊十力、梁漱溟、苏曼殊、李叔同、丰子恺、夏丏尊等。

李叔同与马一浮很早就认识了，还在十多年前李叔同在南洋公学特班上学时，他们就通过谢无量等人相识，但其后十余年未曾得见。直到李叔同到杭州任教后，两人才再次有了联系。此时的马一浮已经是一位驰名国内外的儒学家和佛学家，而且自身也表现出了深浓的佛化倾向。李叔同经常到马一浮所住的那条名为延定巷的陋巷中参加聚谈。据丰子恺回忆，李叔同在断食回校后不久，就由自己陪着到马一浮处交流“经验”。丰子恺当时学识有限，听不懂两位大师之间的谈话，里面尽是些“楞严”“圆觉”一类的名词。可以推断，马、李的谈话中，基本上都是佛家的内容。可能正是由于这种深入交流，加快了李叔同入山修行的步伐。

但令人感到奇怪的是，作为当时杭州佛学圈的权威，马一浮在自己的朋友李叔同、彭逊之纷纷出家的时候，却直截了当地表示不会出家。

作为当时著名的佛学家和当之无愧的国学大师，马一浮学佛信佛，但秉持的却是一种“儒佛互摄”的学说。他认为 :“佛学千言万语，不外两事，所破者为惑染执着，虚妄分别，此皆习心。所显者为真如涅槃，此即本心。儒家所谓私欲或己欲，即习心，一名人心。所谓天理、良知、明德，即是本心，一名道心。”因此，根本没必要分别过来分别过去，你批我我驳你，所谓“从本源上看，儒佛等是闲名，孔佛所证，只是一性。果能洞彻心源，得意忘象，则千圣所归，无不一致”。这就是马一浮常常说的 :“菩提涅槃是一性，尧舜孔佛是一人。”

这无疑是唐宋以来中国文化儒释道三家合流的一种学说，而且也经过了马一浮十数年的苦心求证。在他看来，想要求得解脱，摆脱生死轮回之苦，没必要一定要走佛门的出家之路，儒家、道家的路都可以达到同样的目的，三家刚开始辩可能略有不同，但到了证得法性的时候，基本一致，并没有什么差别。

更何况，在当时的中国，西风东渐，整个文化界兴起了彻底否定中国文化的思潮，一浪高过一浪，作为国内有名的国学大师，他要为中国文化保持一点骨血，传下中国的道统。这种信念随着 20 世纪 30 年代民族危机的加深日趋强烈，因此，慢慢地他最终归于儒家，返回六经。和他有着一样文化自觉的还有熊十力、梁漱溟等人。

其悲心，天地可鉴也。

第八章

常住永嘉

出家人最好有个常住地

1921年正月，由于贝山之行逆缘较多，弘一法师重返钱塘玉泉寺，又回到了杭州这个原点。一时，杭州师友来探望者甚多，但他仍想着闭关研究戒律的事情。

这时，南洋公学特班的同学、浙江瑞安人林同庄来访，听说了弘一法师贝山之行的情况，便劝法师到永嘉去。说永嘉气候温适，山水清华，而且安静少打扰，如果想专心修治戒律的话可以到那边去。弘一法师闻之欣然，有意前去驻锡，便请林同庄设法介绍。在玉泉寺常住的玉泉居士吴建东，性格刚直，好义忘利，一向钦服弘一法师，得知弘一法师的意向，主动写信给他熟识的永嘉同道，说是法师有意去永嘉常住，去后“凡所需求，无虑难继，有某在耳”。不久，弘一法师接到当地吴璧华、周孟由等居士的邀请，便料理行装，准备去永嘉。

永嘉，又称永宁，即现在的温州市，因地处瓯江下游，别称为“瓯”。这里自古即是有名的佛教圣地。瓯北是天下闻名的雁荡山风景区，这里有两所远近闻名的古刹：一是位于瓯江江心屿的江心寺。该寺在南宋时即被列为全国“五山十刹”之一，名僧辈出。南宋时期的永嘉状元王十朋科举及第之前，曾在江心寺中攻读经史，撰下一副名联：“云朝朝，朝朝朝，朝朝朝散；潮长长，长长长，长长长消。”另一座闻名天下的古刹为庆福寺，俗称城下寮。该寺位置绝佳，坐落于大南门外飞霞洞前，环境清幽，背山面水。民国初年，高僧寂山上人来寺驻锡，道风大振，从者云集，极一时之盛。寂山上人领众增筑精舍，扩建道场，使得该寺成为浙东有名的十方丛林。

实际上，这才是弘一法师真正应该长住的地方。对出家人来说，在道根还不稳固的时候最忌讳闭关独修，最好在大丛林中随众一起共学，这样道心才容易长久保持，有了烦恼也容易被调伏，功德才能持续增上。而闭关独修，非一般人所能为，除非是已经将业习烦恼调伏得差不多了的才可以闭关独修，冲击更高一层境界。弘一法师想要在贝山闭关独修，虽然只是研究律学，并非打坐修定，但这恐怕也已经超越了他当时的层次。他没能闭关成，也可以说是万幸。

1921 年农历三月下旬，弘一法师离开杭州，绕道上海前往永嘉。法师在上海候船期间，暂住在南市护国院，这是一座非常小的关帝庙，条件简陋。许多已经当上高官的旧相识，热情地邀请他去住豪华的房子，他都谢绝了。

国画家刘海粟对法师心仪已久，却一直无缘得见，这次得知法师住在护国院，便来庙里拜谒请益。刘先生看到这位曾经名震沪上、风流倜傥、奢华一时的富家公子哥儿，如今房间只有一张破旧的板床，光脚穿着一双草鞋，身着满是补丁的衲衣，难过得哭了。弘一法师却面容肃穆、双目低垂，并无戚容，反而透着出家人的自信与满足。刘海粟请法师为自己写一幅字作为留念，弘一法师送他“南无阿弥陀佛”六个字……

时在上海艺术专科师范学校任教的李鸿梁等一些原浙一师学生，得知李先生将去永嘉长住，以后再见面的机会就少了，便请他到学校为大家写字留念。城东女学的老友杨白民也邀请法师到校与大家结缘。弘一法师都答应了。

弘一法师与城东女学缘分颇深，他曾在这所学校教过一段时间美术文学课，该校的招生广告、校徽据说都是法师设计的。法师在这里教学的时候，有位叫朱贤英的女生，为人谦虚稳重，学习也很努力，经常拿着自己的画作请李先生判正指教，在当时是位颇有艺术前途的学生。但世事难料，没过多久，朱贤英却因病辍学，回家休养。前二年，朱贤英陪着母亲到普陀山朝拜，礼敬观音大士，并在那里受了三皈依，以此信了佛教，但对教理、修行方法并不是特别了解。这次听说已经出家的李先生路过上海，便立即赶到学校拜见老师。

十年阔别，再见面几乎都有点认不出了，但各自的轮廓还在，众人都不免一阵唏嘘。过去的李先生成了今日的弘一法师，而当年风华正茂的朱贤英则已步入中年，且一副病态的模样。师生相见，又都是学佛之人，不免感叹人生之无常，岁月之无情。朱贤英向老师介绍了自己得病后信佛的经过。法师欣慰地说：“我也听说了，你信佛至笃，修持无间，实在难得。”

朱说：“佛法广大，一时摸不着北，还没有进入学佛三昧。请老师多多开示。”

法师说：“当代大德印光法师不知道你听说过没有？他是我所崇拜的大德。他所倡导的持名念佛，实是学佛的最佳最便捷的途径。我也按他所教，专心持名念佛。”

朱问道：“什么叫持名念佛？”

法师回答说：“简单来说，就是先不干别的，比如不参禅，不打坐，不观想，而是专心念佛陀的名字。既可以念四字‘阿弥陀佛’，也可以念六字洪名‘南无阿弥陀佛’。口念、耳闻、心想，念到心中佛声一片，全无其他杂乱念头，以至于口不念而心念，修行就有了一点把握。”

朱贤英深自庆幸，终于从老师这里领受到了学佛的门径。她向法师表示：“日后必将按照老师所教，不再旁骛他法，唯一心持名念佛。”

弘一法师微笑着念道：“阿弥陀佛！善哉！善哉！”

但令人深为遗憾的是，朱贤英虽然找到修行的路径，也对佛法生起了不小的信心，但不久之后因一场大病而去世，身入宝山已经见到了宝，但无常一到仍是无法可施。这件事给弘一法师也造成了不小的震动。

闭关研律

弘一法师在上海待了五六天之后，搭船到达永嘉，先住于江心寺，后由吴璧华、周孟由两位居士介绍，驻锡庆福寺。从此，开始了他永嘉十年的行化因缘。其间，他曾有较长时间的闭关，也有多次短期或较长时间外出云游，包括两次远涉南闽，但不管外出多久，永嘉庆福寺始终都是他的家，是他僧籍所属的常住地。他每次外出，通常都是从永嘉启程，云游一段时间，弘法完毕后即回到永嘉。

灵隐寺受戒的时候，弘一法师受马一浮启发，萌生了研究戒律、弘扬戒律大愿，之后贝山之行本意也在于找一个幽静的地方深研戒律，只是没能如愿。年初在杭州，他开始精心研读《四分律》和唐宋以来的有关注疏。在研究过程中，他发现戒律极为繁杂，这与中国人好简的习性很不相应。在后来编竣的《四分律比丘戒相表记》自序中，他说，“以戒相繁杂，记诵非易，思撮其要，列表志之。辄以私意，编录数章。颇喜其明晰，便于初学。”自从四月到庆福寺后，为了集中精力研究律学完成大愿，编制《四分律比丘戒相表记》，他宣布立即闭关，并自约三章。约文语气显得极为紧迫。

余初始出家，未有所解，急宜息诸缘务，先办己躬下事。为约三章，敬告同人：

一、凡有旧友新识来访者，暂缓接见。

二、凡以写字作文等事相属者，暂缓动笔。

三、凡以介绍请托及诸事相属者，暂缓承应。

一个多月后，他又写了一篇《掩关谢客简》，分别寄给自己熟悉的师友，痛陈人身难得，寿命无常，应珍惜时间精进修法。简文说：

敬启者：不慧痛念生死事大，无常迅速。自今以后，掩关念佛，谢绝人事。谨致短简，以展诀别。他年道业有成，或可启关相见。凡我师友，幸垂鉴焉！

弘一法师严格按照《掩关谢客简》所说的去做，无论旧友新识，权贵平民，闭关期间一概谢绝。南洋公学的同学、瑞安人郭奇远来信要求接谈，弘一法师回信说：“余道业未成，精力日衰，今后数年之内，仍不与朋侣接谈，先办己躬下事，为第一要着耳。”之后，郭奇远的儿子郭鸿飞到寺拜访，弘一法师仍未接见。前任温州地方长官林鹍翔多次登门求见，弘一法师均称病拒绝。继任行政长官张宗祥，还是弘一法师在浙一师的同事，也来寺求见，住持寂山上人觉得不便辞却，应该见一面，弘一法师垂泪说："师父慈悲。弟子并非为谋衣食出家，纯粹是为生死事大，无常迅速。既然连妻子儿女都可以抛弃，又何况朋友呢？请师父以弟子有病为由送客吧！"最终连张宗祥也没能见弘一法师一面。若有家里来信，法师要求护关人员在信后批注"该人业已他往"，将信原封退回。有人问他一封信拆下怕什么，弘一法师回答说："既然已经出了家，就应该将自己当作已经死了，倘若拆了信，看到家里有吉庆的事情，恐怕会再次萌生贪爱心；有不吉祥的事情，容易牵挂放不下，还不如不看。"

庆福寺住持寂山上人是一位得道高僧，看到弘一法师原为富家子弟和艺术界名人，出家后竟能刻苦精进、修法不止，更难得的是，在末法时期还能够精研戒律、执持不犯，殊为难得。因此在弘一法师来寺后，将其视同大成就者般钦敬供奉。考虑到他严格持过午不食戒，寂山上人特意修改了全寺的午饭时间，将时间提前到十点钟。而且由于弘一法师出生北方，喜面食，故而庆福寺又多以面条供奉之。

总体上来看，弘一法师闭关还算顺利。闭关后，除了初期遇上亡母六旬冥诞，书写过《赞礼地藏菩萨忏愿仪》一卷和《佛三身赞四屏》，他几乎把全部精力和时间都用在了批读《四分律》上。也算天遂人愿，有了寂山长老的悉心关照，加上自己能够不忘初心、严守约法，闭关仅三个月，《四分律比丘戒相表记》的初稿就完成了，为日后不断充实完备、精雕细琢打下了基础。

弘一法师编完表记，为纪念亡父三十七周年忌日，又写经两部：《佛说无常经》《佛说略教戒经》，回向父亲早生极乐世界。接着又手书《阿含经》《杂译阿含经》《本事经》，辑录《根本说一切有部毗奈耶犯相摘记》（"毗奈耶"即为戒律）等多部经文。

1921 年年底，弘一法师接到夏丏尊的来信，夏在信中报告了自己近期的修学情况，弘一法师颇感欣慰，此前他曾写信给夏，勉励他精进念佛，因为佛法实在太过博大，难以穷尽，只有"念佛一法，最契时机"，现在夏丏尊终于迈出了关键的一步，每天早晚都念诵"阿弥陀佛"圣号。欣喜之际，弘一法师挥毫书写高僧法语数则，以勉励丏尊。

> 趁未老未病，抖身心，拨世事，得一日光景，念一日佛名，得一时工夫，修一时净业，由他命终，我之盘缠预办，前程稳当了也。若不知此，后悔难追！（天如禅师语）
>
> 待无累而修行，何如借修行而脱累，且尘劳逼迫，正可警惕苦空，磨砺情性。世情淡一分，佛法自有一分得力。娑婆活计轻一分，生西方便有一分稳当。（蕅益大师语）
>
> 轮转生死中，无须臾少息，犹复熙熙，如登春台。曾不知佛与菩萨，为之痛心而惨目也！幸赖善缘，得闻法要，此千生万劫转凡成圣之时。尚复徘徊歧路，乍前乍却，则更历千生万劫，亦如是而止耳！况辗转沦陷，更有不可知哉！（二林居士语）

在题记中，弘一法师写道："丏尊居士发心念佛，为写先德法语以督励之。"作为曾经的好朋友，现在净土路上的伙伴，看到他们也能够脱离红尘，无疑是最快乐的一件事。

弘一法师为夏丏尊写过字幅，又想起了上海的好友杨白民。三年多前，自己剃度出家时，曾有手书训言提醒过这位好朋友，可他至今不悟，弘一法师便为他再写一条幅。写点什么呢？弘一法师想起了法常禅师的辞世词：

> 此事楞严常露布，梅花雪月交光处。一笑寥寥空万古。风瓯语，迥然银汉横天宇。蝶梦南华方栩栩，斑斑谁跨丰干虎。而今忘却来时路。江山暮，天涯目送鸿飞去。

这是一首含义颇深的禅诗，里面表露了佛门修行的若干个过程，弘一法师手写这首词，送给了杨白民。

在闭关研律时，弘一法师突然发现：云水僧挂单十方丛林，需奉寺主为依正阿阇梨（教授弟子的规范师，统称依止师），再加上来永嘉将近一年，深感住持寂山上人的慈悲护念、关怀备至，便萌生了依止寂山上人为师的念头。

一天，弘一法师来到寂山上人禅房畅谈。说话间，他忽然从袖子中拿出一份启事，表明自己的拜师之意。寂公顿感愕然，连连推辞："余德少薄，何敢为仁者师？"

弘一法师诚恳地说："我以永嘉为第二故乡，庆福作第二常住，为了能使我安心办道，恳请师父收下弟子为幸。"

寂山上人再三辞谢，并不应允。过了两天，弘一法师邀吴璧华、周孟由两位居士为见证，带着毡子，又来到寂山上人禅房。他把毡子铺在椅子上，一定要寂山上人坐在上面，行拜师礼。寂公还是谦辞不允。弘一法师便向空座礼拜，定要尊他为师。眼见两位大师一个恳切，一个谦辞，争执不下，最终还是吴、周二居士从旁恳请，寂山上人才含糊其词地应许了下来。几天后，弘一法师还当众刊发自己拜寂山上人为师的声明。

之后，无论是在寺里修持还是外出云游，弘一法师始终尊称寂山上人为"师父大人"，自称弟子。而寂山上人却时常感到不安，觉得自己德薄，不能为有德者之师。三年后，当弘一法师办道庆福寺下院、茶山宝严寺时，寂山上人写信让他以后不要用弟子自称。弘一法师回信说，当继续以师礼事奉上人，且永不改变。信中写道：

> 师父大人慈座：
>
> 顷奉法谕，敬悉一一。……弟子到此以来，承唯善师兄诸事照拂，慈悲摄护，感激无既。以后恩师与唯善师兄晤面时，乞常常随时为之谆托一切，至为深感。又弟子在家时，实是一个书呆子，未尝用意于世故人情。故一言一动与常人大异。此事亦乞恩师婉告唯善师兄，请其格外体谅而曲为之原宥也。弟子以师礼事慈座，已将三载，何可忽尔变易？伏乞慈悲摄受，允列门墙，至用感祷……

很明显，弘一法师尽管善根深厚，但他的修行之路走的是最传统、最稳当的路线。这条路从戒律出发，从尊师开始，精进念佛，直达彼岸，至于参禅悟道、此生解脱之类，他很少提及。

死亡面前仍从容

1922年夏天，温州遭遇飓风暴雨，房屋倒塌，田园汪洋。风雨过后，许多人又感染了时疫，可谓惨烈。

风雨过后的第二天，吴璧华居士前来庆福寺，向寂山上人和弘一法师报告他在飓风暴雨中的亲身所历。居士称，头天晚上，他默念佛号入睡，等到半夜，风雨袭来，墙壁突然倾塌，他被埋在了瓦砾泥土之中。大家都觉得这下他可能活不过来了。等众人奋力扒开砖头瓦块，一瞧，他竟然安然无恙，而且还在呢喃着“阿弥陀佛”，再看他的颜面和肢体，并无丝毫损伤。家人惊叹不已，深感佛力不可思议。弘一法师听到吴居士的感应故事后，微微一笑，在以后的二十多年弘法生涯中，每谈及念佛的好处，常以此事佐证。

风暴过后不久，弘一法师身患严重痢疾，尽管有医生精心治疗但始终不见起色，他怀疑自己将从此不起。寂山上人听说后亲自赶来慰问，关怀备至。当问到如何才好时，弘一法师说：“大病从死，小病从医。今是大病，从死就是了。”

寂山上人赶紧说：“上人不必多虑，应该不会那么严重。”

弘一法师说：“不是弟子多虑，我有感觉。弟子来寺一年多，恩师关照之恩难报。现在还有一个唯一的要求，请恩师照准……”

寂山上人安慰着说：“有什么要求尽管提，小僧当尽力而为。”

弘一法师说：“等我临终时，请几位法师助念佛号。断气6个小时后，用这床榻上的被褥将我裹住，投送瓯江江心，以结水族之缘。”

前来探视的僧人们听了弘一法师和寂山上人的对话，无不动容，许多人不觉悲从中来，痛哭失声。

但奇怪的是，就在“从死”的等待中，弘一法师的病却不治而愈了。寺中僧人又一次感受到了佛力的不可思议，修持信心大增。病愈后，弘一法师又拿起早已开始写的《警训篇》。这是一本格言集录，是他从蕅益大师的代表作《灵峰宗论》中摘编的。年底竣稿时，他又为这本集子另起了个名字：《寒笳集》。不论是对出家的世外之人还是在红尘内修行的人，就提升自己的觉性能力而言，这一编著，有相当的启迪意义。

在闭关时，弘一法师曾为庆福寺斋厨陈阿林写过一篇往生传。里面记载其日常行状和去世经过。陈阿林面黄颧削，无福德相，人见之摇头，心生悲怜。他待人诚恳、恭敬，每次开饭时，他均合掌致礼。吃过饭后，常呆呆地站在那里，直视着弘一法师，见法师吃得不多，便愀然动容。尽管他患有肺喘病，咳嗽不止，但并不因此减少自己的工作量，也并不介意操作的劳苦。闲暇时刻，常与众僧一起诵念《阿弥陀经》，持名念佛，发愿往生极乐世界。一天中午，阿林来到弘一法师闭关室，身穿新衣，仪表至伟，他没有明说自己是来告别的，但显得非常高兴则是真的。

就在这天傍晚，阿林回家后，宿疾转剧。临终那天早晨，他让家人烧水，自己擦拭了身体，便卧床念佛，于念佛声中安然归西。弘一法师在为他所作的《庖人陈阿林往生传》中“赞”说，陈阿林虽然也是个净行者，但并不是特别勤修的那种，“然观其生死之际，脱焉无所累。人谓阿林愚，是其所以不可及也夫！”以法师看来，陈阿林的可贵之处正在于他能够全然放下，不计一切，在生死之际，方能够安然无累，顺利生西，这正是众生所应追求的最后境界。以此观之，陈阿林的“愚”，正是很多人不能生西的重要原因。

初出家的时候，弘一法师为断绝名利心，曾立下不当住持、不为他人剃度、不做依正师、不收入室弟子的誓愿。之后他基本上坚守了这个誓言，但作为一个慈悲的法师，面对一些特别的因缘，他也会随缘而行。

还是在钱塘虎跑寺时，寺里为弘一法师派过一名少年侍者。这位少年侍者一边尽心侍候法师，一边还虚心向法师学习。在一段时间内，弘一法师既教他写字学文化，又教他念经做功课，还教他怎么待人接物。从自己的经验出发，弘一法师曾教他写过很多格言，如“律己宜带秋气，处世须带春风”“放宽肚皮容物，立定脚跟做人”等等。这个少年好学，进步也很快。到他十八岁那年，征求了他本人的意见后，弘一法师带着他对虎跑寺当家和尚弘祥法师说：“他家里很穷，也没有兄妹，看他五官端正，善根颇深，让他在这里出家好了。”弘祥法师让少年侍者拜了弘一为师，取法名“宽愿”，号“祖贤”。这可能是弘一法师在佛门中正式接收的唯一弟子。法师到永嘉时，宽愿也跟着来了。

到庆福寺后，寺里又为法师派了一位少年侍者高文彬，以护持一切。与弘一法师生活了一段时间之后，高文彬受法师感化，萌生了出家为僧的想法。弘一法师为成全他的善愿，竭力向常住和寂山上人推荐。刚开始，大家都觉得高文彬年龄太小，性情未定，将来良莠难知，善恶难测，最好还是继续磨炼，过一阵道心坚定之后再做决定。几天后，弘一法师又请来吴璧华、周孟由两位居士，为少年侍者求情。

一进入寂山上人的禅房，弘一法师即在师父面前长跪不起，要求恩准高文彬出家修道，他说：“以后假如他真有什么不轨举动，由吴、周二居士负责担保。”

寂山上人知道弘一法师的个性，他一旦坚持的，一般都无法挽回，便只好笑而答应，让少年侍者拜弘一法师为师。但这次弘一法师因为有不再收徒的誓约，且不肯开许，便让侍者做了弘伞法师的徒弟。弘伞为其取名“因弘”，内含因弘一法师引荐出家之意；因弘自己又在名字后面加了“白伞”二字，全称“因弘白伞”，其意思颇为有趣：既是因了弘一而拜弘伞为师，又暗合佛门大白伞盖之法。

从此，弘一法师便有了两位随侍兼弟子，其中，因弘以照料弘一法师的日常起居为主，宽愿则主要负责接待来客和对外联络。师父外出云游，基本由宽愿陪伴。因弘白伞成才后，当了庆福寺住持。

出关游方

民国十二年（1923 年）春天来临的时候，弘一法师在庆福寺的两年掩关静修生活结束了。

两年时间，他基本按照原定的计划，未曾接见旧友，信函也很少拆阅，而且还经历了一场生死的考验。经历了这些，弘一法师对生命的体悟又有了新的提升。这段时间也是弘一法师整个出家岁月中最长的一次掩关静修。之后，他准备外出走一走，把云游、参学和掩关静修、弘法利生结合起来。

走出庆福寺，蓦然回望这座有大善知识住持的江南名寺，赭红色的大门在阳光的照射下泛着斑驳的光泽，寺后山色如黛，寺前不远处瓯江如练，正所谓前有流水，后有靠山，绝佳的风水安置着迷路人的终极梦想。

游方弘法第一站自然是上海，在弘伞的陪伴下，弘一法师暂时挂单于沪北太平寺。这里曾经安放过他的科举梦想，寄存过他与李苹香那不问结局的爱情，也寄存过他的艺术梦想和等了他多年却只等来一张空信笺和一缕黄须的幸子。再次踏入这座中国最大的城市，弘一法师心静如水，往昔种种终化烟云。那些前尘往事已经消散在风中，无法在他的心中产生波澜。

弘一法师先是和上海佛教居士林的尤惜阴居士合作撰写一篇《普劝发心印造经像文》。这篇文章由弘一法师详列纲要，尤居士撰写演绎。内容包括印造经像的功德、机会、方法、发愿文之程式、写时画时之注意和结论六个部分。当然，作为一篇对普通大众的劝告文，最重要的是讲清楚这件事的功德利益。

文章详细列举了印造经像的十大功德利益：

一、从前所作种种罪过，轻者立即消灭，重者亦得转轻。

二、常得吉神拥护，一切瘟疫、水火、寇盗、刀兵、牢狱之灾，悉皆不受。

三、夙世怨对，咸蒙法益，而得解脱，永免寻仇报复之苦。

四、夜叉恶鬼，不能侵犯，毒蛇饿虎，不能为害。

五、心得安慰，日无险事，夜无恶梦。颜色光泽，气力充盛，所作吉利。

六、至心奉法，虽无希求，自然衣食丰足，家庭和睦，福禄绵长。

七、所言所行，人天欢喜。任到何方，常为多众倾诚爱戴，恭敬礼拜。

八、愚者转智，病者转健，困者转亨。为妇女者，报谢之日捷转男身。

九、永离恶道，受生善道。相貌端正，天资超越，福寿殊胜。

十、能为一切众生，种植善根。以众生心，作大福田，获无量胜果。所生之处，常得见佛闻法。直到三慧宏开，六通亲证，速得成佛。

该文虽然不长但后来却是法师流传最广的一篇文章，一直到现在，人们在阅读佛经的时候，里面总留有一页写的是这十大利益，以鼓励善信更加积极地印经造像，利益众生。

老友穆藕初，性情激烈，曾和弘一法师一起参加过抵制外国货的运动，一向抱有“实业救国”的宗旨，此时已是上海有名的实业家。前些年听闻弘一法师出家，心里并不是特别认同。得知弘一法师正在上海，他便暂时放下工作，前来拜访。

曾经的朋友多年后再次相见往往令人激动。穆藕初见弘一法师身披袈裟，目光炯炯，气象万千，宝相庄严，一时竟然说不出话来。弘一法师则不动声色，手持瓷壶，为好友沏茶。茶香袅袅，林中鸟鸣，穆藕初渐渐放松了。

“我最近在看东西方文化和哲学方面的书，见有的书上对佛教颇有诋毁。还断言‘假使佛教大化，中国之乱更无止时’……”穆藕初终于鼓起勇气，说出了他一直以来的疑问，“佛教毕竟是出世法，现在我国衰败至此，如果不全力尽责于国事，恐国将不国。恕我直言，我不甚赞成出世的佛教，不知弘公将何以教之？”穆藕初断断续续将自己的意思表达完整了，松了口气。

弘一法师并没有马上作答，而是缓缓踱步走到窗边。寺院小径蜿蜒而去，树底一棵小草破土而出，清风吹过，竹叶飒飒。而后，他转过身来，不徐不疾地说道："居士所说的佛教，属于自利的小乘一派。其实出家人并非属于消极一派，这通过我们常诵的菩萨四弘誓愿便知。什么是四弘誓愿呢？那就是：众生无边誓愿度，烦恼无尽誓愿断，法门无量誓愿学，佛道无上誓愿成。一切新学菩萨，都要从此开始学起，息息以此自励，念念利济众生，这样的生命态度怎么能说是消极呢？而且居士谈到救国之事，其实救国之急务首在感化人心，佛教的教义讲的主要就是这个问题，怎么能说是于国事无补？"

少顷，弘一法师又竭力劝勉穆藕初今后多看佛经，清净心地，勿为世间邪说迷惑。他说："通常现在地位甚高之人，夙世地位亦甚高。但万勿被眼前的富贵地位所迷惑，以致堕落。"

在上海完成《印造经像文》后，师徒俩才有时间稍微轻松一下。

一天，弘一法师微笑着对徒弟说："宽愿，今天我们出去逛逛，我带你去大东门吃面，这家面店的老板会特别给我们加料，不但味道好，而且还不要付钱的。"

宽愿诧异：吃东西怎么可能不付钱呢？但师父几乎从来不开玩笑的，所以也不敢多嘴，带着疑问只管跟着师父去吃面了。

师徒俩到了大东门青龙桥附近的一家面店里坐下，弘一法师对宽愿说："早先，我家就住在附近呢，就在那边的鸡毛弄内。我从日本回国后，就住在这家面店的楼上，与面店老板很要好的。"

过了一会儿，面店老板娘过来招呼两人，弘一法师问道："老板在吗？"

老板娘上下打量了下，露出疑惑的神情，回答说："他已经去世好几年了……师父认识他？"

弘一法师一愣，便不再说什么了，要了两碗素面。师徒俩正默默地吃着，老板娘又过来了，坐在两人边上说："这位大师父，我男人在世时，跟一位姓李的人是好朋友，叫什么名字我忘记了。只知道他原来在浙江两级师范学堂教书，似乎是教唱歌、画画的。师母是一位贤惠的日本姑娘，夫妻俩本来感情也挺好。喏，他们就住在这楼上。”说到这里，老板娘叹了口气，“可是，不知道怎么回事，这位李先生好端端地突然出家做了和尚，狠心丢下日本妻子不管了！哎，可怜啊，这位日本师母每天都哭丧着脸，伤心得饭也吃不下，觉也睡不稳，我们大家怎么劝她都没用。听说她还去杭州找过李先生一回，但李先生就是不愿回来。最后只好孤苦伶仃地回日本去了。”

老板娘说罢这番话，瞟了师徒俩一眼，似乎想从两人身上确认什么消息。她问道：“不知道你们两位师父认识不认识那位和尚？”

宽愿瞟了一眼师父，马上就低下头，不敢吱声。弘一法师则毫不动容，静静地听完老板娘的话后，淡淡地回答说：“哦！你说的那位和尚，我们也认识，但不知道他现在到哪里去了。”

故地重游，斯人已去，既然没有认出来，老板娘自然也没有不要钱。师徒俩付了钱，一前一后离开了面店。

回太平寺的路上，宽愿见师父默默地走着，也不知道在想些什么，他虽然好奇但也不敢重提刚才面店中的话头了。

上海事毕，弘一法师又到杭州结夏安居，在灵隐寺听慧明大和尚讲授《首楞严经》。慧明法师是弘一受戒时的大师父，几年过去，似乎苍老了不少。弘一法师拜谒之下，莫名悲叹，泪落不止。

结识高人隐士

夏末秋初的时候，弘一法师离开杭州继续南行，经绍兴第二次莅临衢州。

弘一对衢州颇有感情，三年前，由于缘障贝山，他曾经移锡衢州莲华溪。在这里潜心研究律学，酝酿着编撰《四分律比丘戒相表记》。这个地方民风淳朴，“清流澹泞，林木萧疏”，“高蹈之侣，乐是游居，遂其冲挹之性”，实在是一个难得的进道胜景。

这一次来衢州，弘一法师大多数时间都在莲花寺和祥符寺，除了参加一些佛事活动之外，还与当地的高士明哲数数往来，可谓善缘广结。

空谷幽涧，佳蕙生焉，更何况浙东之地，自古多出隐士君子。莲华寺旁蓬华村，就有一些这样的隐士。弘一法师前次驻锡期间，结识了一个名叫冯明之的医生。冯氏博学穷理，通晓医典，对功名利禄毫不在意，“蔑视荣利，无闻于世，蔬食长斋，栖贫自澹”。弘一法师和冯氏交往，深感投契，犹如莫逆，相与欣然。不久，冯氏还介绍另一位乡贤汪梦空的嘉言懿行，更令弘一法师钦慕不已。

汪梦空是一位典型的处士，他家无恒产积蓄，生活清贫，但只要手中有点钱，必去书肆求购，见到善本旧刻，甚至不惜负债买下，日积月累，藏书甚富，以至于家中床头案角都是书。他的工作是店员，白天在老板家料理店务；晚上便退居一室，开卷读书，往往四鼓才睡。这样的生活，他坚持了二十多年，未尝一日间断。汪梦空读书并不是为了功利，纯粹是一种获取智慧的需要。他于书可谓是无所不观，经史子集、汉宋训诂、三唐文词、书画篆刻，无不博涉会通。除此之外，汪梦空也常诵《金刚经》《心经》，同时持名念佛，信净土宗，求生净土。前次弘一法师听了冯明之的介绍后，曾致书汪梦空，希望一睹其夷旷襟怀。不巧的是，汪梦空正好外出，两人没能见面。弘一法师到了永嘉后，还接到过汪梦空的书信，“词况冲美，欣若晤对”。两人虽未见面，但对对方的道德、学识都颇为赞赏，有惺惺之情，况且又都是净业行人，都盼望着有会晤的一天。

弘一法师这次到莲花寺没几天，冯明之来访，还带着汪梦空、胡嘉有舅甥两人。在法师看来，汪梦空“容仪温蔼，不事外饰，从容燕语，雅相知得”，两人之前书信往返已经有相当的了解，现在一经交谈，有如故交。弘一法师与汪梦空论及史传辞章书法篆刻，汪梦空都能一一说出其来龙去脉、派别源流，可谓博学。而胡嘉有的性情与舅舅类似，卓尔不群、潜心道味，可谓难得。后来，汪梦空、胡嘉有舅甥，又多次到弘一法师住处拜访。

身处乱世，避祸世外，虽然是一种无可奈何的选择，但在勤行精进的大乘行者看来，毕竟是一种较为消极的活法。弘一法师也深为空谷佳蕙不能被世人所赏识而惋惜。但汪氏舅甥并不以此为意。

后来，在冯明之的请求下，弘一法师为汪梦空写了一篇《汪居士传》。写完后，嫌文章写得不是很详尽，又做了补遗，里面介绍了汪居士多舛的家世、渊博的学识以及高尚的人品。莲花溪滩头有很多可以赏玩的石头，弘一法师精心挑选了两枚，书赠汪梦空。一枚上写的是“放下”两个字，另一枚上题写了宋朝临济宗志芝禅师的一首诗。诗曰：

千峰顶上一间屋，
老僧半间云半间。
昨夜云随风雨去，
到头不如老僧闲。

这首诗极言放下世俗名利的得道高士的生活态度，弘一法师对汪梦空之看重，可见一斑。

参礼印光法师

离开莲花寺，一路走走停停，在落雪将来时，弘一法师又回到永嘉庆福寺，时间已经过了一年多。

他是带着一身病痛回来的。在衢州染上的寒热症一直到五月初才痊愈，但咳嗽依然没有好。这次回到永嘉，弘一法师继续掩关，一边读经静修，一边修改定稿《四分律比丘戒相表记》。几年来，为了这部著作，法师可谓费尽心血，“遂获一隙之明，窃自幸矣！”经过几个月的努力，终于在1924年旧历八月完成了这项划时代的工作。休息一段时间后，他将全文再次琢磨一遍，并以工楷书写，以备影印。

修行即是修心，恭敬虔诚是通往清净佛界的捷径，所谓“有一份诚敬则得一分受用”，弘一法师则是行持这种理念的典型。一天，在执笔抄写经书时，他忽然萌生了刺血写经的念头。这种事情，前人所在多有，现在加上自己也是一件自利利人的佛事。

但他还是有点不放心，便给自己的“偶像”印光法师写信，以求指点。

在佛家历代高僧大德中，弘一法师尊崇净土宗第九代祖师蕅益大师；而于当世佛教修行者中，他尊崇普陀山法雨寺的印光法师。因此，一旦有解决不了的困惑，每每致信以求指点。

信发出后，他便闭目念佛，静心等待印光法师的回信。

几天之后，印光法师的信函经寂山长老手交到弘一法师手中。他净手、焚香、礼拜后展开信笺。

> “座下勇猛精进，为人所难能。又欲刺血写经，可谓重法轻身，必得大遂所愿矣。虽然，光愿座下先专志修念佛三昧，待其有得，然后行此法事。倘最初即行此行，或恐血亏神弱，难为进趣耳。入道多门，惟人志趣。了无一定之法。其一定者，曰诚、曰恭敬。此二事虽尽未来际诸佛出世，皆不能易也。而吾人以博地凡夫，欲顿消业累，速证无生，不致力于此，譬如木无根而欲茂，鸟无翼而欲飞，其可得乎？”

印光法师的信中，是肯定，但更多的是规劝。虽然刺血写经是勇猛精进的表现，但也要注意修行的次第和策略。不要一开始就做这种高难度的事情，这样做的结果大多只会血亏神弱，自害害人。正确的方法应该是从诚和恭敬开始，专修念佛三昧，等修出了一定的功夫后，再看是否刺血写经。可谓公论，正好点出了弘一法师的病——急切。

修行人见世间生灭无常，生起强烈的出离心和修行的急迫感，这本来是一种善根的体现。但修行毕竟是一个系统性的工程，需要循序渐进，瞻前顾后，重视策略，而不能因为急迫感就急躁蛮干、盲目精进。这是初入佛门容易犯的错误，弘一法师也没有例外。其实在他 1921 年刚从杭州到达庆福寺时，就向印光法师写信报告了自己即将掩关静修的计划，并请法师指点“最后训言”和如何“感通”达到“三摩地”（即三昧）的境界。印光法师说：

接手书，知发大菩提心，誓证念佛三昧。刻期掩关，以祈遂此大愿。光阅之不胜欢喜。所谓最后训言，光何敢当。然可不尽我之愚诚以奉之乎。虽固知座下用此种络索不著，而朋友往还，贫富各尽其分，则智愚何独不然。但尽愚诚即已，不计人之用得着与否耳。窃谓座下此心，实属不可思议。然于关中用功，当以专精不二为主。心果得一，自有不可思议感通。于未一之前，切不可以躁妄心先求感通。一心之后，定有感通，感通则心更精一。所谓明镜当台，遇形斯映，纭纭自彼，与我何涉。心未一而切求感通，即此求感通之心，便是修道第一大障。况以躁妄格外企望，或致起诸魔事，破坏净心。大势至谓都摄六根，净念相继，得三摩地，斯为第一。敢为座下陈之。

在这封信里，印光法师听说弘一发大心，闭关两年证念佛三昧，不胜欢喜，但反复告诫他，关中用功，当以专精不二为主，念佛未达到“一心”之前，切不可以躁妄心先求感通。

印光法师的点拨，是引导弘一掩关永嘉、修持净土的指针。随着交往和修学的深入，弘一越来越服膺这位后来被尊称为净土宗第十三代祖师的大师了。1923 年，他第一次给印光法师写信，希望能成为他的弟子，但没有得到允准。1924 年阿弥陀佛诞日，他在佛前忏悔罪业，同时燃臂香，祈求三宝慈悲加持，并再次给印光法师去信陈情，希望能成为他的弟子，但印光法师再次逊谢。在该年年底，在弘一再次“竭诚哀恳”之下，印光法师才答应摄受他成为自己的弟子。弘一法师为此欢喜庆幸，得未曾有，这是出家七八年以来梦寐以求的一大愿望。

春暖花开，如愿以偿，弘一法师知道自己的生命从此又将进入另一重境界。

1925年旧历五月，有友人相邀，弘一法师手持锡杖，背着少许衣物，来到印光法师的驻锡地。

在杭州湾与东海交汇的海域中，从北向南，排列着数十个大大小小的岛屿。这些小岛大多以山命名。其中以舟山为最大，在舟山右侧东南方向不远处有一岛屿，即为普陀山，山上有白华、银屏、象王诸峰，连绵起伏，绿涛如潮。岛屿周围风光旖旎，白浪环绕，金沙绵延，渔帆点点。这里自古即号称东南佛国，为观世音菩萨的弘化道场。

印光法师此时就住在普陀山三大寺之一的法雨寺。该寺坐落山上，有山林掩映，置身其中，不闻红尘嘈杂之音，但闻梵音与涛声相和，实为修行办道的绝佳之地。千百年来，此处高僧大德辈出。

弘一法师将单薄行李放下，不等休息一会儿，便来到印光法师禅房外叩拜。

印光法师的禅房门始终敞开着，他正用一把破扫帚扫地。尽管年事已高，他仍然事事躬亲，身边不用任何侍者。关房陈设简单至极，一张旧床，一张木桌，桌上放置几部经书，还有笔墨纸砚。弘一法师正要伏地叩拜，印光法师挥了一下手，示意他不必拘礼。但弘一法师依然按照自己心目中拜师的礼节，五体投地，然后双手合十，向恩师深深鞠躬，以表敬意。礼毕，弘一法师想拿过恩师手中的笤帚，但印光法师委婉拒绝。扫完地后，印光法师将笤帚放置墙角，又开始擦拭桌子，他拿起一块破旧但干净的抹布反反复复地擦着那张本来就不脏的小桌子。弘一法师知道，恩师这是在表法，他擦的本来就不是桌子，他天天擦的实际上是他的心——即便已经是一尘不染也要天天擦拭，天天做功夫，不可间断。挪动经书与砚台时，印光法师动作虽然缓慢但郑重无比，而后再将其一一放回原地。弘一法师站立一旁，默然不语，知道恩师正在给自己“传法”，便静静地看着恩师的一举一动，并将其牢记在心里。继而，印光法师又将油灯的玻璃罩抹净，动作非常麻利，没有一点拖泥带水的感觉，丝毫不像一个老人。稍后，他又取出一件补着诸多大大小小补丁的单衣，放在盆中清洗，虽然水在晃动，却从未溅出一滴。

偶尔有僧人或游客从禅房外走过，印光法师也从不抬头看一眼。可以说，他始终专注在当下，如空谷幽兰，又如深潭之水，波澜不起。

早晨随众上过早课后，弘一跟随着印光法师用斋，只有一大碗粥，没菜，令人不解。看到弘一疑惑的表情，印光法师说“我刚到普陀山的时候，早饭还是有咸菜的，但我是北方人，吃不惯，变改为只喝粥不吃咸菜，已经三十多年了。”

吃过饭，印光先将碗中剩余的米粒舔舐干净，然后再将开水注一点在碗中，稍微晃荡两下，再喝下去。弘一看后，并不言语，但心中已经是滔天巨浪，以后该怎么做，他已经全然明白了。

午斋用食程序与早斋差别不大，印光法师见一新出家僧人碗里还剩几颗米粒便起身离开，当即规劝：“汝有多么大的福气？竟如此糟蹋！”法师训起人来一点也不容情。对方唯唯，重新端起饭碗，将残剩的米粒仔细吃光。

心有诚敬，归途自现；专注当下，心无旁骛；以身作则，胜过闲谈。

除了被其日常生活中习劳、惜福等盛德所熏染，在七天参礼中，弘一法师所受到的最大影响应该就是持名念佛往生净土的理念了。过去，他虽然也在书信中得到过印光法师的指点，但在实际行持过程中，并不敢说百分百地执行了。究其原因，除了自己因为要著书的原因之外，对持名念佛、往生净土理解不深也是一个原因。

在佛法看来，人之所以痛苦，是因为无始劫以来积累了无数的身心客尘（烦恼），把自己牢牢地束缚住了，它们集中表现在我执、我见上。所谓“我执”，是指坚定地相信自己的身心有常住不灭的实体，执着此四大五蕴和合的假体为自己。作为“我执”之一的“我见”,则指那种认为“我”“我所”是真实存在的一种见解，这实际上即是无明。佛家认为，万法（一切物质、精神现象）都是因缘和合而生，并无常住不灭的实体，所谓的“我”实际上根本就像一场梦，梦时虽然栩栩如生，但醒来却是了无可得。话虽如此，但在实际修持过程中，能够彻底破除“我执、我见”，并不是一件容易的事情。

怎么破除我执呢？弘一法师后来答复温州邓寒香居士时说：

所谓我执者，即《圆觉》所云“妄认四大为自身相，六尘缘影为自心相”是也……又依《大乘止观》中所云：“若断我执，须分别性中，止行成就。”……

窃谓吾人办道，能伏我执，已甚不易，何况断除。故莲池大师云：“当今之世，未有能认初果者。夫初果，仅能断见惑，已不可得，遑论其他。”彻悟禅师云：“但断见惑，如断四十里流，况思惑乎？”故竖出三界，甚难甚难。若持名念佛，横出三界，校之竖出者，不亦省力乎？蕅益大师亦云“尤始妄认有己，何尝实有己哉。或未顿悟，亦不必作意求悟。但专戒净戒，求生净上，功深力到，现前当来，必悟无己之体。悟无己，即见佛，即成佛矣。”又云：“倘不能真心信入，亦不必别起疑情。更不必错了承当。只深信持戒念佛，自蓦地信去。”由是观之，吾人专修净业，不必如彼禅教中人，专恃己力，作意求破我执。若一心念佛，获证三昧，我执自尔消除。较彼禅教中人专恃己力竖出上界者，其难易，奚啻天渊那！（若现身三昧未成，生品不高，当来见佛闻法时，见惑即断。但得见弥陀，何愁不开悟。《无量寿经》四十八愿中有云：“设我得佛，国中天人，若起想念贪计身者，不取正觉。”诚言如此，所宜深信。）但众生根器不一，有宜一门深入者，有应兼修他行者，所宜各自量度，未可妄效他人。随分随力，因病下药，庶乎其不差耳。余比来久疏教典，未暇一一检寻详委奉答。姑即所见，略述如是。

在弘一法师看来，佛法的修持当然是为了离苦得乐，是为了跳出轮回，只是跳出轮回的方法颇有讲究。通过断除我执、我见的方法，虽然见解高妙，但末法时期，众生根基较差，难以见功，诚如莲池大师所说的：“当今之世，未能有证初果者。”因此，在持戒的基础上，持名念佛、往生净土、横出三界，成为一条省时省力的捷径。

这种理念弘一法师在以后的岁月里基本没有什么改变，这也是短短七日印光法师对弘一的主要教诫，尽管没有什么特别隆重的传法、收徒仪式，但两个大师都明白彼此的意思。

海边涛声回荡，行人熙熙攘攘，拜别恩师后，弘一法师默不作声，登船而往。

他原本计划先去南京，再去一趟九华山礼拜地藏王菩萨。刚到宁波，就听闻浙江战事吃紧，水路交通隔绝，只得暂时下船，挂单于七塔寺云水堂。

云水堂内并不大，此时挤满了南来北往的云游僧侣，上下两层的床铺几乎都被人占用。弘一法师见上层最里面的床铺还空着，便默默过去将行李放在上面。天气有些闷热，偶尔一阵风刮过，没有清爽，更增焦躁。弘一法师对此毫不在意，只是从破旧的行李包中拿出一本经书，默默念诵。

夏丏尊彼时恰在宁波第四中学兼课，知道弘一法师暂住云水堂的消息后，便赶来探望。

一到云水堂，夏丏尊便坚决要求弘一法师搬走，“这里太过嘈杂，对你的肺病不好，还是去白马湖住吧。”弘一法师并不觉得住在此处有任何不适，但不愿拂了好友的心意，况且两人叙旧也更方便，就随着夏丏尊来到白马湖。

白马湖位于浙江上虞和余姚之间，旧称渔浦湖，周二十多公里，四面环山，碧波荡漾。滨湖诸山有三十六涧，悉汇于湖。围湖有无数渔村农舍，田园如画，一到春夏，绿树成荫，湖风送爽，是一个消暑纳凉的好去处。白马湖的风景与西湖类似，却远比西湖幽静，是一个读书修道的绝佳之地。

白马湖畔有春晖中学专门留宿客人的春社，夏丏尊曾在这里任教，便为他定下一个房间，并亲自打扫了一遍。房间收拾好后，夏丏尊看弘一法师将行李中的东西拿出来。他先将破旧的席子铺在床上，再将几件衣服叠起来当作枕头，然后拿出黑破不堪的毛巾去洗脸。夏丏尊看了，心中极为不忍说：“这手巾太破了，替你换一条好吗？”

“哪里，还是挺好用的，跟新的差不多。”法师果断拒绝。

夏丏尊知道弘一法师始终严守过午不食的戒律，便在午时前将斋饭带来。倒也很简单，一碗米饭，两碗素菜，一个是炒青菜，一个是炒萝卜。即便如此，弘一仍然觉得有点丰盛。后来几天，夏丏尊又在青菜了加了些豆腐、香菇一类的素菜，法师不动筷子，向夏丏尊直言出家人不应该享受这么丰盛的饭菜，以后千万不要再放了。

在普通人看来，此举实在不近人情，但弘一想到的却是印光法师的白粥、不带油的菜和种种苦行。

后来回想起这次短暂的相聚，夏丏尊仍然颇感震撼：“很多人说他在修苦行，我却要说他是在享乐，或者说已经可以苦中作乐。当我看到他吃萝卜白菜时那种愉悦的神情，我想萝卜白菜的真滋味恐怕也只有他才算如实尝得了。对于一切事物，不被各种世俗的成见所束缚，安住在生命的本来面目里，这才是真解脱、真享乐。”

第九章

故乡梦遥

第一次返乡之旅

滞留上虞、绍兴一个多月后，眼看南京、九华山之行已经无望，弘一法师便于 1925 年旧历十月重返永嘉，仍归庆福寺持戒念佛。

在弘一法师眼里，这些年，永嘉庆福寺已经成了自己的家，自己的第二故乡。每一次外出云游，不管时间多长，总是要以庆福寺为自己的旅程终点。这次再回庆福寺，寺前水声依然激越，寺后群鸟再次归山。走进自己的关房，屋内许久不扫，竟然已有浅浅的灰。他拿起抹布，轻轻擦拭，准备再次闭关，消化吸收这次外出的所得。这是他一贯的行为。

刚刚尚且晴朗的天，不消片刻已经笼罩了一层乌云。恰在此时，寂山长老叩响了关房，表情凝重地转交给他一封家书。一经掩关的时候，但凡有老家的书信寄来，寂山长老通常总是按照弘一法师的嘱托退回。而这次，长老没有退回，弘一法师已经感觉到这封信的不同寻常。

寂山长老将信送到之后便转身离开。关房外，雨潺潺，在青石小径上溅起一朵朵水花，正是一个容易惹人闲愁的场景。弘一法师拆开信，信是二哥文熙写的，白纸黑字写的是妻子俞氏已经于正月初三日因久病不治去世的消息。

他不禁潸然泪下。

身为佛门比丘，抛妻别子，断绝红尘，严持戒律，修无为法，横出三界，自然有自己独特的逻辑在，可以说并非不孝不义不慈，而是大孝大义大慈。但在世间人看来，却是人生最大的不幸，甚至做乞丐都比出家强。自出家以来，弘一法师始终以这个逻辑来应对前尘俗事，显得冷酷无情。这样做并非错，只是出世间法与世间法并不矛盾。如今妻子在48岁的年纪去世，仔细想想，这一生，在感情上弘一法师确实亏欠了妻子太多太多。

首先是外出学习、谋生长期不归，放任两个孩子的教育责任而不顾。从日本留学到上海、杭州教学，十几年时间里，在家的时间恐怕不超过半年。

其次是留学期间有了外室，但长期以来家人都不知道，这对俞氏夫人恐怕也是一笔情分上的欠债。

还有就是出家时，没有取得妻子的同意，甚至说都没说一声。

李叔同成了弘一法师后，俞氏生活突然没有了指望。过去，虽然李叔同也是几年不回家，但她仍然抱有希望，知道将来某一天他肯定会回来的。因为这里有他的根，他的孩子，他的家庭。但他出家的消息传来，虽然李叔同依然不在家，但性质却变了，他或许还会回来，但自己却永远失去了他。俞氏没有了生的意趣，郁郁寡欢，先是带着两个孩子在李叔同盟兄李绍莲家住过一段时间，后来回家办了个刺绣班，以打发无聊岁月。终因心情抑郁，在48岁即去世。

世间最是离别让人黯然销魂，仔细想想，当年毅然出家，不正是为了预防将来某一天自己也面对这些爱恨情仇无法解脱吗？出家8年，他以青灯为伴，于佛经中云游，世事不问，可今日他再次自问，内心是否已经安宁？灵魂是否已经超脱？烦恼是否已经彻底调伏？屋内岑寂无声，屋外唯有雨敲打窗台。

他将书信压在砚台下，而后跪拜在佛像面前，开始诵经。每诵一遍，便拨一颗佛珠，许久之后，心平气顺，执笔给寂山长老写信。信里表露为了妻子亡故之事，有意“返津一次”，但由于外面战乱频仍，只得将归期延后。再者，吴璧华居士稍后即将返回永嘉，他准备请吴居士教一个或几个超渡的咒语。然后他在关中设灵，为俞氏念几天《地藏菩萨本愿经》。

晨昏暮晓次第转换，他虽然屡次想要动身前去天津。但纷乱的战事似乎始终停不下来，先是孙传芳打张作霖，后来国民党打孙传芳，你来我往，中华大地几乎没有一片净土。想进行一次长途旅行都难。

杨柳抽芽时，弘一法师离开庆福寺，先到杭州，准备转道上海再到庐山，参加金光明法会。

在上海，江湾过街楼里，有一座颇有古意的小楼。楼下四周种着各种不知名的花草，一到夏天就恣意疯长。清晨的阳光并不强烈，穿过带纱的窗棂铺到房间的椅子上。房间的主人丰子恺刚从故乡石门湾回来，回上海时，带来了一包弘一法师出家时送他的照片。他与刚从日本归国的友人王涵秋在座椅上，一起翻阅弘一法师出家时的旧照片，前尘旧梦就这样慢慢地流泻开来。

照片中的弘一法师，有穿着背心拖着辫子的，有穿西装的，有扮演《茶花女》玛格丽特的，有做印度人装束的，有扮演《白水滩》里十三郎的，有穿礼服的，有穿长衫马褂的……

突然一个住在隔壁的学生张皇地跑上来说："大门外有俩和尚询问丰先生，其中一个好像先生以前提及的李叔同先生。"

丰子恺赶紧下楼一看，果然是李先生和弘伞法师站在门口。

丰子恺不禁有瞬间的失神，照片上那个风流倜傥的艺术家现在走了出来，就附在眼前这个披着袈裟、穿着罗汉鞋的人身上。

拿起已经有些泛黄的老照片，弘一法师笑容清灵超然。人生如梦，谁人能醒？这一张是在天仙园看戏时拍的，这一张是东京美术学校的校园照，这一张是《茶花女》的剧照……都是一个个美丽的梦。弘一法师缓缓地向丰子恺与王涵秋说着往昔的旧事，仿佛在说一个毫不相干的人的事情。去留无意，往者不可得，看空中云卷云舒，能做到淡然面对一切，不苛求、不奢望、不刻意，便是一种自在。

当他在散乱的照片中，看见自己在城南草堂的留影时，那淡然的笑容稍稍愣住，长叹一声。虽然大观园早已不在，天涯人也各自散落在天涯，但那座城南草堂应该还守候在原地吧。

第二天，丰子恺和王涵秋陪着弘一法师去了城南草堂。青龙桥已然不在，房子旁边的小浜也几乎不见了，只有岸边的杨柳依然袅娜。弘一法师走在二十年前那条日常惯走的小路上，往事历历，只是容颜改。

城南草堂在金融危机那年已经易主，人不在了，景也换了，这十几年究竟发生了什么？

令弘一法师感到欣慰的是，而今的城南草堂挂着“超尘精舍”的匾额，正是此次弘一法师准备在上海寻访的一个净土道场。这真可谓天缘早定，昔日的城南草堂转为了佛法道场，昔日草堂中的才子成了出家人。

精舍里有人正在做功课，弘一法师不愿打扰，正准备走时，屋内走出一人，热情地招呼他们进去坐坐。

“贫僧听说这房子原来的主人是许幻园先生，上人可否知道他现在的去向？”弘一法师怀抱一线希望问道。那人指着不远处一排建筑说：“前面不远处，金洞桥下新铺的马路边上有间小平房，门前有一张摆着代写书信的小桌，许居士就在那边，很好找的。”

穿过金洞桥，很快就来到那所小平房前，房子那么低矮，还破旧不堪。已近正午，阳光愈来愈盛，黄浦江上帆樯来往，波涛不息，犹如人生。弘一法师深呼吸了两下，才抬手叩响那扇破旧的木门。

木门“吱呀”一声响了，走出一位鬓有白发的老者，步履蹒跚。他就是许幻园，曾以城南草堂为雅舍，在沪上风流一时的文社盟主，而今却已苍老如斯，寄身于这等简陋房舍。天涯五友结盟的时候，恐怕任谁也想不到吧！

许幻园早就知道李叔同成了佛门牛人，八年前还在嘉兴见过一面，乍见之下还是认了出来：“啊，你是叔同，不，是弘一法师吧？”

风流雅事已不复，大观园中人已老，知己相聚，两两无言，唯有泪千行。

> 人生如梦耳，哀乐到心头。
> 洒剩两行泪，吟成一夕秋。
> 慈云渺天末，明月下南楼。
> 寿世无长物，丹青片羽留。

李叔同当年的题词，现在看来竟然是一语成谶。或许这就是他们的命运，先经历这人世间最美好的一切，年少多金，美人绕膝，才子风流，只是岁月无情，美梦易醒。如今辗转已是十多年过去，昔日的一切彻底反转，风流才子已归佛，佳人只余坟一堆。可叹！人生不过一场荒唐的梦，纵然此刻再度相见以再续前缘，也终究只是泪洒尘泥。再度离别，云高天远，已是永诀。

灭佛与护佛

战乱仍在延续且继续扩大，1926年下半年，国共合作领导的北伐战争从广东开始打响，迅速席卷半个中国。

旧历十一月间，弘一法师回到杭州，此时国民革命军第二、第三路军正分别进攻江西、福建、安徽、江苏等地，曾强大无比的吴佩孚和孙传芳节节败退，主力几乎被全歼。很快，这些地盘便告易主，国民党终于成了这片江山的真正主人。

身为方外一孤僧，面对这些红尘杀伐之事能避则避，心隐兰若，静心念佛是最好的选择，但天地翻覆，世间哪有真正的方外净土，只要还吃人间五谷杂粮，各种因缘就会不找自来。更何况空门中人虽然远离红尘，但却以利益众生为己任，自然不可能完全抛开世俗事，否则也是背弃自己的大愿和教化众生的使命。

随着国民革命军的来到，浙江政权开始由国民党人所掌握。长期奋斗，屡败屡战，终于得到了政权，许多革命党人欢欣鼓舞。但任何热潮，都难免会有所偏颇。一些掌权者倡导灭佛，认为佛教是腐朽落后的标志，于国于民于革命无益，应该捣毁佛像，收其庙宇，勒令僧尼还俗相配。姜丹书在《弘一律师小传》中也说："民国十六年春，杭州政局初变，锐气甚盛，已倡灭佛之议，欲毁其像，收其宇，勒令僧尼相配。"这种极端荒谬的观点直接危及了佛教的命运和僧尼的生存。在国民党统治的一些地域甚至已经开始了灭佛行动，在这样的紧急情势面前，作为与国民党素有渊源的弘一法师不得不、也不能不出面为整个佛教的存留而抗争。

1927年旧历三月初，弘一法师约请浙江部分主政者到他驻锡的常寂光寺就佛教存废一事进行座谈。参与的都是些对佛教抱有偏激态度的人。会前，弘一法师准备了结缘用的墨钞若干，到时人赠一纸。最终，预约的人并没有全部出席，但预先准备好的墨钞，恰与实际到会人数巧合，好像是有“前知”似的。这些人到了之后，手拿法师墨宝，默默不语，只是在那里低头欣赏着。其中有个叫宣中华的人，最为激进，此人原为法师在浙一师的学生，曾领导过多起学生运动，还参与筹建国民党浙江省党部，只有29岁，时在省党部从事宣传工作。法师特意请他坐在身边，婉言规劝。此君平日健谈善辩，在各种群众大会上常常慷慨激昂、侃侃而谈，这天却难置一词，脸上还冒出汗珠，显得颇为羞惭。

座谈会后，法师依然心有余悸，觉得这件事还没完。大家可能只是暂时停止毁佛运动，但只要政策还没有彻底确定，保不准什么时候就旧事重提，便于三月十七日，又致函蔡元培、经亨颐、马叙伦、周少卿、宣中华等人，介绍了他对佛教新旧两派的看法以及整顿的意见。信中说：

昨有友人来，谓仁等已至杭州建设一切，至为欢慰。又闻子师等在青年会演说，对于出家僧众，有未能满意之处。鄙意以为现代出家僧众，诚属良莠不齐，但仁等于出家人中之情形，恐有隔膜。将来整顿之时，或未能一一允当。鄙意拟请仁等另请僧众二人为委员，专任整顿僧众之事。凡一切规画，皆与仁等商酌而行，似较妥善。此委员二人，据鄙意，愿推荐太虚法师及弘伞法师任之。此二人，皆英年有为，胆识过人。前年曾往日本考察一切，富于新思想，久有改革僧制之弘愿。故任彼二人为委员，最为适当也。至将来如何办法，统乞仁等与彼协商。对于服务社会之一派，应如何尽力提倡（此是新派）；对于山林办道之一派，应如何尽力保护（此是旧派，但此派必不可废）。对于既不能服务社会，又不能办道山林之一流僧众，应如何处置；对于应赴一派（即专作经忏者），应如何严加取缔；对于子孙之寺院（即出家剃发之处），应如何处置；对于受戒之寺，应如何严加限制。如是等种种问题，皆乞仁者仔细斟酌，妥为办理。俾佛门兴盛，佛法昌明，则幸甚矣。此事先由浙江一省办起，然后遍及全国。……谨陈拙见，诸乞垂察……

总体来看，弘一法师的处理意见还是比较中肯的。他将当时的佛教分为几个类别，并分别对待，有褒有贬。有重视做社会慈善活动的，这一类的活动通常有益于社会弱势群体，可以大力提倡；有仍然坚守山林传统、注重戒定慧修持的，这一类是佛法的精髓所在，必须保留；有以经忏为职业的，这一类纯粹是职业和尚，并不是真心想要修持，可以严加取缔……而且他还推荐素有“佛教改革家”之称的太虚大师和弘伞法师为委员，作为佛教界代表参与整顿。这种处理方法与激进派不分青红皂白废佛、驱僧的方法不啻天渊之别。

同一时期，统治河南的一位国民党领导人采取的就是后一种简单粗暴的政策。他不管三七二十一，将河南数百座寺庙全部关闭，捣毁佛像，驱赶僧尼，没收寺院财产，这一风潮后来刮到了陕西、河北、山东等地，一时之间北方佛教遭受重创。可以说，弘一法师的护教举措是维护浙江佛教免遭法难的一个重要因素，当然这也与法师良好的社会关系有关。

当时的浙江要人中，蔡元培是法师南洋公学特班的老师，时任国民党浙江省政治分会委员，并暂代张静江的省主席一职；马叙伦为国民政府教育部次长，先前曾是法师在浙一师的同事；周少卿则为省教育厅长。这些人现在掌握了政权，建设一切，也会顾及各个方面，诸如民众对佛法的信仰、弘一法师与他们以往的特别关系、法师在缁素间的影响等，从而会认真考虑他的意见。结果是，这封信发出后，灭佛之议便不再纷扬流传。

第二次返乡之旅

1927 年 9 月，秋风瑟瑟，迭遭动乱的江浙一带终于有所平静，弘一法师再次到了上海，准备乘船回老家天津一次。

还是在 1926 年旧历十一月期间，弘一法师收到过俗侄、二哥李文熙之子李圣章（1889—1975) 发自巴黎的信，通报了春天回国的消息。李圣章由法国乘船抵达上海后，奉父亲之命到杭州看望自己的三叔，并劝他还俗。

还俗当然是不可能的，但李圣章在三叔驻锡的常寂光寺住了一个多星期，近距离观察了中国苦行僧的生活，算是结了一个佛缘。修行人的清苦、自在在他心里留下了深刻的印象。弘一法师对侄儿说："我之前出家时，事前没跟你三婶商量一下，使她很难过。去年她去世，也没能回去送葬，这一生实在是对不住她了。"之后，弘一法师的好友李石曾又来杭州寻访他，深聊了一些人生问题。家人的这些惦念和一再劝说，让弘一法师再次萌生了回天津老家看看的念头，并写信告诉了二哥。

在上海逗留期间，弘一法师再次住在丰子恺家中，并结下几段胜缘。

第一段胜缘是在功德林餐馆与叶圣陶、李石岑、周予同和日本内山书店的老板内山完造等人的交往。这些人都是沪上的文化名人，其中李石岑先生是位哲学家，爱谈人生问题，写过《人格之真诠》《人生哲学》《中国哲学十讲》等著作。席间，他要法师谈一点有关人生的看法。

"惭愧，"法师虔敬地回答说，"末学没什么研究，不能说什么。"

这样的回答并不能使人信服，而且容易使人误解。作为一个佛门比丘，抛妻舍子，甘于清贫，勇猛精进，为的不就是对人生有新的体悟吗？如果说这样的人都说自己对人生没什么研究，其他人恐怕就更没有资格谈下去了。是他有研究而不肯说吧。但看他那恳切的神情，李石岑又觉得不该有这样的想法。他说话的神情，说明他的确没有研究过所谓人生问题。其实李石岑是误解了弘一法师，李石岑的治学方法是完全西式的，这从他几部著作的书名上基本就可以看出来，这种方法并不注重个体本身的觉性体验，注重的是对知识体系的分类总结；而弘一法师的治学方法完全是东方式的，注重的是个体的内在体验，尤其是觉性的提升。这两种不同治学方法造就出来的人自然很难深度沟通。

之后，他又与内山先生稍作寒暄。内山知道弘一法师曾留学日本多年，就改用日语同他谈话。看神情和之后的对答，内山所讲的日语他貌似懂得，但又好像把日语全忘了的样子。

“法师这五六年来，相当多的精力都用在了《四分律比丘戒相表记》的编著上，几易其稿终于编定，由实业家穆藕初出资于近期出版。”夏丏尊拿着这本新出版的著作向内山先生说了本意：“法师的意思是，想把三十册交给您，代为分赠日本的佛教团体。”

内山连连道谢，说：“多谢法师的隆情厚谊，我很感动，这件事我会尽力办好的。不过还要请问法师，您希望这些书主要送给哪些机构呢？”法师说：“一切都拜托您了，由您决定。”

由此胜缘，以及稍后代送《华严经疏论纂要》一书，内山完造和弘一法师建立了联系，后来他们通过几次信，法师送过他几幅法书。其中有一幅写有“戒定慧”三个字，后来被转送给了鲁迅先生。

这次见面给作家叶圣陶留下了深刻的印象，他在《两法师》一文里描述了此事。

第二段胜缘则是与印光法师的再次相见后的感悟。此时印光法师正好驻锡上海新闸太平寺，弘一法师便与七八位居士在离开功德林时专程前去参访。

一行人很快就来到太平寺的山门。在寺僧进去通报的空当里，弘一法师换了衣服，他从包袱里取出一件大袖僧衣，恭敬地穿上，眉宇间异常地静穆。印光法师刚洗了脸，背部略微佝偻，正在沿街的一间僧房里等着见来访者。弘一法师带着众人，向印光法师的禅房走去。

一踏进房内，弘一法师便对印光法师屈膝拜伏，动作敬意十足，且又非常安详。在随行者以往的印象中，两个和尚风格各异，一个清癯灵盈，一个粗黑壮硕。当他俩并肩高坐时，在叶圣陶等人的印象中，便形成了绝妙的对比：一个是山样的古朴凝重；一个是水样的秀美飘逸。

这是弘一法师自普陀山之行后第二次参礼印光。他合掌恭敬地对印光法师说："几位居士善根不浅，与佛法有缘，有的曾经看过禅宗语录，今天随同弟子前来拜见，请法师开示。慈悲，慈悲。"

"嗯，看了语录。看了什么语录？"印光法师的声音真的如同山谷回音，带有一种不可置疑的神秘和凝重。

一时间没人吭声。弘一法师便指指李石岑，说是这位李居士看过语录的。

李石岑有点发慌，说他并不是专门研究禅宗语录的，他只是跟从一位先生研究过法相宗的初步义理。

印光法师一贯的不客气："学佛贵在得到实益，只是做几篇文章，嘴里说说，意义不大。对人来说，最要紧莫过于了生死，生死不了，其他任何事情都只是过眼烟云，非常危险。你跟从学习的那位先生，认为别人念佛是迷信，只有自己的那一套才对。他恐怕真不该那样说呢！"他说话的声音显得很严厉，还间以呵斥。听他训示的几位来客，第一次接触到这种风格的教导，一个个面面相觑，屏息静气，不知所措，但也觉得非常过瘾。

弘一法师再作第二次恳请，希望就儒说和佛说的异同点给大家开示一番。

印光法师说："儒说佛说，两者本来就是一致，只不过说理略有不同，无非都是教人父慈子孝兄友弟恭，等等。不过为什么要这样？儒家说这是人的天职，但人如果不守天职你就没办法了。佛家对此用因果来解释，那就深奥得多了。行善便有福，行恶便吃苦，人谁不想离苦得乐呢？"说得大家连连点头。

弘一法师第三次"慈悲，慈悲"地恳请，说是几位居士想请几本讲解经意的书。印光法师说，结缘的书这里有很多，大家可以自选几种带回去看。

临别时，弘一法师再次屈膝拜伏，显得恭敬之至。等到大家都出来了，他又郑重而轻捷地替印光法师拉上两扇门。

听闻弘一法师在丰子恺江湾家中小住，等候天津之行的时机，“天涯五友”中的三友：袁希濂、张小楼、许幻园，便相约前来看望。四位友人，旧地重游，还在过去拍摄“天涯五友”的照相馆重新合影留念。法师为《天涯四友写影》作了一篇题记，颇多感慨。

“题记”里悲伤地说：

> 余来沪上，明年岁在庚子，共宝山蔡小香、袁希濂、江阴张小楼、云间许幻园诸子，结为天涯五友，并于宝记像室写影一帧。尔来二十有八年矣。重游申渎，小居江湾缘缘堂。蔡子时已殂化，惟袁、张、许子犹数过谈，乐说往事。乃复相偕写影于宝记像室……

此时的天涯五友只剩下四友（两年后许幻园去世），且全部皈依了佛门，而且袁希濂、弘一法师都颇有修持功夫。

弘一法师在丰子恺家中住了一个多月，最终还是因各种原因没有兑现“天津一行”的计划，只得重返永嘉。但在他准备回去的前几天，丰子恺对他说：“先生，有一件事想请您成全，不知道能不能办到？”

法师温和地说：“什么事？但说无妨！”

丰子恺说：“您可能已经感觉到，这几年我也时常亲近佛门，有了佛化的意思。时局动荡，人生无常，前年的‘五卅惨案’，去年的‘三一八’屠杀，今年的‘四一二’政变，人性是变得越来越凶残了。这些令人痛心疾首的事情接连发生，我一介书生虽然愤慨，却无力改变，舞刀弄枪地去改变这种局面我做不了，只能以手中的一支笔勉力做些净化人心的事情。但即便如此，也要一种精神支柱。这些日子，从先生身上我深切感受到了佛法的慈悲和智慧，我对佛法佛理，对佛所宣示的境界，也有了一点体悟和向往。您能为我授皈依吗？”

“你要皈依？”乍听之下，法师有些意外，但仔细一想却也正常。原来丰子恺家并没有什么佛教特征，这次却有一尊释迦牟尼佛像端端正正地安置在供桌上，他早晚两炷香，从不间断。看着这些摆设，并非仅仅因为自己在这里，他自己也有这种向往。

旧历九月二十六日，在丰子恺二十九周岁这天，弘一法师对他正授皈依，取法名“婴行”。这个法名的含义也很明显，出自《老子》一书中“专气致柔，能婴儿乎？”一句，勉励丰子恺克服性躁的习气，心要学得调柔如婴儿一般，同时又表示人生新的开始。

晚晴山房话清凉

永嘉庆福寺可谓弘一法师的第二故乡，从民国十年（1921）开始，他在这里前后长达 12 年之久，但后四五年里，这里仅仅成了他不断变换去处的一个短期落脚点。他主要的游方地是在浙东地区，主要为杭州湾以南的上虞、绍兴、慈溪，以及和舟山隔海相望的镇海、宁波等处。这片地区，位于天台山、四明山、会稽山山脉环绕带，丛林密布、香烟袅袅，佛法极为昌盛，自古有山就有庙，有庙就有佛，千百年来，高僧辈出，为众多善男信女所神往，也是中国有名的“福地”。

在军阀混战的岁月里，这块福地基本上保持了平静，人们仍然过着以前的生活，但在时代的大潮下，难免会有浪花。民国十六年（1927），在杭州，要不是弘一法师挺身而出，那帮新贵少年的灭佛驱僧政策，未必不会实行。民国十七年，永嘉的掌权者将城垣拆毁，拆了一多半的时候，又有人出来反对，结果拆城行动进行到一半停下来。一会儿要拆，一会儿又不拆了，整个永嘉顿时一片喧嚣，不得安宁，弘一法师所在的庆福寺虽然属于方外之地，但不可避免也要受到波及。

先前，法师的弟子和朋友们提议过筹资建房，以作治学、养老之用，法师没有允准，但时局的变动使他感觉到永嘉非久留之地，他不得不考虑今后的栖止和供养问题。

丰子恺有意在老家德清石门湾建造一所名副其实的“缘缘堂”，之后请弘一法师到那边居住。但当时丰子恺在上海工作，即使“缘缘堂”在德清建成，法师去那里“依附而居”，恐怕仍有诸多不便。这个提议不成。

1928 年年底，刘质平、夏丏尊和丰子恺再次提及为法师募款，在白马湖边建造庵舍，这一次弘一法师没有推辞，接受了大家的深情厚谊。

白马湖畔，风光秀丽，气候温润，适宜休养身体，静心修道，正适合弘一法师居住。除此之外，这里还有老朋友经亨颐、夏丏尊的房子。经先生不时前来居住，夏家也有眷属和佣仆留下看守，春晖中学里还有他们不少的同事，这都便于照料法师的日常生活。

经过半年多筹建，房子最终于 1929 年夏初落成。三间平房，位于一座小山的东麓，要缘数十级台阶才能上去。虽说是一般庵舍，但仍属于佛家道场，倒有些高人隐士隐居山林的意思。其中两间房子前面还盖有走廊，比较敞亮。

法师将这个地方命名为“晚晴山房”。这个名字应该是出自李商隐的《晚晴》诗。

晚晴

深居俯夹城，春去夏犹清。
天意怜幽草，人间重晚晴。
并添高阁迥，微注小窗明。
越鸟巢干后，归飞体更轻。

李商隐是弘一法师比较欣赏的一个诗人，这首诗尤为法师所喜，除了白马湖畔的这处居所叫作晚晴山房之外，他还自号晚晴老人。

这首诗写的并非纯粹的佛法，而是更近于道家自在、无为、逍遥游的状态。一个人由于烦恼灭尽，对世间的一切都已经不再挂怀，深居简出，过着清幽的日子，在傍晚的时候，俯瞰夹城，春天已去，夏季清朗。小草饱受雨水的浸淹，得到了上天的怜爱，雨过天晴了，夕阳无限好，人们都非常喜悦。登上高阁，凭栏远眺，天高地迥，夕阳冉冉的余晖透过窗棂。越鸟的窝巢已被晒干，经过了雨水后，它们飞回家的体态也更加轻盈了。

现代人由于烦恼炽盛，对这种清幽、无为的生活很难欣赏，更别提享受了。而此时的弘一法师，由于世间的贪爱已灭，对这种逍遥、无为的生活状态才有了真正的感受。而且晚晴山房建成之后，生活正好是这种状态的直接写照。

1929年旧历九月二十，弘一法师五十寿辰（公历计算则在翌年）。他提前在八月底就过来了，开始收拾山房，做些准备。

寿辰这天，夏丏尊、刘质平、李鸿梁等法师曾经的朋友和学生们，聚集在经亨颐先生的长松山房吃面，为法师祝寿。在浓浓的友情包围中，法师向大家一一赠送了寿辰纪念品——新出版的《护生画集》，接着又书写一联“天意怜幽草，人间重晚晴”赠予夏丏尊，既抒发了自己的志向，同时勉励老友。席间，绍兴徐仲荪居士谈到，他准备买些鱼虾到白马湖放生。弘一法师觉得这是非常好的祝寿想法，便请刘质平协助促成此事。

第三天五更时分，法师和一众友生、居士从白马湖边驿亭站出发，步行前往百官镇，买回大量鱼虾。然后在秋阳初照的白马湖上，就着薄纱般的雾气，开始施行名为“杨枝净水”的放生仪轨。

马一浮在《护生画集》的序言中对放生的原理和意义有过详尽的描述，简而言之：

> 圣人无己，靡所不己。情与无情，犹共一体，况同类之生乎！夫依正果报，悉由心作，其犹埏埴为器，和采在人。故品物流形，莫非生也；爱恶相攻，莫非惑也；蠕动飞沉，莫非己也；山川草木，莫非身也。……水草之念空，斯人羊之报泯，然后鹊巢可俯，而窥，沤鸟可狎而至，兵无所容其刃，兕无所投其角，何复有递相吞啖之患乎！

在这篇序言中，马一浮透露了在圣贤眼里放生的巨大意义。在他们看来，圣人以法界为身，山河大地，一草一木，莫非心之所在，放生即是放己。这也正是弘一法师“护生”的真谛所在。

以国为身终需破

过完五十寿辰十几天，弘一法师转道上海到南闽弘法，恳请惟净法师留守白马湖照料山房，约定弘法完毕即归。但他第二次来住晚晴山房，已经在第二年的夏天。

旧历五月十四日，夏丏尊四十五岁生辰。他专程从上海赶过来，邀请经亨颐和弘一法师到他的小梅花屋共餐蔬食。

经亨颐本是民国初年闻名全国的教育家，但目睹乱世风云，感觉教育救国的理想难以实现，便于1925年辞去春晖中学校长从政。他一走，春晖中学失去了灵魂，众多名师也跟着辞职，而且不久之后，遇上国民党右派叛变国民革命，各种轰轰烈烈的屠杀此起彼伏，他为国家前途悲观愁苦。在夏丏尊的寿宴上，他诉说往事，借酒浇愁，显得无限沉痛。

弘一法师不禁潸然泪下，感伤不已。

经亨颐以花为夏丏尊祝寿，自题云：“清风长寿，淡泊神仙。”弘一法师为开导经亨颐，在画上作一题记，写了《仁王护国般若波罗密多经》苦空二偈：

生老病死，轮转无际。事与愿违，忧悲为害。欲深祸重，疮疣无外。三界皆苦，国有何赖？

有本自无，因缘成诸。盛者必衰，实者必虚。众生蠢蠢，都如幻居。声响皆空，国土亦如。

世间像经亨颐这样的人很多，他们发心很大，以国为身，念念都是国家的危亡和民众的福祉，在佛经里称之为“大心凡夫”，传说“东土有大乘气象”，实际上指的就是这种人比较多。当然，他们虽然发心很值得称赞，但由于见解还不透彻，执着于国土、众生为实有，痴迷于政治、军事斗争中不能自拔，即便遭遇千辛万苦也在所不惜，由此轮回旋转，不得出离。而且在他们眼里，出家修行虽然也值得称道，但充其量不过是严子陵、陶渊明之类的隐士，属于人生次要选择。

弘一法师借这两句偈语告诉经亨颐，众生只要在轮回中，势必遭遇诸多痛苦，犹如患上疮疣一般。国家也如此，有盛有衰，轮转无际，是各种因缘聚在一起所形成的假体，本质上只是幻化，何必执着？

但化解这个执着谈何容易呢？

弘一法师的许多世俗朋友都属于这类人，尤其以救国救民为己任的南社诸公为甚。1915 年，李叔同正在杭州教学，全国风闻袁世凯将与日本签订“二十一条”。签约的这天正好是南社在上海愚园举行第十二次定期雅集的日子。会上，大家面对国是日非的严峻形势，无不痛心疾首，悲愤万分，却又深恨百无一用是书生。柳亚子在赶赴集会的车上口占一首：

驱车林薄认朝暾，草草重来已隔春。
毕竟何关家国事，羞教人说是诗人。

当日柳在雅集会上将这首诗诵出，说中大家的伤心事，众人为之悲痛落泪。

后来，听说李叔同虎跑寺断食的事情后，柳亚子作《为李息霜题扇》二首，将李叔同的行动比作谢安隐居东山，严子陵隐居富阳，认为李叔同此举只是暂时隐退，将来还是要像谢安一样出世救民的。

但没想不久之后李叔同决然出家了，柳亚子等南社诸公始终无法认同，以为此举为消极避世，颇不以为然。国民党四大元老之一吴稚晖曾说：“李叔同可以做个艺术家而不做，偏去当和尚。”1932 年，柳亚子与何香凝等人到杭州、宁波、上虞等地游览，与姜丹书等人谈及他们的共同好友李叔同，柳亚子挥笔写诗相赠：

重话樽前李息霜，风流文采亦何常。

精修苦行吾无取，麻醉神经事可伤。

可见，弘一法师出家十四年之后，他的这位昔日好友仍对他出家一事耿耿于怀，认为是“麻醉神经”。

1935 年，柳亚子又有《杭州杂诗五十八首》的作品，其中有三首写到李叔同。柳亚子追忆往昔在《太平洋报》时，南社文人们以诗歌为武器，以文场为战场的动人事迹。他在赞扬李叔同开创中国话剧事业的同时，对他出家之举再次表示深深的惋惜：“李息逃禅有叹欷。”

1941 年，弘一法师的弟子李芳远为弘一法师祝寿向社会各界征集诗词。柳亚子寄去两首五绝并序：

弘一大师俗名李息霜，与苏曼殊称为南社两畸人。自披剃大慈山以来，阔别二十余年矣。顷闭关闽海，其弟子李芳远来书，以俗寿周甲纪念索诗，为赋二绝。

其一

君礼释迦佛，我拜马克思。

大雄大无畏，迹异心岂殊。

其二

闭关谢尘网，吾意嫌消极。

愿持铁禅杖，打杀卖国贼！

这首诗意思浅显，读之一股强烈的爱国热情扑面而来。这两首诗寄到的时候，正碰到传贯法师去拜访弘一法师。传贯法师随手带着一束红菊花，弘一法师就以菊为题，作了一偈，算是对老友的和诗。

辛巳初冬，积阴凝寒。贯师赠余红菊花一枝，为说此偈。

亭亭菊一枝，高标矗晚节。

云何色殷红，殉教应流血。

当时的中国正值抗战的困难时期，所谓“积阴凝寒”说的既是寒冬的气候，更是当时的时局。弘一法师借此向旧日朋友表达自己以身殉教、以身殉国的心迹。

创作清凉歌集

之前，一众友人为弘一法师庆贺五十寿辰的时候，已经成为国内音乐家的刘质平谈到当世音乐教育，叹息作词之难，市面上流行的都是些描写男欢女爱的靡靡之音，如果任由其肆虐，影响所及，后果实在可虑。他说：“从这个角度说，老师出家有点过早了，没能充分发挥您在音乐上的才华呢！实在可惜。如果老师能继续写些歌词，功德无量矣！”

法师听后无语，过了一会儿才说：“既然这样，我可以试试，再作歌词若干首。不过，曲子我是不能谱写了，就由你们配曲试唱后，付梓流传吧！”

最终，1930 年秋天，弘一法师在法界寺为《清凉歌集》作词五首，分别为《清凉》《山色》《花香》《世梦》和《观心》。为了让谱曲的人明白歌词中包含的深意，弘一法师还委托芝峰法师写了一篇文章名为《清凉歌集达旨》，为歌词中的意思详加诠释。

有意思的是，《清凉歌集》的五首歌词，在统一的思想主旨统率下，形成了一个有机的艺术整体。这个思想主旨即佛法的根本：唯有看清自己的妙明真心，在此基础上，扫除了一切身心的错觉，打破宇宙人生一切如梦的“吊诡”之谜（“吊诡”是庄子的用语，奇异空谈之意），才能证得宇宙万有的实相，最终与宇宙万有融合为一，我即宇宙，宇宙即我，即佛的境界。其间，要调伏各种各样的身心烦恼，破尽“无明”，最终真性流露，打成一片，觉性显现，悲智双运。五首歌的歌词即以形象化的描绘，从各个方面阐发了这一深奥义理。

第一首是《清凉》歌，虽是序曲，写的却是了解真心后的欢喜、清凉境界。歌词曰：

清凉

清凉月，月到天心，光明殊皎洁。今唱清凉歌，心地光明一笑呵。清凉风，凉风解愠，暑气已无踪。今唱清凉歌，热恼消除万物和。清凉水，清水一渠，涤荡诸污秽。今唱清凉歌，身心无垢乐如何。清凉，清凉，无上究竟真常。

歌词中用“清凉月”“清凉风”“清凉水”，来表达智慧对人身心所起的作用，表现出人在见到本性后出现的无物无心、物我两忘、肝胆天地，与宇宙万有融化一体的殊胜境界。但在弘一看来，这种“热恼消除万物和”“身心无垢乐如何”的境地，是般若智慧训练到相当程度后才自然而然出现的，期间伴随着长期的调伏烦恼习气的过程。没见到本性，或即便见到本性但修养功夫不深的人，不可能时时处于这种清凉境界中。

怎样才能完全到达和永久保持物我两忘、无物无心的清凉境界呢？关键是要排除人在认识宇宙万有时的杂染心，从更深一层来说，就是要克己复礼，调伏自己身心的种种烦恼、习气。《山色》和《花香》形象地描述了这一境界：

山色

近观山色苍然青，其色如蓝。远观山色郁然翠，如蓝成靛。山色非变，山色如故，目力有长短。自近渐远，易青为翠；自远渐近，易翠为青。时常更换，是由缘会。幻相现前，非唯翠幻，而青亦幻。是幻，是幻，万法皆然。

花香

庭中百合花开，昼有香，香淡如；入夜来，香乃烈。鼻观是一，何以昼夜浓淡有殊别？白昼众喧动，纷纷俗务萦。目视色，耳听声，鼻观之力，分于耳目丧其灵。心清闻妙香，用志不分，乃凝于神：古训好参详。

这两首歌通过人在不同空间（远近）和时间（昼夜）中，对山色和花香的不同感觉（近青远翠、昼淡夜浓），说明宇宙万有本身是一种幻法，是各种关系集合在一起的产物，而人的感受是无常的，是不可靠的。

“是幻，是幻，万法皆然。”了解到宇宙万有是幻化境界，是不可靠的，人就要生起修道的紧迫感。《世梦》对此描述说：

世梦

却来观世间，犹如梦中事。人生自少而壮，自壮而老，自老而死。俄入胞胎，俄出胞胎，又入又出无穷已。生不知来，死不知去，蒙蒙然，冥冥然，千生万劫不自知，非真梦欤？枕上片时春梦中，行尽江南数千里。今贪名利，梯山航海，岂必枕上尔！庄生梦蝴蝶，孔子梦周公，梦时固是梦，醒时何非梦？！旷大劫来，一时一刻皆梦中。破尽无明，大觉能仁；如是乃为梦醒汉，如是乃名无上尊。

人的一生极为短暂，犹如一场梦，现在贪着名利，无法自拔，将身心埋在五欲六尘里，无常一到，再度轮回，惨也痛也。还是尽快行动，破尽无明，做一个梦醒汉，才是智者之所为，不枉人世间走一遭。

那么，又该如何“破尽无明，大觉能仁”，从轮转不休的生死中彻底跳出来呢？

这是《清凉歌集》最后一首《观心》所要回答的问题。

观心

世间学问，义理浅，头绪多，似易而反难。出世学问，义理深，线索一，虽难而似易。线索为何？现前一念，心性应寻觅。试观心性：在内欤？在外欤？在中间欤？过去欤？现在欤？或未来欤？长短、方圆欤？青黄、赤白欤？觅心了不可得，便悟自性真常。是应直下信入，未可错下承当。试观心性：内外、中间、过去、现在、未来、长短、方圆、赤白、青黄。

千说万说，最终还是要落实在一念心性上，在这一念上观心而不可得，久而久之，其力渐充，自然会使身心得以改变。

弘一法师所写的《清凉歌集》五首歌词，属于该集的第一编，原本计划于1930年下半年出版，但刘质平遵照“宁缓勿滥”的师嘱，与其弟子潘伯英、徐希一、唐学咏、再传弟子俞绂棠等累年合作谱曲，并在上海、宁波等地反复演奏试唱，经过了整整七年，才于1936年秋天交由夏丏尊主持的开明书店出版流传。

五首歌曲竟然费时七年，多方试练，方告罄成，可算得上中国音乐史上的一大佳话。

按计划，第一编出版后，《清凉歌集》还要再推出第二编、第三编，但第一编甫及流传，就碰上日寇大规模入侵，弘一法师、刘质平等辗转各地，或疲于奔命，或忙于念佛，后面的计划便耽搁了下来，弘一法师最初编出的五首歌词，也就成了那个宏大规划的绝唱！

梦断白湖

1930年旧历十月，弘一法师来到宁波慈溪金仙寺。

金仙寺位于宁波市西北慈溪县鸣鹤场镇，是一座颇为壮观的大丛林。寺庙背靠嵯峨的峙山，面对宽阔的白洋湖（简称白湖），前半部分坐落平地，后半部分则沿山而上。该寺历史悠久，建于梁大同年间(535—545),初名精进庵；唐朝乾元年间，改名福林寺；宋治平二年（1065年）改为金仙寺并沿用至今,之后历元、明、清诸代,时兴时衰。在兴盛的时候，金仙寺里，各方僧众上千。现代名僧太虚、芝峰、常惺、印顺、竺摩、会觉等人，都曾在这里驻锡。

白湖风光秀丽，其堤岸从东到西，长达数里，气势恢宏，光洁坚致。沿湖周围，尽是层层别墅，依山傍水，梵音阵阵，堪称乱世福地。

与浙东其他地方一样，慈溪也是丛林遍布，香火缭绕。金仙寺东南数十里的地方，还有一座规模比金仙寺更宏大壮观的五磊寺。这两座寺庙与弘一法师都有着深厚的渊源。

金仙寺的住持为亦幻法师(1933—1978，浙江黄岩人)，与弘一1928年冬天在厦门南普渡寺结识，一见面两人就互相欣赏，引为知己，都觉得对方堪为自己的烟霞同伴，相约他日一起修行。第二年冬天，弘一再去闽南时，亦幻法师已来慈溪出任金仙寺住持。现在弘一法师回到浙东，便带着《华严经注疏》和道宣法师的著作，来白湖兑现约定了。亦幻法师非常欢喜。

弘一法师在金仙寺住下后，主要功课是校勘《华严经注释》和《羯磨疏济缘记》，这是为徐蔚如居士主持的天津刻经流通处校勘的。除此之外，每日饭后，他都要读诵《华严经·普贤行愿品》数卷，回向法界众生，作为往生净土的资粮。

弘一法师到金仙寺不久，宁波观宗寺弘法社主讲静权法师在金仙寺宣讲《地藏菩萨本愿经》。《地藏经》是“佛门孝经”，记录了释迦世尊得道后为其生母摩耶夫人说法的内容，提倡子女应孝敬父母，通常是刚出家的人需要学。弘一法师也参加了这场讲经会，两个月没缺过一座。

静权和尚讲经，颇具古风，先念一段经籍原文，然后串讲演绎，根据自己的理解予以发挥。一天晚上，讲到了《阎浮众生业感品》，他用低沉但中气十足的音调念了其中的一段故事，而在演绎发挥中特别提到，这段经文、这个故事所包含的孝思在伦理学上的意义。针对听经的出家人，他特别提醒道：“即便是出家做了僧人，成为释迦佛的弟子，但作为人子，依然不能忘了母亲的养育之恩。如果忘却，岂非禽兽不如？！”

静权和尚发挥着经义，正沉浸在讲经说法的三昧状态中，忽然听到堂下有一僧人失声痛哭起来，其声呜咽，闻之生悲……大众一时之间愕然惊惧，不知所以。作为主讲人的静权法师知道有人悲不自胜，便暂时中止讲经，等待哭泣的僧人自行平静下来。

哭泣者不是别人，正是刚来金仙寺不久的弘一法师。虽然已经到了知天命的年纪，但静权法师的讲解勾起了他对亡母的怀念，那滚热的泪水，肆意的哭泣正是他追忆母爱的天性流露。人同此心，心同此理，大家都原谅了他。但弘一自己事后察觉到，在大和尚讲经说法的庄严场合中，实在不该失态破坏了法缘。为了告诫自己以后不可重犯，他书写了蕅益大师的一段警语作为座右铭：“内不见有我，则我无能；外不见有人，则人无过。一味痴呆，深自惭愧；劣智慢心，痛自改悔。”并附一段按语：“庚午十月居金仙，侍静权法师讲席，听《地藏菩萨本愿经》，深自悲痛惭愧，誓改过自新……”

汉地虽说是大乘佛教的主要流传地，但人们普遍认为出家是一件不幸的事情，谁家有人出家修道，家里人肯定都要百般阻挠。因此，每一个出家人都有一段属于自己的曲折出家经历。弘一法师自己本身就是一个典型。金仙寺住持亦幻法师也如此，他出家后怕俗累，对母亲和家人漠不关心，自从亲眼看见弘一法师听法涕泣后，他明白出家人并非无情，相反应该更加孝顺。他开始关注母亲暮年的生活，中间还替其亡师月祥上人抚慰他那八十多岁茕独无依、晚景凄凉的老母。亦幻后来说："弘师对我做过这样浩大的功德，他从没有知道。"这是指弘一法师情不自禁一哭对他的感化。

静权法师对大众讲授《地藏经》的同时，弘一法师也应机在小范围内讲授律学。主要是为刚出家的僧人讲"三皈"（皈依佛、皈依法、皈依僧）、"五戒"（不杀生、不妄语、不偷盗、不邪淫、不饮酒），用以启发道心、长养善根，用的教材是他自己的著作《五戒相经笺要》，讲座设在他住宿的丈室里，听众有亦幻、桂芳、华云、显真、惠知五人。他为这间住室起名"华藏"，以篆文书写的横额下面有跋文，曰："庚午晚秋，玄人晏坐此室读诵《华严经》，题此以志。"静权法师听说弘一法师也在小范围内讲律，很恳切地要求也参加听讲，但被他拒绝了。

家在白湖附近的青年人胡宅梵，时来金仙寺听经学佛，由亦幻介绍，皈依了弘一法师。胡为弘一法师的慈悲庄严气度感染，一见倾倒，写了篇题为《见了弘一法师》的文章登在《现代僧伽》上，后来胡在弘一法师的指导下作了《地藏经白话译解》，也是一桩美谈。

到十二月下旬，金仙寺已经进入寒冬，雨雪霏霏，朔风刺骨，连白湖也冰冻寸许，人可以在上面赛跑。此时静权法师在金仙寺讲经圆满，而弘一法师又体弱畏寒，便动身回到永嘉庆福寺过冬。

1930 年岁暮凝寒时节，弘一法师回到永嘉庆福寺。但住了不到一个月，春节刚过没多久，他就离别瓯江，驻锡上虞法界寺。

自剃度出家以来，弘一法师不断寻找着理想的人生境界。然而，十多年时间过去了，即使在人称"红尘不到"的丛林兰若中，他也好像没有找到心目中的一方可以栖息的地方。他依然仆仆于途，芒钵锡杖，到处行化，到处寻觅，在行化中寻觅，在寻觅中行化……但年岁不饶人，再加上从去冬以来，几经奔波，刚到法界寺他就病倒了。

得的是疟疾，这种病严重的时候，热如火上燎，冷如入冰窖，极为痛苦。身在荒山寒寺，缺医少药，又乏人照料，着实苦煞。但弘一法师的治疗方式也很特殊：

不管了，唯有“连诵普贤行愿品偈赞，略无间断，一心生西，境界廓然”。

他已经做了最后的打算，立下遗嘱：

> 弘一谢世后，凡寄存法界寺之佛典及佛像，皆赠予徐安夫居士；其余之物皆交法界寺库房。

徐安夫是春晖中学的职员，对法师颇多照料，所以弘一在遗嘱中提到了他。但最终法师的治疗方式发生了作用，后来他对学生蔡冠洛说，由于“连诵普贤行愿品偈赞”，居然“境界廓然，正不知有山河大地，有物我之感”，疟疾慢慢地竟然有了转机。

弘一法师认为，出家人患病并不单单是疾病那么简单。生病首先是一个消除往昔业障的过程，其次也是一个替代众生受苦的机遇，更是一个磨砺道心、增上道业的试金石。在他的意识中，每次只要有病，尽管痛苦不堪，道念却可坚固一层。正因如此，很多佛家修行人不求无病，有的还愿意生病，只求病痛别泯灭正念即可。

弘一觉得，自己既然还没有到舍报、尽形寿之时，那就需要养好身体，在弘法道上继续前行，以完成自己的弘律使命。因此病体稍有好转，他便写信给刘质平，叮嘱他寄些补品和药物，以将养身子，自利利他。

也是在这个时候，他决定改变学律的路线，弃“有部”而就“南山”。

“有部”，全称为“说一切有部”，属于佛教部派的小乘派别，其戒律仅止于个人的修行范围。南山指“南山律宗”，由唐代僧人道宣（596—667，俗姓钱，江苏镇江人，开创南山律宗）依据《四分律》创建于陕西终南山，故名南山。“南山律宗”的戒律，从形式上看似乎属于小乘，但在内容上，自利利他俱全，属于大乘佛教范畴。随后他便在佛前发愿：“捐弃有部，专学南山。随力弘扬，以赎昔年轻谤之罪。”

他发心编辑南山律三大部纲要表记，并立即着手进行。

四月下旬，弘一法师准备往五磊寺驻锡以接夏安居，正好胡宅梵受五磊寺住持栖莲法师委托邀请弘一到五磊寺驻锡，可谓因缘巧值。

五磊寺承宁波观宗寺谛闲法师法派，道风醇良。全寺一共九位和尚，有四人过午不食，悉修净业，持戒严谨，发愿往生。

弘一法师初到五磊寺的一段时间，天未亮便起床来到大殿，亲击锣鼓，与众人一起做早课、念佛。在他的影响下，五磊寺道风道貌更为隆盛。一天，他突然想起来自己还没有受菩萨戒，便在堂中挂上地藏菩萨像，供养鲜花一束，按照佛规，自誓受戒。

从四川来的一位法师显真，在五磊寺勇猛精进，专修净业，道业显著。弘一法师对其推崇备至，约其发起求生西方之普贤愿。显真法师刺血明愿，弘一用他的鲜血当即写下发愿文。此举可谓殊胜，列名誓愿的除了弘一法师，还有亦幻、文涛、显真、栖莲等法师，还有苏慧纯、胡宅梵等居士，共十几个人。

看到这些殊胜景象，弘一法师在五磊寺的兴致颇高，萌生了在这里创办南山律学院的想法，这也是为了实现自己“生宏律范，死归安养”的誓愿。而且五磊寺位在山巅，远离嚣闹，环境雅致，正是用功办道的大好场所。他向住持提出了建立律学院的设想：期以三年，宣讲南山律宗三大部，以成一期化业，使众生均沾法乐。

栖莲法师对他的建议非常赞赏。但首要的问题便是资金，栖莲约上金仙寺的亦幻住持前往上海，找到时在上海的宁波白衣寺安心头陀，请他帮忙向著名的大慈善家朱子桥将军募款。

朱子桥 (1874—1941) 将军是浙江绍兴人，从清末开始曾在四川、东北等地军警界担任要职，1926 年退出政治生涯，专心社会慈善事业，在当时中国享有盛誉。朱子桥与弘一法师，早已相互心仪，只是还无缘得见。这次亦幻、栖莲和安心头陀三位和尚前来，朱子桥听说是为了弘一法师弘扬佛律而募款，痛快地先拨了一千元开办费。并承诺说以后用多少报多少。

资金的事情解决了，算是开了一个好头。但栖莲法师突然显现出道念不固的征象。他在上海定制了几本厚厚的化缘簿带回五磊寺，硬是让弘一法师在上面作一篇化缘的序文。本来资金的事情已经有了眉目，现在又要四方化缘，这使得弘一法师相当难受。等到讨论办学章程时，栖莲的胃口越来越大，弘一法师看破了他借化缘敛财的不良用心，颇为心痛。在律学院院长问题上，因为安心头陀去过泰国，熟悉怎么办学，弘一法师拟请他出任南山律学院院长，栖莲却持异议，并流露出自任之意。而安心头陀也有变化发生，他从上海发信说，律学院创办后，坚决要求学僧仿效泰僧实行吃钵饭制度，还说这是朱子桥将军等人的意见。此举可谓毫无意义，大违学律本意，但安心头陀等人却特别看重。

律学院还未开办，仅在草创阶段就遭遇种种不快，使得弘一法师大受打击，可以说遭遇了巨大的心理创伤。他对亦幻法师说："我从出家以来，对于佛教向来没做过什么事。这回使我能有宏律的因缘，心头委实是很欢喜的。不料第一次便受了这样重的打击，一月来未能安睡，精神上受了很大的挫伤，看经念佛都无法进行。照这种情形，恐非静养一二年不可。"在致胡宅梵的信中也说："余近二月来，因律学院事牵掣逼迫，神经已十分错乱不宁。披阅书籍，往往不能了解其义。昔已解者，今亦不解。几同废人。"

弘一法师出家后淡泊自守，对名闻利养之事从不放在心上；但他能够这样，并不代表着其他人也能这样。即便是出家人，在修行没有到相当程度之前，虽然也明白佛法佛理，但一遇到事，仍然无法自主，身不由己地随顺世间的习气。通过这次律学院事件，弘一法师对修行和修行人有了更深刻的了解。但他的最痛心之处在于，本来一个好好的修行人，平日里看起来修得相当不错，但一遇到名利的考验，马上就变得像个俗人，道心几乎丧尽，几乎不能与之为伍。还有的人，本来佛教的事业做得相当有成绩，但竟然法执如此深重，还动用世间人的力量来逼迫其他同修让步。

经此一事，不但律学院的事情办不成了，恐怕还要失去两个同参好友，可谓痛哉！

但从另一方面看，弘一法师是有些过度思虑了。其实，人间并无绝尘之土，只要是众人之事，便免不了会有理念的不同，会有不同的声音，关键是在这个过程中保持自己的初心和原则，耐心地做众人的思想工作，该坚持就坚持，该妥协就妥协，只是作为高僧的弘一法师不能正视罢了。这个例证也说明，便是号称远离红尘、隐居深山的佛门，要想成就一番大的事业，也不可能不出现如世间一样的种种争斗。

弘一的师父印光法师早前也说他，心思太过“细致”，不可主事，“主事易受伤”，这种性格他在浙一师任教时就已经很明显，律学院事件使其更为明显。

最终，弘一决定放手，他离开了五磊寺，移锡宁波白衣寺佛教孤儿院。走的时候，还将那块自己亲手书写的“南山律学院筹备处”的招牌也带走了，挂到了白衣寺门前。几天后，他又去了上海，准备从上海到厦门。

后来，由于战乱等原因，弘一法师的厦门之旅并未成行，栖莲法师也劝他回心转意，再回五磊寺主持弘律事宜，他虽然一度有回心的迹象，但最终还是没有做起来。

南山律学院未能办起的阴影，始终在弘一法师心中隐现。1932 年春节之后不久，他在金仙寺突然说要发心教人学习南山律。住持亦幻法师极为高兴，动员了雪亮、良定、华云、惠知、崇德、纪源、显真等法师来参加学习，而他自己则愿意做个负责行政的旁听生，想好好地办一次佛学教育。

这次弘律也显得虎头蛇尾。

刚开始，弘一法师制定了严格的学习纪律，学僧甚至大小便都要向他打报告才能去，但一段时间后，学习变成了函授性质，不久后弘一法师离开了白湖，学律行动便无疾而终。究极原因，亦幻住持认为弘一这次讲律并没有系统详细的规划，只是一次还愿性质的临机讲法，故而没有持久。

那就只能随缘了。

第十章

弘法闽南

人间难遇是法缘

1932年11月，弘一法师从永嘉庆福寺出发，登轮南下，来到厦门。此时，北方已经渐次进入冬天，但在闽南，桂花、榴花、菊花、白兰花、水仙花、山茶花正争奇斗艳同时盛开，别有生趣。

这是他第三次莅临闽南地区。

弘一法师第一次来厦门是1928年初冬。那时他在上海与丰子恺研讨《护生画集》的出版问题，顺便看望老友尤惜阴。尤惜阴和另外一名居士谢仁斋正在收拾行李，准备去泰国弘法，他觉得这是件好事，愿意同去。从上海到暹罗，途中需经停厦门。到厦门后，得到陈敬贤居士（著名华侨领袖陈嘉庚之弟，也是虔诚的佛教徒，当时正主持厦门大学的校务）的热情接待，并由他介绍，暂住南普陀寺方丈楼。陈居士此前在杭州常寂光寺与弘一法师有过一面之缘，再次相逢，自是欢喜异常。南普陀寺的几位法师，如性愿法师（1889—1962，福建南安人，著名高僧，曾历任闽南诸寺住持，1937年赴菲律宾弘法）、芝峰法师和大醒法师等人，与弘一一见如故，恳请他留下来弘法。

弘一法师一向随缘，严持戒律的同时也喜欢自由自在、不受拘束，在南普陀寺的几天，觉得闽南道风与自己脾性契合，再加上此地气候温和，山川灵秀，四众弟子情意恳切，民俗淳厚，真可谓东南佛国，乱世福地，遂悠然心喜，于是改变计划，留了下来。

1929年春，弘一由性愿介绍，应住持转逢上人邀请，在南安小雪峰寺度岁，随后又入住闽南佛学院（在南普陀寺内）。

闽南佛学院是太虚大师于 1927 年创办的，大师在外游方，委托其武昌佛学院的高足芝峰法师代为管理。此时，佛学院的学僧只有二十几位，数量虽然不多，但行为举止都很文雅，颇懂礼仪，师生间相处融洽，弘一赞赏不已。

芝峰法师请弘一对佛学院的课程设计提出意见，弘一法师觉得这种借鉴国外高等院校的教学模式很有可取之处，但也有局限。在他的建议下，佛学院取消了英文和算术，增加佛学课程时间，学僧的学习效果也有显著的提升。

几个月后，弘一法师离厦返温，由苏蕙纯居士陪同，在途经福州时拜访鼓山涌泉寺，在该寺藏经楼看到清初刊本《华严经》和《华严经疏论纂要》，见其精美，心生喜悦，发愿将来能重印此无上法宝。

十月底，弘一法师应闽南佛学院院长常惺法师的邀请，再次赶赴厦门，这是他第二次到闽南。仅一年多时间里，闽南佛学院的学僧增长了两倍，达到六十多名。人数虽然增多了，但在管理方面尤其是纪律方面却有所下降，令人不尽满意。常惺法师请弘一帮助整顿，他引《华严经》之意，为学僧手书《悲智训语》共勉。训语说：

> 有悲无智，是曰凡夫。悲智俱足，乃名菩萨。我观仁等，悲心深切。
> 当更精进，勤求智慧。智慧之基，曰戒曰定。如是三学，次第应修。
> 先持净戒，并习禅定。乃得真实，甚深智慧。依此智慧，方能利生。
> 犹如莲花，不着于水。断诸分别，舍诸执著。如是观察，一切诸法。
> 心意柔软，言音净妙。以无碍眼，等视众生。具修一切，难行苦行。
> 是为成就，菩萨之道。我与仁等，多生同行。今得集会，生大欢喜。
> 不揆肤受，辄述所见，倘契幽怀，愿垂玄察。

这篇训语，闽南佛学院学僧相习成诵，教学秩序亦逐渐好转。

是年年底，弘一法师再到南安小雪峰寺度岁，恰逢太虚法师也在这里。这一年弘一法师五十岁，与住持转逢上人同岁，除夕那天，太虚大师向大众倡议说：“今晚可为二老合做百岁寿。”并口占一偈，以表庆贺。偈曰：

圣教照心，佛律严身，内外清净，菩提之因。

两高僧同在一处，法缘殊胜。于是二人合作《三宝歌》，太虚填词，弘一作曲，真可谓世所稀有。歌曰：

人天长夜，宇宙黮黯，谁启以光明？三界火宅，众苦煎迫，谁济以安宁？大悲大智大雄力，南无佛陀耶！佛陀耶！昭朗万有，衽席群生，功德莫能名。今乃知，唯此是，真正皈依处。尽形寿，献身命，信受勤奉行！

二谛总持，三学增上，恢恢法界身；净得既圆，染患斯寂，荡荡涅槃城！众缘性空唯识现，南无达摩耶！达摩耶！理无不彰，蔽无不解，焕乎其大明。今乃知：唯此是，真正皈依处。尽形寿，献身命，信受勤奉行！

依净律仪，成妙和合，灵山遗芳型：修行证果，弘法利世，焰续佛灯明，三乘圣贤何济济！南无僧伽耶！僧伽耶！统理大众，一切无碍，住持正法城。今乃知：唯此是，真正皈依处。尽形寿，献身命，信受勤奉行！

《三宝歌》是中国第一首现代梵呗，听起来庄严素净、澡雪心灵，感人至深。这首歌经《海潮音》杂志发表后，不胫而走，法界广泛传唱，之后又被翻译成藏文和英文。今天，《三宝歌》已成为中国佛教的教歌和大型佛教仪式上的必奏曲目，可谓影响深远。

这次在小雪峰寺过完年，弘一没有回厦门，而是去了泉州承天寺讲学。

承天寺位于泉州崇阳门东，是一座历史悠久的江南名刹，又名月台寺，占地五万多平方米，规模宏大，庄严肃穆，被誉为“闽南甲刹”。此时性愿法师在承天寺创办了月台佛学研究社。弘一法师到来后，为大众讲了两回写字方法，有空的时候还为寺里的古版藏经整理了一份目录。

在承天寺住了近三个月后，1930 年 4 月，弘一法师再次北返永嘉。

眼下这次，是法师第三次前来厦门。从此他开始了持续十年的闽南弘法生涯，除了短暂地去过一次青岛，他再也没有离开闽南这片土地，直至圆寂。

弘一法师出家十四年，在永嘉庆福寺十二年，一直都在浙东，但最终他还是选择了闽南，而且一直对闽南深情热爱，其中的原因却也简单。

首先，是因为这里良好的气候条件，“四季如春，又有热带之奇花异草甚多，几不知世间尚有严冬风雪之苦矣”，比较适合他“衣不过三”的严守戒律生活。他在给亲朋好友的信中，屡屡表露良好的气候所带来的欣悦：“是间气候和暖，桃榴桂菊等一时并开，几不知其为何时序矣。”（致李晋章）“南闽冬暖夏凉，颇适老病之躯，故未能返浙也。”（致刘质平）“居闽南二载，无有大病。其地寒暑调和，老体颇适宜耳（暑时不逾四十摄氏度）。”（致蔡丐因）

其次，闽南一地，远离中原，历史上战乱较少，安宁和平，民风古朴，有海滨邹鲁之称。理学大师朱熹曾经盛赞：“此地古称佛国，满街都是圣人”。千年古城泉州，人文昌盛，元代曾是世界第一大港，垄断中外交通。可以说这个地方，既有浓郁的古风，又有开放广博的气度。在这里诞生闽南佛学院这样融合中西的佛教道场，可以说一点都不奇怪。

弘一法师在闽南的法缘特别好。法师一到此地，即广受各寺僧俗大众的热情欢迎。闽南老百姓对佛法和大师的热情令弘一欣喜不已。1938 年农历二月，他在泉州承天寺讲《普贤行愿品》，“听众甚多……青年乃至基督徒皆甚欢赏”，“乡长、保长等皆喜欢护法，诸事顺适”。他在信中高兴地告诉丰子恺等人：“乃今岁正月到泉州后，法缘殊胜，昔所未有，几如江河奔腾，不可歇止。”“今年在各地（泉、厦、惠）讲经，法缘殊胜，昔所未有”。

创办南山律苑和佛教养正院

刚到闽南弘一法师就开始了猛力弘扬佛法的活动，这与一个奇特的梦境有关。

1933 年 1 月，他在妙释寺念佛会为大众讲授《改过实验谈》，晚上梦见自己重新变成了一个翩翩少年，与一位儒者同行。走着走着，忽然听见身后有人在唱诵《华严经》偈句，仔细辨听，似乎是《华严经·贤首品》上的几句，而且唱诵的音节颇为激越，感人肺腑，令人不忍离去。两人好奇，反身回走，希望看个明白。走近一看，十多个人正席地而坐，中间有一人在操练丝弦，歌唱者是另一个胡子长长的老人。长胡子老人前面摆着一张纸，上面有一行大字，写的好像是《华严经》的名字。弘一法师梦中身知道老人是以歌唱的形式为自己宣讲佛法，便问道："还有空隙的地方容我等坐下吗？"其中有一人说："两边都空着，你们坐下吧！"弘一闻之大喜，刚脱鞋入座，梦便醒了。

醒来后，弘一回忆刚才听到的《华严经》贤首品偈句，好像是"发心行相五颂"，怕一会儿忘记，立即点灯书写下来。

> 若有菩萨初发心，誓求当证佛菩提。彼之功德无边际，不可称量无与等。何况无量无边劫，具修地度诸功德。十方一切诸如来，悉共称扬不能尽。
>
> …… ……
>
> 譬如一切世间中，而有随意妙宝珠。若常信奉于诸佛，则能持戒修学处。若常持戒修学处，则能具足诸功德。戒能开发菩提本，学是勤修

功德地。于戒及学常顺行，一切如来所称美。若常信奉于诸佛，则能兴集大供养。若能兴集大供养，彼人信佛不思议。

……

在《华严经》中，这段文辞优美的文字是文殊师利菩萨在宣说完佛的“无浊乱清净行”之后，为了显示菩提心的功德，号召大家发菩提心，与贤首菩萨一问一答说出来的，其主旨则是号召修行者不要害怕修行路上的种种阻碍，而是应该勇猛发心，敢于承担，最终圆满自己的修为。弘一法师判断这个奇梦是佛菩萨鼓励自己发勇猛心，在闽南弘扬佛法的一个预兆。

之后，弘一法师一改自己之前在浙东偏重于隐居独修的习惯，开始在闽南大力弘法，查阅法师所著《壬丙南闽弘法略志》和《泉州弘法记》两书，他驻临的大小名刹达五十多处，可见其脚力之勤，愿力之强。

更重要的是，弘一法师创办律学院的夙愿在闽南也得以实现。1933 年新年刚过，他在妙释寺和万寿岩寺，举办名为“南山律苑”的佛学讲座，讲解唐代道宣律师的名著“南山三大部”和宋代元照律师的“灵芝三部记”（即《行事钞资持记》《羯磨疏齐缘记》《戒本疏行宗记》）。参加南山律苑学习的学僧有十几位，如广治、性常、瑞今等，都是主动前来亲近弘一的青年法师。

在妙释寺开讲《四分律含注戒本》之前，弘一法师先讲了自己弘律的因缘。他说：

“余出家受戒之时，未能如法，准以律仪，实未得戒。本不能弘扬比丘戒律。但昔时既虚承受戒之名，其后又随力修学，粗知大意，愿以一隙之明，与诸师互相研习。甚愿得有精进律仪之比丘出现，能令正法住于世间，则余之宏律责任即竟。故余于讲律时，不欲聚集多众，但愿得数人发宏律之愿，肩荷南山之道统，以此为毕生之事业者，余将尽其绵力，誓舍身命而启导之。”

很明显，弘一法师将此次讲律，视作弘扬律宗的第一步。希望“诸师奋力兴起，肩荷南山一宗，广传世间，高树法幢”。

在万寿岩讲律适逢五月初三日蕅益大师圣诞，弘一大师撰写了《学律愿文》，偕弟子同发四弘誓愿已，另别发四愿：

一愿学律弟子等，生生世世，永为善友，互相提携，常不舍离，同学毗尼，同宣大法，绍隆僧种，普利众生。

一愿弟子等学律以及弘律之时，身心安宁，无诸魔障，境缘顺遂，资生充足。

一愿当来建立南山律院，普集多众，广为弘传，不为名闻，不求利养。

一愿发大菩提心，护持佛法，誓尽心力，宣扬七百余年湮没不传之南山律教，流布世间。

冀正法再兴，佛日重耀。并愿以此发宏誓愿，及以别发四愿功德，乃至当来学律一切功德，悉以回向法界众生。惟愿诸众生等，共发大心，速消业障，往生极乐，早证菩提。

1933 年 5 月，在开元寺方丈转物大和尚邀请下，弘一法师带领南山律苑一班弟子前往该寺结夏安居。在寺里，弘一与诸学律弟子住在尊胜院，在他的严厉督导下，院内纪律严谨，学风纯正。每天早中两顿饭，过午不食。学僧之间也互相止语，很少闲谈，晚上准时安息。听课时大家一律穿上海青，以示尊重。

在开元寺，大师亲撰一联，以申愿力：“南山律学，已八百年湮没无传，何幸遗编犹存东土；晋水僧园，有十余众承习不绝，能令正法再住世间。”以表明自己延续律学、令正法久住人间的大愿。

投入如此强度的精力去学习经典，而且是大部头的戒律经典，在禅宗看来是不可思议的，实际上这正是弘一法师的理念。他一直倡导学行兼顾、事理圆融的教学思想，特别重视教理之研究。1934 年 3 月，在厦门南普陀寺，弘一法师又参与创办佛教养正院。他非常重视这个新的机构，拟定章程，设计课程，编写教材，事事亲力亲为，还抱病作《青年佛教徒应注意的四项》讲演，勉励学僧们惜福、习劳、持戒、自尊。

在南普陀寺已经有闽南佛学院的情况下，费心费力地另外开办一所佛教养正院，而且养正院的名字还出自儒家经典《易经》上“蒙以养正”一语。这一举措，一些不了解实情的人可能会误解，以为弘一法师是在抢占风水，清高自许，实际上是另有隐情。

闽南佛学院自 1925 年起就在厦门南普陀寺设立，大虚法师和常惺法师先后主持过院务。十年之间，四方衲子赶来修学者已有数百人，学风之盛为全国佛学院之首。后来许多海内外知名的法师都出自该校。但近年来，学院纪律逐渐松弛，学风退化，不时酿成各种风潮。在这种背景下，时任南普陀寺住持兼闽南佛学院院长的常惺法师，有意借重弘一法师的德望，请他前来讲法，同时帮助整顿学风、纪律。

有过五磊寺办学失败经验的弘一法师，此时对佛教内部的各种积弊看得非常清楚，同时也非常现实。他到寺里考察后，感觉佛学院学僧不听约束已经成为一种风气，即便自己出面整顿，一时也无从着手。在给大众讲了一次《大盗戒》之后，他判断机缘尚未成熟，便不再过问院中的事。他的想法是既然闽南佛学院一时难以整顿，不如另起炉灶，另外办一所佛学教育机构，并嘱咐瑞今法师立即着手筹办。

这就是佛教养正院。

事实也证明了弘一法师的眼光。新成立的佛教养正院，由于规矩严肃，制度健全，气氛新颖，院誉日隆，造就了不少佛教人才。比后期的闽南佛学院效果要显著得多。养正院前后共办了三年，可惜后来战乱爆发，因为院舍被军队征用而停办。

1933 年 11 月底，由于时局不稳，兵荒马乱，南山律苑不得不停办。整个讲座持续时间约 1 年。这可以算得上是弘一法师第一次有计划的弘律活动，也是时间最长和最完整的一次。对这次讲座的效果他还比较满意。四年后，他回忆起当时的学习情况，说：“许多学律的僧众，都能勇猛精进，一天到晚地用功，从来没有空过的功夫。在秩序方面也很好，大家都啧啧称赞。”

草庵之叹

南山律苑讲座结束后，弘一法师应草庵住持邀请，由弟子传贯法师陪同，前往草庵过冬度岁。

草庵位于泉州西南二十公里的晋江华表山麓，又称光明寺，是中国唯一保存完整的摩尼教遗迹，寺中依岩镌有波斯摩尼佛一尊，容貌慈祥，风格独特，世所罕见。

在草庵，弘一法师继续登台讲法，可算作“南山律苑”的余绪。1934 年除夕，他在草庵意空楼，宣讲灵峰蕅益大师的《祭颛愚大师爪发衣钵塔文》，听众只有两位：传贯法师和从厦门特意赶来陪伴度岁的性常法师。

在一年的岁首开讲这篇文章，恐怕并非弘一法师的无意之举，而是另一种形式的“借物言志”吧。颛愚大师，俗姓赵，名观衡，霸州人，是明代著名高僧。14 岁时遭遇五台山惠仁耆宿，在其门下剃度。披剃后便参诸方，达观、雪浪、云栖等大师都被他一一参学过。后入曹溪，礼拜憨山老人，被目为“三十年所罕见者”；憨山大师曾赠以法语千言，让他接自己的法嗣。颛愚大师曾在江西云屋山住七年，振扬宗风，顿成净土。后来在驻锡南京，名闻于吴楚。法师风格独特，“尚质朴”“细虚文”“不肯苟合时宜”“不肯悬羊头卖狗脂”“甘淡薄”“受枯寂”“不肯受丛席桎梏而掣其羁縻”，这些品格和作风使其在佛门中有口皆碑。但颛愚作为佛门耆宿，对晚于自己的灵峰蕅益大师关爱有加，二人结为法侣和“志操相携”的忘年交。颛愚大师圆寂后，藕益将其“爪”“发”“衣”“钵”四物，建塔留念，想以此来启发后人。塔文写得情理并茂、气势磅礴。睹物思人，忆念当年，蕅益大师对颛愚法师的高风亮节咏叹再三、推崇备至。塔文说：

当今知识，罕不以名相牵，利相饵，声势权位相依倚，如翁古道自爱者有几？当今知识，罕不以掠虚伎俩，笼罩浅识，令生惊诧，如翁平实稳当者有几？当今知识，罕不侈服饰，据华堂，恣情适意，如翁破衫草履茅茨土阶者有几？当今知识，罕不精选侍从，前列后随，如翁躬自作役不图安享者有几？当今知识，罕不同流合污，自谓善权方便，慈悲调顺，如翁不肯苟殉诸方，甘受担板之诮者有几？……某每悲如来正法，一坏于道听途说入耳出口之夫，再坏于色厉内荏羊质虎皮之徒，其父报仇，其子必且行劫。尤而效之，何所不逞。翁之爪发衣钵幸存，则翁之道风未灭，必有闻而兴起者，庶共砥狂澜于末叶乎？……

这篇文章可谓字字千钧，蕅益大师对当时佛教界的一些所谓的善知识的作风进行了批驳，悲叹世尊正法正是被这些人给败坏了。而弘一于除夕之夜开示这篇文章，也是有感而发，这不但是对颛愚、藕益等先贤钦敬追慕、以之为师的高标远引，也体现了他对当时佛教界的一些作风的不满，当然更有对自己和晚辈的严格要求和深切期望，希望大众通过学戒律、持戒律而护持世尊教法长久住世。因为，世尊去世后，四众弟子以戒为师，可以说戒在法在，戒亡法亡。

讲法完毕，弘一法师手书一横幅“绍隆僧种”赠予性常法师，以为此次讲法的纪念。第二天——甲戌年的春节，他也没想着休息，再次为传贯、性常、僧睿等弟子讲授《四分律含注戒本疏》。

这一次，弘一法师在草庵前前后后住了一个多月，一直到1934年3月，应常惺、会泉二位法师邀请，前往南普陀寺。离开草庵之际，书门联一副。曰：

草藉不除，时觉眼前生意满；
庵门常掩，毋忘世上苦人多。

这副门联以寺名二字分别嵌入联语之首，可谓精妙。

大师的忏悔

到1937年，前后算下来（包括先前两次短期南下赴闽），弘一法师来闽南已经有10年。在谈到10年来的行脚生涯和修行经历时，他说：

我在这十年之中，虽说在闽南做了些事情，成功的却很少很少，残缺破碎的居其大半。我常常自我反省，觉得自己的德行实在十分欠缺。因此，近来我自己起了一个名字，叫做“二一老人”。

什么叫“二一老人”呢？这有我自己的根据。记得唐代大诗人白居易《除夜寄微之》中有一句是“一事无成百不堪”，留头去尾，我把它改为“一事无成人渐老”。这是“一老”。另外“一老”借用的是清代吴梅村临终绝句“一钱不值何消说”。这两句诗的开头一句都是个“一”字，所以我就用来做自己的名字，叫做“二一老人”。

意思是，十年来我在闽南所做的事情是并不完满的，而我也不怎样去求它完满了。

诸位要晓得：我的性格是很特别的，我只希望我的事情失败；因为事情失败不完满，这才使我常常发大惭愧，大内疚，能够晓得自己的德行欠缺，自己的修养不足，才能督促我努力用功。努力改过迁善！一个人如果事情做完满了，固是好事，但也容易心满意足，洋洋得意，反而增长贡高我慢的念头，生出种种过失来。

在谈到如何教育僧人、培养僧人时，弘一特别强调基础功夫，即要深信善恶因果报应道理和佛菩萨的灵感。他说，唯有深信这两点，“才有做佛教徒的资格。须知善有善报，恶有恶报，这种因果报应是丝毫不爽的！又须知：我们一个人所有的行为，一举一动，以至起心动念，诸佛菩萨都看得清清楚楚，明明白白。一个人若能坚定地相信这一点，他的品行道德，自然会一天比一天地高起来。”

这里，一般人不太理解弘一法师所谓的“佛菩萨的灵感”。这其实主要是强调实修，只有在实修中才会有佛菩萨点点滴滴的感应，自己的信心才会越来越大，否则像学者学佛那样，虽然也学了不少教理，但对佛法却没有一点信心，也不能求得解脱。

弘一法师告诫出家人说：

> “要晓得，我们出家人（所谓僧宝）在俗家人之上，地位是很高的。所以品行道德，也要在俗家人之上才行！倘品行道德仅仅和俗家人相等，那已经很难为情了。何况不如！……我们出家人做人做事太随便，就会闹出话柄来。为什么会随便呢？就因为不能深信善恶因果报应和诸佛菩萨灵感这个道理的缘故。倘若我们都能真正生信——十分坚定地相信，我想就是把你的脑袋砍掉，也不肯随便了。”

弘一法师特别喜欢奇花异草。在南普陀寺，他对大殿、观音殿和两廊旁边的栏杆上的花非常欣赏。这些花名叫“一品红”，闽南人称其为圣诞花，在冬季盛开，尤其是在过年的时候，更是花团锦簇，争芳斗艳，令人爱煞。

弘一法师 1937 年来佛教养正院讲课的时候，正值冬末春初，正是“一品红”大放异彩的时候，他预料着又可以一睹“一品红”风姿了。岂知来后一看，院中空荡荡的，尽是其他花草，毫无“一品红”的踪影。他有点伤心，也感到疑惑：以前那么多的“一品红”到哪里去了呢？他找来找去，最终在新功德楼附近找到了三株，而且还都是憔悴不堪的模样，再无往昔的风采。

触景生情，有感而发，弘一法师在讲《关于写字的方法》时，在正式进入正题之前，先讲了一段由“一品红”的遭际引发的感慨。他说：

"这使我联想到佛教养正院的情景：过去的时候，也曾经有很光荣的历史，像那些'一品红'一样，欣欣向荣，有无限的生机；可是现在，也有些衰败的气象了。养正院已经开办三年，这期间，自然有很多可纪念的史迹。可是观察其未来，我很替它悲观，前途很不堪设想。……这一次，也可以说是我在南普陀寺为佛教养正院所作的最后一次演讲了……"

佛教养正院的结局不幸被其言中。但幸运的是，佛教养正院也的确造就了一批青年僧才，弘一法师也应该有所安慰了。

1938 年旧历十一月十四日，弘一法师在泉州承天寺，第五次也是最后一次，为跟随前来的佛教养正院学僧讲课，主题不是"总结成绩，继往开来"之类，却是"最后之忏悔"，采用的是谈话的方式。弘一说：

佛教养正院已办有四年了。诸位同学初来的时候，身体很小。经过四年之久，身体皆大起来了。有的和我也差不多。啊！光阴很快。人生在世，自幼年至中年，自中年至老年，虽然经过几十年之光景，实与一会儿差不多。

就我自己而论，我的年纪将到六十了。回想从小孩子的时候起到现在，种种经过，如在目前。啊！我想我以往经过的情形，只有一句话可以对诸位说：就是"不堪回首"而已。

我常自己来想：啊！我是一个禽兽吗？好像不是，因为我还是一个人身；我的天良丧尽了吗？好像还没有，因为我尚有一线天良，常常想念起自己的过失。我从小孩子起，一直到现在，都在埋头造恶吗？好像也不是，因为我小孩子的时候，常行袁了凡（引者按：即袁黄，明万历进士，浙江嘉善人，曾用"功过格"记录善恶，扩大了程朱理学的影响，本人亦负盛名）的功过格；三十岁以后，很注重于修养；初出家时，也不是没有道心。虽然如此，但出家以后，一直到现在，便大不相同了。因为出家以后二十年之中，一天比一天堕落：身体虽然不是禽兽，而心则与禽兽差不多……

这次谈话，从开始起，弘一的态度一直是非常严肃的，只是说到“禽兽”的比喻时，看到大众的吃惊和疑惑，可能连他自己也觉得有点可笑吧，才露出了轻微的笑意。略作停顿后他又说：

我的天良虽然没有完全丧尽，但是昏聩糊涂，一天比一天厉害，抑或与天良丧尽也差不多了！讲到埋头造恶的一句话，我自从出家以后，恶念一天比一天增加，善念一天比一天退失。一直到现在，可以说是醉乎其醇的一个埋头造恶的人——这个也无须客气，也无须谦让的了。

就以上所说看起来，我从出家后已经堕落到这种地步，真可令人惊叹！其中到闽南以后十年的工夫，尤其是堕落的堕落。……到了今年，比去年更不像样子。自从正月二十到泉州……弄得不知所云。不只我自己看不过去，就是我的朋友也说我：以前如闲云野鹤，独往独来，随意栖止，何以近来竟大改常度？到处演讲，常常见客，时时宴会，简直变成一个“应酬的和尚”了……尤其是今年几个月之中，极力冒充善知识，实在是大为佛门丢脸。别人或者能够原谅我，但我对我自己绝对不能够原谅，断不能如此马马虎虎地过去……

最后，他以龚自珍的一首诗结束了对佛教养正院学生们的谈话，诗曰：

未济终焉心缥缈，
百事翻从缺陷好；
吟道夕阳山外山，
古今谁免余情绕。

这段《最后之忏悔》的谈话用词不可谓不重，但也发人深省。如果说一个人人敬仰的佛教大修行人当众说自己出家之后，烦恼不但没有得到调伏，反而日益增长，修行的结果不但没有增上自己，反而日益堕落……这样的结果无疑与出家修道的初衷大相径庭，无异于宣告自己修道生涯的失败。

这里的问题是，弘一法师为何要以这篇《最后之忏悔》和龚自珍的那首诗作为向佛教养正院学僧们的临别赠言？在我们看来，里面至少包含着两层心理。

一层是，末法时期修行，应该以持戒念佛为稳妥，因为走“业尽情空，然后超脱轮回”的路实在是太难了，即便是高僧大德，看起来其修持颇为自在洒脱，但说到荡涤人间的一切情怀，恐怕也很难，更别提普通的修行人了。从法师谈话中所作的忏悔内容来看，他承认自己也不能全然摆脱系缚，未能做到业尽情空。而他之所以引出龚自珍“古今谁免余情绕”的诗句，言外之意不无请大家理解原谅之意。这与一些居士对他的善意“批评”有关。

再一层意思，仍然是“不希望自己的事情做圆满了”的心思。弘一法师在《最后之忏悔》中说：“……（我）到现在，所做的事大半支离破碎不能圆满，这个也是份所当然。”在普通人看来，事情不圆满是一种缺憾，但法师却认为这也是促使自己继续上进的一种契机、一种动力。最后弘一法师引出龚自珍的那首诗，正是其自我警诫、自我激励的一种表现。一方面，自己做事确实还很不圆满，自己还有很多人间“余情”在，还有很多烦恼在；另一方面，有这些不足，更要精进不懈地修持，以荡涤一切凡情俗念，归于究竟。由此，从佛教眼光看，龚自珍和弘一法师还是有相当大的区别的。

1936年的最后一天，作家郁达夫来到鼓浪屿日光岩拜访弘一法师。郁达夫比弘一小十六岁，此时正任职于福建政府，他早就对弘一法师倾慕不已，认为“现在中国的法师，严守戒律，注意于‘行’，就是注意于‘律’的和尚，……总要推弘一法师为第一。”只是一直无缘得见。这次游览南普陀寺，得知弘一法师正在日光岩，便与光洽法师、赵家欣居士一起去拜谒。

弘一法师对郁达夫的名字却很生疏。弘一法师还没出家时，郁达夫还籍籍无名；当他开始写小说，蜚声文坛时，李叔同已经是脱离凡俗的出家人了。因此，两人并没有什么深刻交流，弘一对郁达夫拱手致意，略事寒暄，赠了一本《佛法导论》的书后，也就告退了。

这次见面给郁达夫留下了深刻的印象，回去后，他写了一首诗寄赠弘一法师：“不似西泠遇骆丞，南来有意访高僧。远公说法无多语，六祖传真只一灯。学士清平弹别调，道宗宏议薄飞升。中年亦具逃禅意，两事何周割未能。”

闽南十年，弘一法师著述很多，他点校南山律宗三大部，编撰《南山钞记》《蕅益大师年谱》《四分律删繁补阙行事钞》《南山律在家备览备略》《晚睛集》《寒笳集》等，此外还有大量序、跋、记、讲演、书信等。值得一提的还有书法，人们常说，字如其人，随着修为的加深，弘一法师的字也于此时臻于至境。

《南山律在家备览备略》是弘一法师继《四分律比丘戒相表记》之后最为看重的佛学著作。他费尽心力编纂此书的初衷类似于当年编纂《四分律比丘戒相表记》。尽管僧众承担着弘扬佛法的主要责任，但他也知道，佛法四众弟子里，在家众毕竟占据多数，而且民国佛教界出现了众多的居士讲经的现象，形成了“居士弘法”的局面，而这本《南山律在家备览备略》就是专为在家居士编纂的南山宗普及读物。

弘一法师曾向李圆净居士袒露过自己编纂此书的思想：

> “朽人近来对于自己之著作，不愿轻易出版者：一、因以凡夫情见僭为编述者，恐未能契理契机。必须先生西方，回入娑娑，乃可负荷弘法之重任。二、因律学专门之撰述，出版之后，无人能读，难于流通。昔蔚如居士刻《南山律书》百余卷，除赠送之外，罕闻有人出资请购者。即赠送与人，读者亦希，仅藏置高阁耳。且如朽人近编之《南山律在家览备略》，因普被在家人故，将来出版之后，慕名而请购者，或尚有一二百人。若真能披读而研习了解其义者，或亦仅有仁者及古农、幼希数居士耳。”

由此可见大师方便设教之良苦用心，但其中的心酸痛楚也令人深思。

修行多年，可以说他早已看破了世间种种，对自己编纂的南山宗著作，其结局恐怕不会很妙。这种大部头的书首先是很难懂，学习起来不太容易，而且戒相繁杂，与中国人追求简易的习惯背道而驰，几乎没有人学习；即便是免费赠送给人，基本也都是束之高阁的命运。但这又有什么办法呢?

念佛不忘救国，救国不忘念佛

弘一法师出家，虽然是为了超脱红尘，但并非一味地遁世无闷，年少时的救国梦他依然没有忘记，只不过暂时封存而已。因此，只为自己念佛，希望尽快往生极乐世界，不管不闻苍生疾苦不是他的风格。特别是 20 世纪三十年代国难当头之际，他青年时代强烈的家国情怀，更是被激起。抗战爆发后，闽南也一时成为前线，厦门成为海防危城，弘一法师手书“念佛不忘救国”百幅分赠各方，又书“最后之胜利”，勉励僧俗弟子共纾国难。

后来，日军猛攻厦门，众人惶惶，弘一法师向惶恐中的僧众宣告：“吾人吃的是中华之粟，所饮的是温陵之水，身为佛子，于此时不能共行国难于万一，自揣不如一只狗子。狗子尚能为主守门，吾一无所用，而犹腼腆受食，能无愧于心乎！”（叶青眼《千江印月集》）他在给李芳远的信中说：“近日厦市虽风声稍紧，但朽人为护法故，不避炮弹，誓与厦市共存亡。……吾一生之中，晚节为最要，愿与仁者共勉之。”

1937 年五月，厦门举行第一届全市运动大会，以激励民族精神，抵抗外敌入侵。筹委会恳请弘一大师为运动会撰写会歌。大师欣然答应，慷慨运笔，融合体育比赛与振奋民族精神，很快就写出一首激荡人心的歌词：

禾山苍苍，鹭水荡荡，国旗遍飘扬。
健儿身手，各献所长，大家图自强。
你看那，外来敌，多么披猖！
请大家想想，请大家想想，切莫再彷徨！
请大家在领袖领导下，把国事担当。

到那时，饮黄龙，为民族争光，

到那时，饮黄龙，为民族争光！

这恐怕是他一生中的最后一首歌，慷慨激昂，振聋发聩，透出一股杀气，依稀是他当年《祖国歌》的重现。

写完厦门市第一届运动会会歌后，1937 年 8 月，弘一法师往青岛弘法，驻锡青岛湛山寺，他将自己所居的房间题名为“殉教”室。记曰：“曩居南闽净峰，不避乡匪之难；今居东齐湛山，复值倭寇之警。为护佛门而舍身命，大义所在，何可辞耶？”其护国护教不惜舍身成仁的决心跃然纸上。

悲欣交集

1938 年春，泉州温陵养老院院长叶青眼居士代聂云台居士向弘一法师求一幅弥勒菩萨画像。聂居士时年 60 岁，有算卦的人告诉他这一年他就要寿终了。但聂居士以为自己还有老母在堂，不能就这样离去，所以求一幅画像供养，延年益寿。

这件事也引起了弘一法师的深思，他对叶青眼说：我也 60 岁了，以前算卦的人也是这么说我的，所以下决心谢绝一切，专修净业，以求往生。言谈之下意志甚为坚决。

叶居士跪在法师面前，请大师久住世间，“利益我等”。

弘一大师回答：“一手一足之力度得几何，不如力求上品上生，再来，力量乃大耳。”（叶青眼《发愿重来的李叔同》）

可见弘一法师的修行路径，主要是持戒、念佛，往生净土，而且是上品上生，证九品莲花。

什么是上品上生呢？在《佛说观无量寿经》中有载：

佛告阿难，及韦提希：上品上生者，若有众生，愿生彼国者，发三种心，即便往生。何等为三？一者，至诚心；二者，深心；三者，回向发愿心。具三心者，必生彼国。

复有三种众生，当得往生，何等为三？一者，慈心不杀，具诸戒行；二者，读诵大乘方等经典；三者，修行六念，回向发愿，愿生彼国。具此功德者，一日乃至七日，即得往生。

生彼国时，此人精进勇猛故，阿弥陀如来与观世音、大势至，无数化佛，百千比丘，声闻大众，无量诸天，七宝宫殿，观世音菩萨执金刚台，与大势至菩萨，至行者前，阿弥陀佛放大光明，照行者身，与诸菩萨授手迎接。观世音、大势至与无数菩萨，赞叹行者，劝进其心。行者见已，欢喜踊跃，自见其身，乘金刚台，随从佛后，如弹指顷，往生彼国。生彼国已。

见佛色身，众相聚具足。见诸菩萨，色相具足。光明宝林，演说妙法，闻已即无生法忍。经须臾间，历事诸佛，偏十方界，於诸佛前。次第受记，还至本国。得无量百千陀罗尼门。是名上品上生者。

可以说，弘一法师的行持与这段经文密切相关，他的行持可以说念念都在“至诚心”“深心”“回向发愿心”上。

1942 年 10 月初，弘一法师旧病复发，他预感自己即将离开这个世界，便宣布绝食，并拒绝医治。

光洽法师问候他的病情，他说：“你不要问我病好没有，你要问我有念佛没有念佛？”他还给李芳远居士写信说：“朽人近来病态日甚，不久当即往生极乐。犹如西山落日，殷红灿烂，瞬即西沉。故凡未圆满诸事，皆深盼仁者继成，则吾虽调，复奚憾哉！”

对自己的后事，弘一法师将之委托给妙莲法师一人负责，并在遗嘱中注明：“当我还没有命终以前，以及生命终了、死后，我的事，全由妙莲法师一人负责，其他任何人，毋用干预。”

大师还特意叮嘱妙莲法师两点注意事项。一是圆寂前后，如果看他的眼睛流泪，无须担忧，这并非表明自己留恋世间，挂念亲人，只是在回忆这一生的种种，为一种悲欣交集的情感所笼罩；二是当呼吸停顿、热度散尽时，送去火葬，身上只穿这身破旧的短衣。遗体停龛时，要用小碗四个，填龛四角，以免蚂蚁闻臭味走上。应逐日将水加满，以防蚂蚁又爬上去，火化时损害了蚂蚁的生命。

弘一法师行将离世，视自己的生命如同敝履，却对蚂蚁的生命念兹在兹，可谓悲悯！

之后的几天，大师每天默念“阿弥陀佛”。10月10日，上午他为黄福海居士书写蕅益大师的一则警训：“以冰霜之操自励，则品曰清高；以穹窿之后量容人，则德曰广大；以切磋之谊取长，则学问曰精；以慎重之行利生，则道风曰远。”下午，又书“悲欣交集”四个大字，旁注小字：见观经。并将这幅字交给妙莲法师，可谓临终绝笔。

大师所悲者，轮回之中，苦海无边；所欣者，即将往生净土，上品上生。“我生西方以后，乘愿再来，一切度生的事业都可以圆满成就”，因此有悲欣交集之感慨。这四个字是弘一法师的远行感慨，虽然平实但也是其一生乃至往生的见证。

10月13日这天，弘一法师请妙莲法师将预先写好的遗嘱寄给刘质平，遗嘱中写道：“余命终后，凡追悼会、建塔及其他纪念之事，皆不可做。因此种事与余无益，反失福也。倘欲做一事业与余为纪念者，乞将《四分律比丘戒相表记》印两千册。……此书系余出家以后最大之著作，故宜流通以为纪念也。”

同一天，他继续向自己的好友告别、嘱托，委托妙莲法师向夏丏尊、刘质平、性愿法师分寄预先写好的偈语：

朽人已于　月　日谢世。曾赋二偈，附录于后

君子之交，其淡如水。

执象而求，咫尺千里。

问余何适，廓尔亡言。

华枝春满，天心月圆。

前所记月日，系依农历也。谨选，不宣。

1942年10月13日（农历九月初四）晚八时，弘一法师在泉州温陵养老院安详示寂，妙莲法师等人助念，僧腊二十五春秋。

一代高僧弘一法师至此走完他传奇的一生，去往他一直想念的阿弥陀佛西方极乐世界。太虚大师听说弘一法师示寂，写下挽偈："以教印心，以律严身，内外清净，菩提之因。"

此时弘一法师的知己马一浮，正在四川乐山创办复性书院，听闻法师圆寂的消息后，作《哀诗》两首。

一

高行头陀重，遗风艺苑思。
自知心是佛，常以戒为师。
三界犹星翳，全身总律仪。
只今无缝塔，可有不萌枝。

二

春到花枝满，天心月正圆。
一灵原不异，千圣更何传。
交淡心如水，身空火是莲。
要知末后句，应悟未生前。

弘一法师圆寂后，法体荼毗，得舍利一千八百余颗，舍利块六百颗。第二年，一些浙江弟子想在法师的出家地杭州虎跑寺建立舍利塔，以为供养，并请马一浮先生作铭文。马先生应允写下《弘一律主衣钵塔记并铭》，文中介绍了弘一法师弘律的理路和功德建树，盛赞法师"秉心介洁，制行精严，俨然直追古德，可谓法界之干城、人天之师范。"